Arthur Yeung y Dave Ulrich
Prólogo de Ernesto Uscher

# REINVENTANDO
## LA
# ORGANIZACIÓN

MADRID | CIUDAD DE MÉXICO | LONDRES
NUEVA YORK | BUENOS AIRES
BOGOTÁ | SHANGHÁI | NUEVA DELHI

Comité Editorial: Santiago de Torres (presidente), Alfonso Ballestero, Ángel Cabrera, Salvador Carmona, Germán Castejón, Carlos Cifuentes, Guillermo Cisneros, Mª Teresa Corzo, Marcelino Elosua, Carlos Espinosa de los Monteros, Juan Fernández-Armesto, José Luis García Ruiz, José Ignacio Goirigolzarri, Luis Huete, Pilar López, Pedro Navarro, Pedro Nueno, Manuel Pimentel, Carlos Rodríguez Braun, Susana Rodríguez Vidarte y Gabriel Tortella.

Colección Acción Empresarial de LID Editorial
Musgo 3, 28023 Madrid, España
www.LIDeditorial.com

A member of:

businesspublishersroundtable.com

No está permitida la reproducción total o parcial de este libro, ni su tratamiento informático, ni la transmisión de ninguna forma o cualquier medio, ya sea electrónico, mecánico, por fotocopia, por registro u otros métodos, sin el permiso previo y por escrito de los titulares del *copyright*. Reservados todos los derechos, incluido el derecho de venta, alquiler, préstamo o cualquier otra forma de cesión del uso del ejemplar.

Editorial y patrocinadores respetan los textos íntegros de los autores, sin que ello suponga compartir lo expresado en ellos.

Título original: *Reinventing the organization*, Harvard Business Review Press, 2019

© Dave Ulrich y Arthur Yeung 2020
© Ernesto Uscher 2020, del prólogo
© Editorial Almuzara S.L. 2020 para LID Editorial, de esta edición

EAN-ISBN13: 9788417880309
Directora editorial: Laura Madrigal
Edición y corrección: Cecilia González Godino
Traducción: Hector Hernandez
Maquetación: produccioneditorial.com
Impresión: Cofás, S.A.
Depósito legal: M-26324-2020

Impreso en España / *Printed in Spain*

Primera edición: octubre de 2020

*Te escuchamos. Escríbenos con tus sugerencias, dudas, errores que veas o lo que tú quieras. Te contestaremos, seguro: info@lidbusinessmedia.com*

# ÍNDICE

**PRÓLOGO** de Ernesto Uscher .................................................. 7
**PREFACIO** ........................................................................... 11
**1. UNA NUEVA ORGANIZACIÓN** ........................................ 15
   1. ¿Cómo puede tu empresa generar un valor radicalmente mayor? ...................................................... 15
   2. Hacia un nuevo modelo organizativo: el ecosistema orientado al mercado (MOE) ........................................... 25
   3. Un marco de seis partes para reinventar la organización ... 30
   4. La hoja de ruta para reinventar tu organización ............... 33

## PARTE 1
## EL CONTEXTO: RESPONDIENDO A MERCADOS EN CAMBIO CONSTANTE

**2. EL ENTORNO: IDENTIFICARLO, REACCIONAR Y DARLE FORMA** ............................................................. 45
   1. El impacto del contexto en el futuro del trabajo .............. 46
   2. Implicaciones gerenciales ................................................. 58

**3. AGILIDAD ESTRATÉGICA: DEFINIR UN CAMINO PARA EL CRECIMIENTO** .................................................. 59
   1. La estrategia se trata de poder elegir ............................... 60
   2. Principios y prácticas de ecosistemas orientados al mercado que se pueden adaptar a tu organización ...... 67
   3. Reinvención de la organización con agilidad estratégica .... 83
   4. Implicaciones gerenciales ................................................. 84

# PARTE 2
# EL NUEVO MODELO ORGANIZACIONAL: CARACTERÍSTICAS DE UN ECOSISTEMA ORIENTADO AL TRABAJO

**4. CAPACIDADES DEL ECOSISTEMA: BLINDAR LAS CAPACIDADES CRÍTICAS REQUERIDAS PARA UN ECOSISTEMA EXITOSO** ............... 91

1. La organización como un conjunto de capacidades de los ecosistemas................. 93
2. Ecosistemas en acción: Tencent, Amazon y Alibaba ......... 95
3. De capacidades organizacionales a capacidades de los ecosistemas................. 97
4. Definir, evaluar e implementar capacidades críticas.......... 100
5. Capacidades críticas en los ecosistemas orientados al mercado ...................... 111
6. Implicaciones gerenciales................. 113

**5. MORFOLOGÍA: ORGANIZARSE PARA REUNIR LAS CAPACIDADES CLAVE DEL ECOSISTEMA** ............... 117

1. Lenguaje y lógica de diseño de una organización orientada al mercado.................. 119
2. Ecosistemas orientados al mercado y otras lógicas organizacionales ................ 122
3. Compañías *holding* ............... 125
4. Gestionar una plataforma de ecosistemas orientados al mercado ...................... 128
5. Gestionar células (o equipos) en ecosistemas orientados al mercado ...................... 132
6. Gestionar aliados estratégicos en un ecosistema orientado al mercado .................... 136
7. Los tres arquetipos de ecosistemas orientados al mercado ...................... 140
8. Resumen de los arquetipos y de sus estructuras............... 149
9. Implicaciones gerenciales................. 153

**PARTE 3**
**GOBERNANZA: FUNCIONAMIENTO DE UN ECOSISTEMA ORIENTADO AL MERCADO**

6. **CULTURA: MOLDEAR LAS PRIORIDADES Y COMPORTAMIENTOS CORRECTOS EN EL ECOSISTEMA** .................................................. 173
   1. Definir la cultura adecuada ................................................ 174
   2. Definir la cultura adecuada en un ecosistema orientado al mercado ............................................................................ 179
   3. Implicaciones gerenciales ................................................... 182
   4. Conclusión ........................................................................... 187

7. ***ACCOUNTABILITY*: EMPLEADOS COMPROMETIDOS CON EL DESEMPEÑO Y MOTIVADOS PARA MEJORARLO** ................................................................................... 189
   1. Fomentar el compromiso mediante conversaciones positivas .............................................................................. 190
   2. Ejemplos concretos en varias empresas ........................... 192
   3. Implicaciones gerenciales ................................................... 195
   4. Conclusión ........................................................................... 202

8. **IDEAS: EL IMPACTO DE LA GENERACIÓN Y LA GENERALIZACIÓN DE IDEAS EN EL ECOSISTEMA** ....... 203
   1. Competencia de generación de ideas ............................... 204
   2. Implicaciones gerenciales ................................................... 215
   3. Conclusión ........................................................................... 219

9. **TALENTO: ATRAER A LAS PERSONAS ADECUADAS Y MOVILIZARLAS DENTRO DEL ECOSISTEMA** .............. 221
   1. Aptitud, compromiso y contribución ................................. 223
   2. Ejemplos de implementación y mejora de talento .......... 226
   3. Implicaciones gerenciales ................................................... 231
   4. Conclusión ........................................................................... 231

## 10. INTERCAMBIO: COMPARTIR INFORMACIÓN, DATOS Y HERRAMIENTAS DENTRO DEL ECOSISTEMA ............. 235
   1. Ejemplos de aumento del intercambio de información .... 237
   2. Implicaciones gerenciales ..................................................... 242
   3. Conclusión ........................................................................... 246

## 11. COLABORACIÓN: TRABAJAR JUNTOS PARA OPTIMIZAR EL ECOSISTEMA ............................................. 249
   1. Ejemplos de colaboración en un ecosistema orientado al mercado ............................................................................ 253
   2. Implicaciones gerenciales ..................................................... 257
   3. Conclusión ........................................................................... 264

### PARTE 4
### CONVERTIR IDEAS EN IMPACTO: LIDERAR UN ECOSISTEMA ORIENTADO AL MERCADO

## 12. LIDERAZGO: EL PAPEL DE LOS LÍDERES PARA SEGUIR EL CAMINO ADECUADO ...................................... 269
   1. Roles y responsabilidades de los líderes del ecosistema ... 271
   2. Estilos de liderazgo en ecosistemas orientados al mercado ............................................................................ 281
   3. Adaptar estas ideas de liderazgo a tu organización .......... 289
   4. Conclusión ........................................................................... 295

## 13. ADAPTAR LOS PRINCIPIOS Y PRÁCTICAS DE LOS MOE A TU ORGANIZACIÓN ............................................... 297
   1. Preguntas clave para ti y tu equipo cuando comienza la reinvención ....................................................................... 299
   2. Ejemplos de reinvención organizacional ............................ 304
   3. Conclusión ........................................................................... 321

**NOTAS** ................................................................................. 323

# PRÓLOGO

Durante más de 25 años como consultor empresarial he estado expuesto a muchos enfoques metodológicos y prácticas que de una u otra forma estaban de «moda». Cada cierto tiempo he oído a las organizaciones hablar y replantearse cosas como: TQM (*Total Quality Management*), BSC (*Balanced Scorecard*), JIT (*Just in Time*), *Lean Manufacturing*, *Hoshin Kanri*, *Six Sigma*, Reingeniería de Procesos, ABC (*Activity Based Costing*), CRM (*Customer Relationship Management*), *Benchmarking*, *Outsourcing*, *Workout*, *Change Management*, *Teambuilding*, SCM (*Supply Chain Management*), *Agile Management*.

Y esto por mencionar solo algunas, porque seguro que la lista puede ser más larga y cada uno en su cabeza podrá tener más «modas» para incluir. En general, cada una de ellas ha buscado lo mismo, algunas con más o con menos tecnología: mejorar la productividad y los resultados en las organizaciones. Sin embargo, desde mi perspectiva, al ser olas de teorías que no perduran, se quedan cortas en ser facilitadoras de algo más grande, algo que desde mi percepción es la transformación real de las organizaciones.

Este libro fue escrito a finales del 2019, aproximadamente seis meses antes del inicio de la pandemia de la COVID-19. Jamás en mi historia, y me atrevo a decir que en la vida de la mayoría de quienes leen estas páginas, nos habíamos enfrentado a algo tan complejo y que realmente nos obligara a cambiar y replantearnos la vida entera: nuestro entorno personal, familiar, social, profesional, organizacional. La forma en que hoy en día debemos asumir la realidad es muy distinta. No por voluntad o diseño, sino por obligación.

Cuando escribo este prólogo estamos en la mitad de la crisis y la salida es incierta. Navegar la incertidumbre y vivir la paradoja que presenta la situación nos deja sin duda una gran lección: trascender. Dejar legado como seres humanos, como pareja, como padres, como líderes y como diseñadores organizacionales.

Qué mejor momento para realmente repensar la forma en que nos organizamos, nos comunicamos e interactuamos en el contexto organizacional.

Y qué mejor momento también para aprender de compañías innovadoras y transformadoras como Alibaba, Huawei, Amazon o Google, que nacieron en una época diferente y se atrevieron a retar los modelos tradicionales, las formas típicas de organización, que vieron las herramientas de gestión como elementos de la forma y no del fondo.

Durante años he visto muchas organizaciones diseñadas de adentro hacia afuera y no de afuera hacia adentro como debería ser. Piensan más en su ombligo y menos desde las necesidades de quien recibe.

En su libro, Dave Ulrich y Arthur Yeung nos retan a pensar en las organizaciones de una forma diferente, no solo como una gran suma de proyectos para cumplir, sino desde una perspectiva de agilidad, flexibilidad, cercanía y confianza. *Reiventando la organización* es un llamado a poner sobre la mesa conversaciones que en el mundo de hoy, y me atrevo a llamarlo *postpandemia,* deben girar en torno a conceptos como: agenda estratégica (estrategia ágil), agenda comportamental (liderazgo ágil–marca de liderazgo), autoliderazgo (eficiencia personal–individuos ágiles), recursos humanos ágiles (*Business Partners* de RH).

Hoy el mundo es diferente que ayer y mañana diferente a hoy. Durante la COVID-19 estamos casi todos trabajando desde nuestras casas, navegando las miles de paradojas que nos plantea el miedo, la incertidumbre y el panorama económico global. A lo largo de la historia de la humanidad se han vivido diferentes momentos como este, de mayor o menor proporción, que son momentos de choque donde de alguna manera la humanidad, y por lo tanto las organizaciones, se reinventan.

Estoy seguro de que este libro será para muchos una gran guía y referencia de cómo las organizaciones deben construir ecosistemas vivos que crecen, mutan, se transforman y se multiplican como un virus positivo en donde el jefe es hacer las cosas bien para lograr el objetivo: satisfacer al cliente generando resultados. Los autores nos invitan a la reinvención de una forma ágil, entregándonos herramientas muy concretas para iniciar o consolidar nuestro camino hacia la transformación sin importar el tamaño y propósito de nuestras organizaciones.

Llevo más de 20 años cerca de Dave y de The RBL Group, además de ser mi mentor y amigo, todos sus libros y publicaciones me han ayudado a crecer como persona y como profesional; este libro claramente conecta con mi esencia y mi filosofía organizacional.

Espero lo disfruten tanto como yo lo he hecho.

Gracias, Dave y Arthur.

**Ernesto Uscher**
Socio Global - The RBL Group
Managing Director - Mercado Hispano.

# PREFACIO

En una época en que las condiciones de los negocios cambian rápidamente, este libro tiene como propósito reinventar la manera en que las organizaciones piensan, presentando a sus líderes nuevos principios de gestión con los que implementar prácticas que los ayuden a:

- Entregar productos y servicios innovadores a los clientes.
- Crear valor de mercado para los inversores.
- Aumentar el compromiso y la productividad de los empleados.
- Generar un mayor valor social o interés comunitario.

Con este fin, seguimos tres principios básicos para reinventar el pensamiento organizacional. En primer lugar, sintetizamos e integramos una gran cantidad de ideas innovadoras de organización (exponencial, ameba, equipo de equipos, sin fronteras, en red, plataforma, ágil, ambidiestro, en malla, etc.). Cada una de estas innovaciones organizacionales ofrece información única sobre los componentes que permiten que la compañía funcione de forma efectiva en el mundo cambiante de hoy. Por tanto, combinamos estas ideas en un marco integrado que guía a los líderes en el proceso de reinvención de sus organizaciones.

En segundo lugar, identificamos algunas de las organizaciones más innovadoras y exitosas de nuestro tiempo, centrándonos en China (Alibaba, Huawei y Tencent), Estados Unidos (Amazon, Facebook y Google) y Europa (Supercell). Además, realizamos profundas inmersiones en cada una de ellas con la intención de explorar cómo se reinventan día a día para ganar. Nuestro objetivo no se limitaba a un examen de su actuación como empresas ejemplares, sino que el propósito era estudiar la lógica y los principios que sustentaban dichas prácticas. Operando en un entorno hiperdinámico, estas compañías icónicas son un ejemplo de cómo se reinventan las organizaciones. De hecho, no resultaría sorprendente que algunas de ellas cambiaran de nuevo a corto plazo, incluso para el momento en que este libro salga publicado. No obstante, los principios de la nueva organización seguirán siendo los mismos, y las prácticas (herramientas y acciones) pueden mantenerse también en el tiempo.

En tercer lugar, recurrimos a nuestras experiencias personales. Durante los últimos cuatro años, hemos observado, estudiado y asesorado distintas organizaciones. Después de completar su doctorado en Teoría Organizacional, Arthur trabajó en los equipos ejecutivos sénior de Acer y Tencent. Además, ha enseñado durante más de una década en CEIBS (la principal escuela de negocios china), forma parte de distintos consejos como director independiente y ha asesorado a muchos CEO para construir o transformar las capacidades de sus empresas. También fundó la Asociación de Aprendizaje de Capacidad Organizacional, facilitando el aprendizaje de unos trescientos empresarios y directores ejecutivos chinos a través de reuniones trimestrales desde 2010. Por su parte, Dave lleva enseñando en la Universidad de Michigan más de treinta años, ha asesorado a más de la mitad de las empresas del Fortune 200 y ha recibido numerosos premios en reconocimiento por su trayectoria profesional. Juntos, hemos publicado más de cuarenta libros sobre organizaciones, talento, recursos humanos y liderazgo, aportando matices fundamentales a la definición y configuración de conceptos tales como la capacidad de organización, organización sin fronteras, cultura correcta, transformación, organización de aprendizaje, valor agregado de recursos humanos y recursos humanos de afuera hacia adentro, redes, plataformas, marca de liderazgo, capital de liderazgo, socio comercial, navegante de paradojas y agilidad estratégica, entre otros.

A partir de estos flujos de trabajo, hemos escrito este libro para revelar tanto los principios como las prácticas que muestran cómo pensar y construir organizaciones. Esperamos que estas ideas sirvan de guía a los líderes encargados de construir empresas más fuertes y a arquitectos organizacionales (en recursos humanos, desarrollo de organizaciones o consultoría) a quienes se les ha pedido que formen y establezcan una nueva forma de organización.

Escribir este libro ha sido muy complejo, pues ha supuesto una meticulosa búsqueda de antecedentes y aproximadamente ochenta entrevistas en China y Estados Unidos. Nos sentimos muy agradecidos por la increíble ayuda del equipo de investigación que realizó unas entrevistas tan exhaustivas, así como reseñas de las ocho compañías icónicas que aparecen en estas páginas; Sharon Li, Emily Chen, Janet Huang, Devon Shu y Wingwing Wang, todos y cada uno sois excelentes compañeros de trabajo. Queremos dedicar un agradecimiento especial a Kate Sweetman y Janet Huang, quienes convirtieron las entrevistas de la compañía en historias, y estamos especialmente agradecidos a Melinda Merino, nuestra editora de Harvard Business Review Press, quien ayudó a dar forma a nuestro pensamiento, y a Patricia Boyd, nuestra extraordinaria editora, que convirtió con gran maestría nuestras ideas en palabras con impacto.

Queremos agradecer a los entrevistados que participaron en nuestra investigación tanto por su tiempo como por sus ideas, así como a nuestros colegas cercanos en las organizaciones donde trabajamos, enseñamos y ofrecemos servicios de consultoría. Ellos han influido en nuestro pensamiento a un nivel que trasciende el personal; hemos asimilado sus ideas y las hemos hecho nuestras, siempre —o eso esperamos— concediéndoles el crédito adecuado. Por último, pero no menos importante, deseamos reconocer el apoyo a largo plazo, persistente y paciente de nuestras familias, en particular de Jenny y Wendy, quienes son nuestras socias intelectuales, sociales, emocionales y espirituales.

# 1. UNA NUEVA ORGANIZACIÓN

## 1. ¿CÓMO PUEDE TU EMPRESA GENERAR UN VALOR RADICALMENTE MAYOR?

En una playa soleada en Panama City, Florida, una madre escucha a sus dos hijos pequeños gritando entre las olas. Sin perder un instante, se lanza a rescatarlos, pero queda atrapada por la misma poderosa corriente que arrastra a sus hijos mar adentro. Entonces, la abuela de los muchachos corre a salvarlos y, luego, un primo y otro primo... Y, de pronto, nueve miembros de la familia luchan impotentes contra la corriente mortal. ¿Qué los salva? Un desconocido con pensamiento rápido escucha la conmoción, agarra las manos de otras dos personas y lanza lo que rápidamente se convierte en una cadena de ochenta rescatistas. La red humana que forman se extiende casi 100 metros hacia el océano, circundando a cada miembro de la familia en peligro y poniéndolos a salvo. Esta historia es verídica; se puede encontrar un vídeo de lo ocurrido en YouTube[1].

Si el nadador olímpico Michael Phelps hubiera sido el salvavidas de turno ese día, con todo su talento, ¿podría haber salvado a las nueve personas? Por supuesto que no. Lo que marcó la diferencia aquí no fue un héroe individual, sino una organización: la rápida, inteligente, práctica y, por encima de todo, coordinada respuesta de muchas personas motivadas por la posibilidad de salvarlos, un grupo de extraños que, con un propósito común, se cogieron de la mano —literalmente— para unirse. Actuaron rápidamente e incluso recurrieron a tablas de surf y pelotas de playa en las aguas profundas, gracias a lo cual tuvieron éxito contra una corriente aparentemente imposible de superar; ¡imagine cómo se sintieron estas ochenta personas que ayudaron a salvar vidas ese día! Después, cada uno siguió su propio camino.

Esta conmovedora historia captura el propósito esencial de este libro: ayudar a los líderes de cualquier tipo de organización (grandes o pequeñas, públicas o privadas, domésticas o globales) a que logren lo que estas ochenta personas llevaron a cabo: anticipar y observar los desafíos, unirse con un propósito, innovar cuidadosamente, actuar con rapidez, inspirar a otras personas y lograr resultados. Pero, además, nos hemos propuesto guiar a los líderes a través del proceso de trascender eventos aislados, como este rescate, y reconfigurar sus organizaciones para lograr los resultados deseados de forma consistente.

Sin embargo, es bien sabido que la mayoría de las organizaciones no funcionan de esta manera. Incluso las más actuales fueron diseñadas para un entorno más estable que ya no existe. Como el resto de líderes con quienes hablamos, seguramente percibas nuevas exigencias y reglas esenciales para alcanzar el éxito en mercados de cambio continuo, como es el caso de aquellas ochenta personas que estaban aquel día en la playa y formaron espontáneamente una cadena humana para salvar a los bañistas. Además, es posible que tomes decisiones y experimentes de forma más o menos constante con nuevas ideas de gestión y, sin embargo, no consigas el progreso ni la velocidad deseados.

Entonces, para comprender mejor la forma en que dichas organizaciones pueden generar un vínculo y un resultado similar al de estas ochenta personas, nos propusimos estudiar los dos entornos empresariales más innovadores y vitales del mundo: China y Silicon Valley. Somos conscientes de que, por diferentes razones, estos dos lugares incuban nuevos formatos y prácticas organizativas que satisfacen con creces las necesidades de estos mercados tan dinámicos. En China, un vibrante movimiento emprendedor está llenando el vacío entre las empresas estatales y las corporaciones multinacionales, con la emergencia de organizaciones privadas altamente exitosas, como Alibaba, DiDi, Huawei y Tencent, cuatro de las que hemos estudiado en profundidad. Por otra parte, en Silicon Valley, el banco de pruebas de innovación más famoso del mundo, los emprendedores reciben impulso para establecer empresas altamente exitosas y equilibradas. Según el último recuento, se lanzan alrededor de cincuenta

## CAPÍTULO 1. UNA NUEVA ORGANIZACIÓN

nuevas empresas en el área de San Francisco cada mes. Tuvimos la suerte de tener acceso a las tres empresas líderes: Amazon, Facebook y Google. En ambos lugares, las compañías se reorganizan continuamente para mantenerse exitosas en un mundo global que cambia rápidamente, libres de las restricciones que tienen las organizaciones tradicionales. El siguiente cuadro refleja las organizaciones que estudiamos, a las que tuvimos acceso interno y donde entrevistamos a ejecutivos, empleados y exempleados para explorar sus engranajes.

**Cuadro 1.1 Empresas estudiadas**

| Empresa | Año de fundación | Número de empleados[a] | Valor de mercado en miles de millones de dólares[b] |
|---|---|---|---|
| Alibaba | 1999 | 101 550 | 474.6 |
| Amazon | 1994 | 647 500[c] | 907.8 |
| DiDi | 2012 | 13 000 | 55.0[d] |
| Facebook | 2004 | 35 587 | 513.0 |
| Google | 1998 | 98 771 | 848.9 |
| Huawei | 1987 | 180 000 | 146.0[e] |
| Supercell | 2010 | 283 | 10.0[f] |
| Tencent | 1998 | 47 794[g] | 472.0 |
| Promedio | (Edad promedio de la empresa en 2019: 19 años) | 140 561 | 428.4 |

a. Extraído de los informes anuales de 2018 o del sitio web oficial.
b. El valor de mercado para las empresas que cotizan en bolsa se tomó a 15 de abril de 2019.
c. Empleados a tiempo completo y tiempo parcial; se excluyen contratistas y personal temporal.
d. Información proporcionada por el equipo de comunicación externa de DiDi.
e. Referencia del Informe Hurun.
f. Empresa privada, información basada en la última ronda de valoración.
g. Se excluyen trabajadores contratados a partir del 15 de abril de 2019.

Fuente: El valor de mercado de DiDi y Supercell proviene de las declaraciones de divulgación financiera de las empresas; el valor de mercado de Huawei proviene del Informe Hurun. Otros datos provienen de los sitios web y estados financieros oficiales de las empresas.

En nuestra investigación sobre estas compañías sobresalientes, encontramos varios principios y prácticas que suponen un aumento radical del valor en mercados en constante movimiento. Entonces, integramos estos elementos en un marco de trabajo para la reinvención, de modo que cualquier líder en cualquier clase de organización, especialmente una con legado tradicional, pudiera adaptarlos.

Por supuesto, es mucho más sencillo comenzar una nueva organización que reinventar una organización con legado. En nuestros muchos años de trabajo con diversos CEO y sus equipos, hemos sido testigos de lo difícil que es lograr una transformación de fondo en una organización ya establecida, un reto que motivó directamente este libro. Esperamos ofrecer un puente y una guía para ayudar a los ejecutivos a transformar sus organizaciones en compañías rápidas, con una mayor capacidad de respuesta y que, por consiguiente, generen más valor.

Es necesario señalar también que incluso las compañías digitales deben adaptarse constantemente, porque su entorno de negocios se encuentra en continuo cambio; AOL, Yahoo, MySpace, Netscape, por nombrar algunos, son víctimas bien conocidas de una lenta adaptación. Por tanto, los principios que aquí expondremos pueden aplicarse también a organizaciones digitales, pues todas las compañías, especialmente aquellas que están expuestas a entornos competitivos y rápidos, tienen la necesidad de mantenerse ágiles y con una alta capacidad de respuesta.

Si eres un líder que busca inspirar a sus empleados, servir a sus clientes, deleitar a sus inversores y demostrar un sólido compromiso social en este rápido y cambiante mundo laboral, no hay duda de que necesitas reinventar tu organización, un proceso que va mucho más allá de simplemente cambiar las relaciones jerárquicas, construir equipos o anunciar una nueva estrategia: deberás construir una organización nueva, desde sus cimientos, y redefinir los sistemas y procesos de trabajo; entender y moldear el ambiente laboral; cambiar la coordinación de proyectos; consolidar los principios que gobiernan la organización; y reconfigurar tanto tus acciones de liderazgo como las del resto de equipos. Este libro ofrece una hoja de ruta completa para reinventar tu organización con los principios y herramientas que funcionan en las empresas más dinámicas de la actualidad.

# CAPÍTULO 1. UNA NUEVA ORGANIZACIÓN

Antes de presentar nuestro marco de seis pasos para la reinvención organizacional, empezaremos con una descripción general de Supercell, una de las compañías que exploramos y cuya historia ilustra el surgimiento de una nueva forma organizativa, anticipando el mercado y generando un valor radicalmente mayor[2]. Sin duda, ahora estás pensando: «De ninguna manera, mi organización podría llegar a ser como Supercell». Nuestro objetivo con este libro es convencerte de lo contrario y brindarte las herramientas necesarias para que tu empresa avance en esta dirección.

## SUPERCELL

Supercell, una compañía de juegos para dispositivos móviles fundada en 2010, ha desarrollado cinco juegos exitosos (Clash of Clans y Hay Day en 2012, Boom Beach en 2014, Clash Royal en 2016, Brawl Stars en 2018), gracias a los cuales ha adquirido más de 100 millones de clientes leales. En 2019, la compañía alcanzó un valor de mercado de aproximadamente 10 000 millones de dólares, con unos ingresos anuales de más de 2000 millones, unos resultados sorprendentes para una empresa con tan solo 280 empleados y unas ventas promedio por empleado de 10 millones de dólares.

### Entorno y estrategia

Para alcanzar el éxito tan rápidamente, los líderes de Supercell anticiparon la tendencia tecnológica que supondría el internet móvil en 2010 y centraron su desarrollo de juegos en plataformas móviles. Además, la disponibilidad de canales de distribución global a través de la tienda Apple iOS y de las tiendas Android facilitó enormemente que sus juegos llegaran a todo el mundo.

Los líderes de Supercell están comprometidos con la creación de juegos que perduren por décadas, con atractivo global (bien recibidos tanto en Occidente como en Oriente) y que funcionen en dispositivos móviles. Para ponerlo en práctica, Supercell se alió con socios externos, como Kunlun y Tencent, que se encargarían de su publicación en China y externalizó su infraestructura tecnológica mediante Amazon Web Services (AWS).

## Capacidades organizacionales y estructura

El CEO, Ilkka Paananen, y los otros cinco cofundadores tienen experiencias ricas y profundas en la industria del juego. Se llaman a sí mismos *gamers* y, sin duda, la filosofía de Supercell basada en la satisfacción del cliente comienza con ellos. Asimismo, los fundadores se han comprometido a crear un entorno de trabajo que fomente la creatividad y la innovación mediante la independencia y el trabajo en equipos pequeños, respaldados a su vez por una plataforma. Supercell no tiene dudas de que el mejor equipo hace los mejores juegos.

**Cuadro 1.2 Supercell: plataformas, células y socios estratégicos**

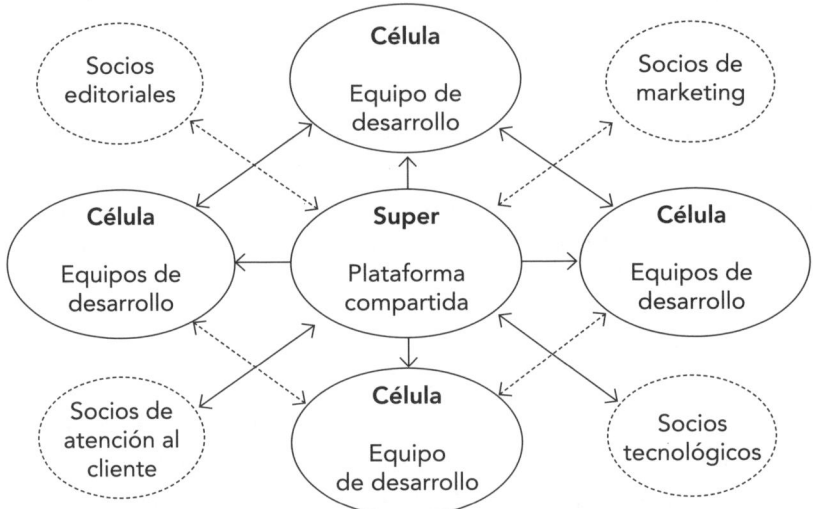

Estos pequeños equipos, o células, trabajan de forma independiente y autónoma: un equipo por cada juego en desarrollo. Además, la empresa ha desarrollado la plataforma Super —a partir del nombre de la empresa—, una base central sólida que proporciona a los equipos o células de desarrollo de juegos lo que necesitan: cultura, marketing, recursos humanos, finanzas y tecnología. La relación entre los equipos (o células) y la plataforma central (Super) es horizontal (no jerárquica), y la misión de la plataforma es transparente: permitir que los equipos se concentren en el desarrollo del juego. Además, las células independientes comparten información y estadísticas, gracias a lo cual toda la empresa es más fuerte que cualquier juego individual. Si dibujáramos esta organización, no lo haríamos mediante una jerarquía tradicional, sino como una plataforma y células independientes conectadas entre sí (cuadro 1.2).

«¿Por qué un diseño organizacional "súper" y celular?», pregunta retóricamente el director de operaciones de Supercell, Janne Snellman. «Porque vimos el fracaso de los juegos diseñados por comités en otros lugares. El mejor talento [de juegos] prefiere trabajar de forma independiente: hay que ponerlos en un camino y señalar una dirección, pero el equipo descubrirá el resto por su cuenta. No pueden tener una persona que venga a decirles qué hacer. Cuanto más pequeño el equipo, más rápido será». El exitoso Clash of Clans, por ejemplo, comenzó con un equipo central de solo cinco personas y creció a lo largo de los años a siete u ocho, todas enfocadas en mejorar continuamente este juego altamente interactivo. El equipo más amplio, que da soporte a millones de jugadores de Clash of Clans, aún no llega a quince personas. Como el grupo de ochenta personas que salvó la vida a los bañistas, estos equipos individuales unen diferentes personas para crear y responder a las oportunidades del mercado.

**Talento**

Con el firme objetivo de mantenerse como una empresa pequeña y fácil de gestionar, Supercell es rigurosa en sus procesos de contratación. Por ejemplo, de los más de dos mil currículums recibidos para el puesto de diseñador, la compañía contrató solamente a diez. Con este nivel de rigor, Supercell logra reunir a un pequeño grupo de personas extraordinarias, basando su filosofía en que una persona excepcional equivale a cien personas comunes. Después, la compañía no duda en dar libertad a estas personas, eliminando todos los obstáculos que se puedan anticipar.

Supercell potencia su talento creativo al ofrecer a las personas la libertad de experimentar con diferentes ideas y eliminar el estigma del fracaso. Cuando una idea no funciona como se esperaba, el equipo simplemente celebra su fracaso con una botella de champán, mientras se comparten las lecciones aprendidas con los miembros de otros departamentos.

«Los equipos de éxito comienzan con líderes de equipo, aquellos que han demostrado su experiencia en el desarrollo de juegos», dice Snellman. «Cuando creen que tienen una idea para un juego, lanzan su idea internamente y animan a que personas de otros grupos internos o externos se unan a ellos. No se requiere aprobación oficial para que un líder forme un equipo. Las personas con ideas pueden crear sus propios equipos». Supercell, de hecho, tiene un mercado interno de empleos e ideas continuo.

### Conexión entre equipos

Pero más allá de ser equipos independientes y aislados, los equipos de Supercell están conectados entre sí tanto por el uso de los recursos de la plataforma como por el intercambio de ideas entre los equipos. Snellman afirma: «Los diseñadores de juegos pueden moverse de un equipo a otro a medida que cambian sus intereses».

«El mejor ejemplo de esto es el Clash Royale. Cuando el juego pasó de ser un concepto a ser jugado internamente en la empresa (el paso antes de un lanzamiento beta externo), hubo tanta emoción que un equipo que estaba trabajando en otro juego suspendió su proyecto y se pasó al equipo de Clash Royale. Nuestra visión está basada en cuidar primero a toda la compañía y, después, al equipo. Los empleados saben que, apoyando a otro equipo, pueden esperar este apoyo de vuelta cuando lo necesiten». Como explica Snellman, el éxito de Supercell no se debe a un solo juego o a un equipo sobresaliente, sino que proviene de un entramado de equipos conectados que enfocan sus recursos hacia nuevas oportunidades.

### Cultura

Para que este tipo de organización funcione, el valor cultural primordial es el respeto. En palabras de Snellman: «Queremos crear un entorno de pares en el que el trabajo de todos sea importante. Nos respetamos mutuamente, no es una relación de un rey con un súbdito. La gente de plataforma y la gente del equipo de desarrollo de juegos comparten la misma escala de bonificación».

A lo largo del libro, compartiremos los principios y prácticas, resumidos en un marco integral de seis partes, que Supercell y las otras compañías que analizamos utilizan para operar en entornos ultradinámicos. Supercell es la más pequeña y nueva de las compañías estudiadas y, como mencionamos, resulta mucho más fácil crear una nueva que transformar una ya existente. Pero independientemente de la edad o el tamaño de tu empresa, podrás poner en práctica estos principios para reinventar tu organización.

## MODELOS PARA CLASIFICAR TU ORGANIZACIÓN

Para reinventar tu organización, deberás identificar los supuestos bajo los que opera, es decir, deberás considerar qué modelo organizativo se adecúa mejor a su funcionamiento (cuadro 1.3). En este sentido, existen tres modelos tradicionales: jerárquico, sistemático y por capacidades.

**Cuadro 1.3 Evolución de las formas organizativas**

| ○ Modelo A | ○ Modelo B | ○ Modelo C | | |
|---|---|---|---|---|
| Jerarquía (eficiencia, estructura) | Sistemático (alineación) | Capacidades (identidad) Sociales Técnicas Individuales Organizacionales | | |
| | Estrategia Estructura Procesos Incentivos Personas | SOCIAL | **Competencia individual** (habilidades de liderazgo) | **Capacidad organizacional** (información, cliente, innovación, agilidad) |
| | **Valores compartidos:** Estructura Sistemas Estilo Personal Capacidades Estrategias | TÉCNICAS | **Competencia técnica individual** (ingeniería, finanzas, marketing) | **Competencia central y funcional, experiencia técnica** (distribución de Amazon) |

## Modelo jerárquico

La lógica organizacional dominante de este tipo de empresa está basada en una jerarquía de conocimiento, poder y control —podemos ver el organigrama tradicional en el modelo A del cuadro 1.3—. En esta organización, los líderes encarnan los roles y reglas y se centran en demostrar su eficiencia operativa reestructurando los niveles, aclarando los diferentes roles y eliminando posibles fronteras entre silos. A pesar de que recientemente se ha extendido la noción de abolir la jerarquía interna, la mayoría de las organizaciones continúan siendo jerárquicas.

## Modelo sistemático

Se trata de una organización que se ha alejado del modelo jerárquico y de los supuestos que lo sustentan para seguir una lógica de sistemas (modelo B en el cuadro 1.3). El objetivo de sus líderes es alinear los sistemas de la compañía (estrategia, estructura, personas, recompensas, procesos…) para mejorar significativamente la salud organizacional[3].

Las organizaciones que operan bajo estos supuestos suelen funcionar mejor que las que siguen una filosofía más tradicional, pero, aun así, su respuesta ante disrupciones externas es muy lenta y es posible que algunos empleados no estén totalmente comprometidos. ¡Imagínate que los ochenta salvavidas se hubieran sentado a hacer un análisis de sistemas RACI (responsable, contable, consultivo e informado, por sus siglas en inglés) antes de tomarse de las manos y salvar a los bañistas!

## Modelo por capacidades

Este tipo de organización no se basa en jerarquías o sistemas, sino en sus capacidades o identidad (modelo C). Así, se asume que una compañía es efectiva en base a su reconocimiento social o reputación, es decir, por lo que hace bien y por su identidad de marca[4]. Las organizaciones que siguen ese modelo se centran en sus fortalezas y en cómo estructuran sus actividades para ofrecer un valor diferencial, poniendo especial énfasis en crear una identidad única que implique a todos sus grupos de interés.

**Evalúa tu organización**

Para reinventar una organización, debes reconocer cuál de los tres modelos organizacionales encaja mejor. ¿Reconoces el perfil de tu empresa? ¿Tu organización se basa en un sistema jerárquico y en la claridad de los roles de las personas?, ¿en los sistemas y su alineación?, ¿en sus capacidades e identidad? Una vez hayas reconocido qué modelo predomina en tu organización, deberás renunciar a él, ya que ninguno encaja con lo que sucedió con los ochenta salvavidas o el éxito de Supercell. Los tres modelos tradicionales (jerárquico, sistemático o por capacidades) se centran más los asuntos internos, en quién hace qué, que en los externos, que es donde se genera el verdadero valor. Además, los modelos tradicionales recurren a soluciones predecibles, en lugar de buscar acciones ágiles. Gran parte de los fracasos más épicos de los últimos años —Blockbuster, Kodak, Nokia, Sears...— se han debido a la incapacidad de sus líderes de responder rápidamente a los requisitos u oportunidades del mercado.

¿Estás listo para dejar de lado estos supuestos organizacionales y para encontrar la forma de que tu empresa ofrezca un valor radicalmente mayor? Dicho esto, demos un paso hacia esta transformación.

## 2. HACIA UN NUEVO MODELO ORGANIZATIVO: EL ECOSISTEMA ORIENTADO AL MERCADO (MOE)

Varias de las ideas y principios de Supercell y de las otras compañías que analizamos representan el desarrollo de una organización más innovadora y ágil que genera un gran valor. Por supuesto, no somos los primeros en reconocer el poder del trabajo conjunto y en ofrecer soluciones que pueden anticipar las exigencias de los clientes, innovar conscientemente, inspirar a los empleados y responder con rapidez; muchas empresas ya han tratado de redefinirse dejando atrás la jerarquía, pero cada experimento organizacional ofrece diferentes componentes. A lo mejor ya has oído hablar o incluso has experimentado con algunas de estas ideas.

Para movilizar a las personas con mayor facilidad, algunas empresas experimentan con una estructura en malla que permite y recompensa los movimientos horizontales. Otras compañías se han redefinido como redes para crear mejores interconexiones. ¿Podemos conseguir una mayor velocidad a través de la llamada organización ambidiestra? Si queremos que otras personas, de dentro o fuera de nuestra empresa, se vinculen a nosotros, ¿sería una posibilidad establecer la organización sin fronteras? ¿La holocracia, otro tipo popular de estructura descentralizada, proporcionará la cura milagrosa para la excesiva necesidad de control de la jerarquía, movilizando la organización hacia la autogestión y la autoorganización por equipos? ¿Y la organización ameba o las microempresas que invierten la jerarquía organizacional? ¿Responderá la organización exponencial lo suficientemente rápido a los cambios del mercado? Y la lista de experimentos organizacionales continúa (cuadro 1.4)...

**Cuadro 1.4 Modelos emergentes de organización**

Si bien estamos en deuda con los pioneros que han llevado a cabo estos valientes experimentos organizacionales, estos no son más que soluciones parciales, no integradas, es decir, se trata de iniciativas centradas en cambiar ciertas prácticas de la organización, pero no en reinventarla.

Por tanto, aquí te ofrecemos un enfoque holístico e integrado sobre cómo reinventar tu organización basado en principios innovadores y cimentado en de nuevas prácticas que te permitirán ir más allá de la ejecución de experimentos organizaciones y alcanzar un impacto real y sostenible.

Al principio, tuvimos muchas dudas en cuanto a cómo denominar esta forma organizativa emergente que identificamos en las empresas del estudio, pero, después de mucho debatir, nos decantamos por el MOE o *market-oriented*

## CAPÍTULO 1. UNA NUEVA ORGANIZACIÓN

*ecosystem*, un ecosistema organizacional cuya gestión se encuentra directamente orientada al mercado. Aunque es una expresión un tanto básica y torpe, aclararemos durante el libro la razón de nuestra elección.

En primer lugar, este modelo se alimenta de oportunidades orientadas al mercado, oportunidades que van más allá de una participación pasiva y que generan un propósito convincente que logra unir y alinear a las personas. En el caso de los salvavidas, el propósito era rescatar a los bañistas, mientras que, para los empleados de Supercell, se trata de crear juegos que capturen la imaginación de los usuarios. La filosofía de tu organización comienza con una comprensión de las oportunidades de mercado.

Un ecosistema, a estos efectos, incluye todos los elementos relacionados con la organización de los recursos y las personas para alcanzar el éxito en el mercado. Aunque este término se utiliza a menudo en exceso y cuenta con diferentes significados en los diferentes campos, nos atendremos a la definición anterior. Por ejemplo, el ecosistema del salvavidas reunió a personas con diferentes habilidades para una causa común; y, en Supercell, el ecosistema no es un juego o un equipo concreto, sino equipos que se conectan y aprenden unos de otros para crear juegos poderosos que perduren en el tiempo y a nivel global. Así, en este último caso, se generan lecciones derivadas del desarrollo de un juego, que se transfieren a otros equipos a medida que las personas y las ideas se mueven de uno a otro. Las capacidades, en tanto que fortalezas organizativas, no solo se integran en la plataforma, las células o los socios estratégicos, sino que florecen en las conexiones entre y dentro de todas estas unidades organizativas. Mediante esta lógica del ecosistema, las organizaciones valoran la fluidez y la capacidad de pivotar.

Si tu objetivo es que la organización actúe como un ecosistema orientado al mercado, tendrás que modificar los pilares organizativos de la misma, pues esta lógica requiere de unidades independientes (células o equipos) conectadas entre sí mediante un intercambio de información sobre clientes, innovación y agilidad. Por tanto, los resultados no se logran a través de la eficiencia, la alineación o las capacidades, sino que el éxito se alcanza porque la participación en una red más amplia de equipos y socios, internos y externos, permite una respuesta más rápida a las condiciones cambiantes del entorno. Esta evolución de la lógica organizacional se resume en el cuadro 1.5.

## Cuadro 1.5 Evolución de la lógica organizacional

| Tendencias organizacionales | Cita definitoria | Imagen o metáfora |
|---|---|---|
| **Jerarquía: eficiencia y estructura** | «Cualquier cliente puede tener el coche pintado del color que desee, siempre que sea negro» (Henry Ford, 1909). <br><br> «Toma mis activos, pero déjame mi organización y en cinco años lo tendré todo de nuevo» (Alfred P. Sloan, 1926)[a]. | • Partes de una máquina <br> • Roles y áreas de especialización bien definidos |
| | **Foco** | **Aplicación actual** |
| | • Procedimientos y procesos operativos estándar <br> • Responsabilidad bien definida, con roles y responsabilidades | • Reingeniería, filosofía Seis sigma, metodología *lean manufacturing*, etc., para dirigir la eficiencia <br> • Compañías multidivisionales, unidades estratégicas de negocio y *delayering* (eliminar las capas jerárquicas de una empresa) |

| Tendencias organizacionales | Cita definitoria | Imagen o metáfora |
|---|---|---|
| **Sistemas: alineación** | «No tiene que ver con ser los más listos de la habitación, sino con pensar de forma colectiva» (Peter Senge, 1990)[b]. | Sistemas integrados alineados en la organización, que, a su vez, está en línea con el entorno. |

| Tendencias organizacionales | Foco | Aplicación actual |
|---|---|---|
| **Sistemas: alineación** | • Asegurar que los sistemas se conectan unos con otros<br>• Problemas de diagnóstico de sistemas | • Organizaciones sanas<br>• Auditorías de alineamiento organizacional |

| Tendencias organizacionales | Cita definitoria | Imagen o metáfora |
|---|---|---|
| **Capacidades: identidad organizacional** | «Por lo que la organización es conocida y lo que es capaz de hacer para crear un valor intangible que nadie puede replicar» (Dave Ulrich y Norm Smallwood, 2004). | Las capacidades dentro de la organización dan forma a su identidad y a sus intangibles. |
| | **Foco** | **Aplicación actual** |
| | Identificar e invertir en capacidades clave. | • Auditorías culturales<br>• Mejora de procesos |

| Tendencias organizacionales | Cita definitoria | Imagen o metáfora |
|---|---|---|
| **Ecosistema: interdependencia en una red de socios** | «Tencent gestiona la mitad de nuestras vidas; la otra mitad está en manos de los socios de nuestro ecosistema» (Pony Ma, presidente y CEO de Tencent, 23 de marzo de 2015). | • Habilidades organizacionales existentes en el ecosistema<br>• Ecosistema orientado al mercado |
| | **Foco** | **Aplicación actual** |
| | Construir y colaborar con equipos ágiles y plataformas conectadas una con otra dentro y fuera de la organización. | Crear organizaciones innovadoras y ágiles que inspiren a las personas a ganar en el mercado. |

a. Thomas S. Bateman y Scott A. Snell, *Management: Building Competitive Advantage* (Homewood Park, IL. Richard D. Irwin, 1999), 276.
b. Peter Senge, *The Fifth Discipline* (New York: Doubleday, 1990).

## 3. UN MARCO DE SEIS PARTES PARA REINVENTAR LA ORGANIZACIÓN

Tras sintetizar las investigaciones organizacionales anteriores, explorar las compañías líderes en este modelo y aprovechar nuestras décadas de experiencia en la enseñanza y la consultoría con ejecutivos de numerosas organizaciones, comenzamos a identificar las decisiones específicas de los líderes para crear un ecosistema orientado al mercado. En particular, analizamos la información pública de las ocho empresas seleccionadas y realizamos una serie de entrevistas privadas con ejecutivos de cada una, así como con exempleados. También recorrimos los pasillos, visitamos las oficinas y hablamos con la gente; observamos los entornos en los que competían las empresas, las estrategias que ideaban, las capacidades que fomentaban deliberadamente y el liderazgo mostrado en toda la organización. Al recopilar y destilar toda esta información, pudimos definir los principios y las acciones que hacen que el ecosistema orientado al mercado funcione correctamente.

**Cuadro 1.6 Un marco de seis partes para reinventar la organización como un sistema orientado al mercado (MOE)**

| Entorno | Estrategia | Capacidad |
|---|---|---|
| ¿Entendemos y anticipamos las condiciones ambientales cambiantes que darán forma al futuro? | ¿Tenemos una estrategia clara para el crecimiento y una hoja de ruta para ponerla en práctica? | ¿Hemos articulado e implementado las capacidades que favorece el MOE? |
| **Apreciar y anticipar** | **Clarificar y facilitar** | **Diagnosticar e integrar** |

| Morfología | Gobernanza | Liderazgo |
|---|---|---|
| ¿Hemos diseñado la forma o estructura organizacional adecuada para poner en marcha nuestra estrategia de crecimiento? | ¿Hemos diseñado y llevado a cabo las prácticas de los seis mecanismos de gobernanza que favorece el MOE? | ¿Tenemos líderes en el nivel superior y una marca de liderazgo compartida a lo largo de toda la organización que nos asegure el éxito? |
| **Diseñar y entregar** | **Diseñar e implementar** | **Ser, enseñar y construir** |

# CAPÍTULO 1. UNA NUEVA ORGANIZACIÓN

Nuestro objetivo no se limita a describir esta nueva forma organizativa, sino que incluye principios y prácticas específicos a los que cualquier líder puede recurrir para reinventar su organización. El cuadro 1.6 resume nuestros hallazgos sobre el funcionamiento de los ecosistemas orientados al mercado. A continuación veremos las seis dimensiones incluidas en este marco:

- **Entorno:** indica cómo las empresas exitosas aprecian y anticipan las tendencias y los cambios en su entorno empresarial, ya sea social, técnico, económico, político, ambiental o demográfico. El ritmo de cambio en cada una de estas áreas exige una capacidad de respuesta e innovación cada vez mayores, por lo que estas organizaciones miran más allá de las condiciones actuales del mercado para anticipar futuras necesidades. En el capítulo 2, analizaremos los elementos contextuales esenciales, además de proporcionar cinco posibles acciones que permitirán mejorar la lectura, la respuesta y la anticipación de los cambios del entorno.

- **Estrategia:** indica cómo los empresarios hacen crecer sus negocios y a través de qué caminos. Estos líderes exitosos no solo buscan participación de mercado, sino que también anticipan y crean oportunidades, pues saben cómo asignar recursos para crear agilidad estratégica y aprovechar estas oportunidades. El capítulo 3 explora la evolución de la estrategia, desde la planificación hasta la agilidad, y describe ocho formas de los procesos estratégicos de una organización.

- **Capacidades del ecosistema:** indican cómo las empresas de vanguardia logran el éxito aprovechando y compartiendo información sobre el conocimiento y otras fortalezas de las personas y los equipos, así como centrándose en el cliente de forma innovadora y ágil. Las organizaciones orientadas al mercado favorecen más capacidades en el ecosistema global que dentro de los límites de su propio negocio. El capítulo 4 rastrea la evolución de las capacidades organizacionales a las capacidades del ecosistema e identifica ocho de ellas como fundamentales para reinventar una organización.

- **Morfología:** indica cómo las compañías más exitosas han creado nuevas formas organizativas que permiten a su talento aprovechar ágilmente los cambios y oportunidades del mercado, generar ideas con rapidez, experimentar, cerrar ensayos no rentables y construir grandes negocios a partir de otros exitosos. La forma más efectiva consiste en usar plataformas, equipos de negocios (células) y socios estratégicos (aliados), pero esta estructuración no es una matriz pura, un modelo multidivisional o una compañía *holding*. Por ello, ofrecemos una introducción en el capítulo 5.

- **Mecanismos de gobierno:** indican cómo las mejores compañías hacen que el ecosistema se encuentre verdaderamente conectado y sea colaborativo, compartiendo aspectos como cultura, responsabilidad por resultados, ideas, talento e información. Estos mecanismos guían y refuerzan la misión, la visión y las operaciones de la empresa. Entre los capítulos 6 y 11 veremos cada uno de los seis atributos clave de gobierno y cómo son cubiertos por ecosistemas orientados al mercado.

- **Liderazgo en todos los niveles:** indica cómo los principales líderes rediseñan la morfología de la organización y establecen el contexto y las reglas para que las unidades autónomas operen a través de relaciones orientadas al mercado. Los líderes se enfrentan al desafío de alentar una cultura que fortalezca, energice y oriente a los empleados. Por último, pero no menos importante, las organizaciones exitosas construyen liderazgo a todos los niveles para que las personas tomen iniciativas activamente, como lo hicieron los extraños en la playa de Panama City. Los capítulos 12 y 13 abordan cómo liderar un ecosistema orientado al mercado.

Al comprender y abordar sistemáticamente estas seis dimensiones, los líderes de cualquier organización pueden crear y desarrollar una organización basada en el servicio al cliente, con innovación constante y respuestas ágiles a cualquier oportunidad o desafío. Y eso es precisamente lo que pretende aportar este libro. Para cada dimensión, exploraremos principios, prácticas y otras herramientas que permitan mejorar la capacidad de su empresa para responder a entornos en constante cambio.

## 4. LA HOJA DE RUTA PARA REINVENTAR TU ORGANIZACIÓN

Este libro trata sobre lo que podemos aprender de compañías como Alibaba, Amazon, DiDi, Facebook, Google, Huawei, Supercell y Tencent, que han imaginado y, luego, construido organizaciones que realmente satisfacen las necesidades del futuro: pueden ser grandes y pequeñas al mismo tiempo y, con ello, crean las condiciones necesarias para el éxito. Si bien puede ser difícil obtener recursos escasos como dinero, tecnología puntera y personas con talento, la parte más desafiante es organizar e integrarlos para generar una competitividad diferenciadora. No existe un atajo, pero aquí proporcionamos una hoja de ruta completa (Figura 1.7).

**Figura 1.7 Hoja de ruta para reinventar la organización**

Uso del diagnóstico: evaluación de como tu organización (o tú mismo) se enfrenta a cada una de las dimensiones del ecosistema orientado al mercado. Se puntuará con las letras B (bajo), M (medio) y A (alto) o con cualquier otro sistema evaluativo que se desee. Lo importante será poner el foco en las dimensiones con puntuación baja.

| Dimensión del MOE | Pregunta de evaluación (auto)organizativa | Puntuación (B, M y A) | Capítulos, mensajes y herramientas clave |
|---|---|---|---|
| **Parte I. El contexto: respondiendo a mercados en cambio constante** | | | |
| Entorno | ¿Entendemos y anticipamos las fuerzas cambiantes a las que se enfrenta nuestra industria y, por ende, nuestra organización? | | Capítulo 2:<br>• Aprender un proceso disciplinado para definir el contexto ambiental<br>• Responder al VUCA y al ritmo del cambio |
| Estrategia | ¿Tenemos una estrategia clara para el crecimiento y una hoja de ruta para ponerla en práctica? | | Capítulo 3:<br>• Definir una hoja de ruta para el crecimiento<br>• Fomentar la agilidad estratégica |

| Dimensión del MOE | Pregunta de evaluación (auto)organizativa | Puntuación (B, M y A) | Capítulos, mensajes y herramientas clave |
|---|---|---|---|
| **Parte II. El nuevo modelo organizacional: características de un ecosistema orientado al mercado** | | | |
| **Capacidad** | ¿Contamos con capacidades que conforman la identidad de nuestro ecosistema? ¿Estas capacidades ponen el foco en la información, el cliente, la innovación y la agilidad? | | Capítulo 4: las cuatro capacidades esenciales del ecosistema<br>• Detección externa<br>• Obsesión por el cliente<br>• Innovación constante<br>• Agilidad en todas partes |
| **Morfología** | ¿Contamos con la forma o estructura organizacional necesaria para este crecimiento? | | Capítulo 5: requerimientos operacionales para todas las partes del ecosistema<br>• Plataforma<br>• Células (equipos)<br>• Aliados (socios estratégicos) |
| **Parte III. Gobernanza: funcionamiento del ecosistema orientado al mercado** | | | |
| **Cultura** | ¿Tenemos la cultura adecuada integrada en nuestra organización? | | Capítulo 6:<br>• Definir la cultura adecuada como identidad (¿por qué queremos que nos conozcan nuestros clientes clave?)<br>• Integrar la cultura en toda la organización |
| **Responsabilidad ante el desempeño** | ¿Hemos definido una responsabilidad clara y positiva ante las actividades y los resultados? | | Capítulo 7:<br>• Vincular los estándares e incentivos a los resultados clave<br>• Responsabilizar a las personas de forma positiva, mediante filosofías orientales y occidentales |

# CAPÍTULO 1. UNA NUEVA ORGANIZACIÓN

| Dimensión del MOE | Pregunta de evaluación (auto)organizativa | Puntuación (B, M y A) | Capítulos, mensajes y herramientas clave |
|---|---|---|---|
| **Generación de ideas** | ¿Buscamos continuamente nuevas ideas a través de la experimentación y de la mejora continua? | | Capítulo 8:<br>• Generar un pipeline de ideas basado en la experimentación y la curiosidad<br>• Generalizar ideas mediante un modelo colaborativo |
| **Talento** | ¿Contamos con las personas adecuadas, con las habilidades adecuadas, en las posiciones adecuadas y con el compromiso adecuado? | | Capítulo 9:<br>• Atraer a las personas adecuadas a y entre la organización<br>• Crear un sentimiento de propósito y de sentido entre los empleados |
| **Información** | ¿Hemos instituido una transparencia radical y un modelo de información colaborativa? | | Capítulo 10:<br>• Motivar una transparencia radical<br>• Integrar herramientas para compartir información entre la organización |
| **Colaboración** | ¿Sabemos trabajar en equipo para lograr que el todo sea más que las partes? | | Capítulo 11:<br>• Gestionar herramientas para hacer que equipos y personas trabajen juntos (objetivos comunes, personas adecuadas, procesos compartidos, incentivos adecuados) |

| Dimensión del MOE | Pregunta de evaluación (auto)organizativa | Puntuación (B, M y A) | Capítulos, mensajes y herramientas clave |
|---|---|---|---|
| **Parte IV. Convertir ideas en impacto: liderar un ecosistema orientado al mercado** | | | |
| **Liderazgo** | ¿Contamos con líderes en todos los niveles de la organización que ayudan a otros a optimizar su desempeño? | | Capítulo 12:<br>• Identificar competencias de liderazgo clave para el MOE<br>• Asegurar un liderazgo firme en toda la organización |
| **Transformar la organización** | ¿Sabemos adaptar ideas de los MOE de éxito para transformar nuestra propia organización en un modelo innovador? | | Capítulo 13:<br>• Adaptar principios clave del MOE a organizaciones tradicionales en proceso de cambio<br>• Mejorar el aspecto innovador de cualquier empresa |

Nota: MOE (ecosistema orientado al mercado); VUCA (entorno volátil, incierto, complejo y ambiguo).

El modelo de ecosistema orientado al mercado y los supuestos que lo sustentan no solo incluyen empresas digitales, de Internet o de alta tecnología, sino que también pueden aplicarse organizaciones de cualquier industria: el comercio minorista, manufactura y producción, servicios de salud, finanzas, consultoría y otros servicios profesionales, especialmente en la nueva era del empoderamiento digital y tecnológico. Mediante las ideas y herramientas de este libro, podrás reinventar tu organización para aumentar significativamente el valor ofrecido a todos los grupos de interés.

A medida que avanza este importante proceso en la organización, es importante tener en cuenta ciertas advertencias. En primer lugar, siempre

## CAPÍTULO 1. UNA NUEVA ORGANIZACIÓN

hay que ver el todo, aunque la transformación comience con una parte. Este libro pretende ser una guía completa para ver todas las partes y cómo funcionan juntas en su conjunto. Las seis dimensiones en el cuadro 1.6 ofrecen un enfoque de sistemas completos para crear el ecosistema orientado al mercado y representan la lógica general de la nueva organización. Para cada dimensión, incluiremos principios que identificarán los supuestos de tu organización, compartiremos historias para ilustrar estos principios en la práctica y proporcionaremos algunas evaluaciones que ayuden a determinar dónde se encuentra tu organización en estas dimensiones, así como algunas herramientas efectivas para mejorar. Aunque la información aquí provista pueda parecer un conjunto abrumador de principios y prácticas, no todo debe progresar al mismo tiempo; trata de paso a paso. Elige una de las seis dimensiones y prueba a evaluarla en tu organización o comienza por hacer a tus equipos algunas de las preguntas incluidas en cada capítulo. Si algo funciona, intenta construir sobre eso, utilizando otra herramienta del libro; si algo no funciona, fija la atención en otra parte del sistema. Lo importante es encontrar un componente que esté listo para el cambio, volver a los desafíos básicos de reinventar tu organización con nuevos supuestos y acciones específicas.

En segundo lugar, las ocho empresas que exploramos en detalle pueden no semejarse a tu empresa en términos de industria, edad, tamaño, historia o cultura. Como hemos dicho previamente, es más sencillo crear una nueva organización que reinventar una existente, pero mostraremos cómo adaptar principios y prácticas específicos para reinventar tu compañía. Lo ideal es que comiences por donde puedas comenzar y que elijas un espacio piloto, reservado para la experimentación. Aprende, practica y adapta estos principios, y ten siempre confianza en que pronto llegarán los primeros éxitos. Esperamos que nuestro libro te sirva de guía para este viaje.

Tercero, en un mundo de cambios rápidos, las ocho compañías que estudiamos también enfrentan desafíos continuos; de hecho, en este mismo momento, todas estas compañías están experimentando cambios dramáticos y, debido a su gran tamaño y alcance, algunas de ellas aparecen a menudo en los titulares. La incertidumbre se acrecienta cuando el escrutinio y la regulación del Gobierno parecen inminentes. Como dice el refrán, un gran poder conlleva una gran responsabilidad. A medida que estas compañías ganan influencia debido a un acceso instantáneo a los datos de millones de personas, aumentan también sus movimientos hacia nuevos nichos de mercado y sus capacidades expandidas a través del ecosistema, así como su responsabilidad de cara a los usuarios, las industrias y la sociedad. Por todo ello, los ecosistemas orientados al mercado deben utilizar su poder y los datos con criterio. De lo contrario, pierden la confianza de los clientes y de la sociedad en general. ¿Cómo manejarán el escrutinio público a medida que se vuelvan más visibles? ¿Cómo responden a las preocupaciones públicas sobre la tecnología dominante y la privacidad? Estos son los desafíos que las compañías tecnológicas pioneras deberán continuar abordando para garantizar su éxito sostenible.

Finalmente, ninguna de estas compañías es perfecta. Tampoco todas ellas sobresalen en cada uno de los principios que destilamos. Los líderes que deseen adaptar las ideas de este libro deben centrarse en los principios y las prácticas de las empresas que estudiamos, no tanto en sus historias. Sin duda, cabe la posibilidad de que, a causa de cambios impredecibles, alguna se vea afectada, tras lo cual sus prácticas evolucionarán; sin embargo, los principios permanecen relativamente estables. Con vistas al futuro, ¿cómo pueden las compañías exitosas evitar los riesgos generados por su propio éxito y recordar que deben reinventarse de forma continua?, ¿cómo transfieren su lógica organizacional a la próxima generación de líderes? Podemos anticipar que, si bien algunas de las compañías que estudiamos probablemente mantengan su posición de liderazgo, otras pueden quedarse rezagadas. Por esta razón, los principios y prácticas subyacentes tienen más peso que la historia de una empresa individual.

# PARTE 1

# EL CONTEXTO: RESPONDIENDO A MERCADOS EN CAMBIO CONSTANTE

Para comenzar el proceso, deberás entender el contexto en el que se encuadra tu compañía. No identificar el entorno sería como diseñar un edificio sin saber cuál va a ser su futura utilidad. ¿Es una residencia, un espacio de oficina, un espacio comercial o un centro comunitario? Por tanto, el contexto define la configuración de la nueva organización y las estrategias determinantes para lograr los resultados deseados.

En esta parte del libro, nos enfocamos en el contexto del ecosistema emergente orientado al mercado (cuadro I.1). Para empezar, en el capítulo 2 abordamos el entorno dinámico que da lugar a la forma del ecosistema, ofreciendo una plantilla y una metodología para examinar el contexto, lo que contribuirá a que todos los miembros de tu organización comprendan la necesidad de reinventar la organización y reconozcan las corrientes a las que la compañía se enfrenta. Si los bañistas del capítulo 1 hubieran sido conscientes de su contexto (el peligro de las corrientes), no habrían ido a nadar ese día (o estarían mejor preparados para el peligro).

Sin duda, las circunstancias a los que nos enfrentamos tanto en nuestra vida personal como profesional son más dinámicas y complejas que nunca, lo que exige una lógica organizacional determinada que permita reinventar un ecosistema orientado al mercado. Una organización no obtendrá éxito solo por su jerarquía (estructura y claridad de roles), alineación (sistemas) o capacidad (identidad interna), sino también por su capacidad de reconocer y responder a los cambios del entorno.

**Cuadro I.1 Un marco de seis partes para reinventar la organización como un sistema orientado al mercado (MOE)**

| Entorno | Estrategia | Capacidad |
|---|---|---|
| ¿Entendemos y anticipamos las condiciones ambientales cambiantes que darán forma al futuro?<br><br>**Apreciar y anticipar** | ¿Tenemos una estrategia clara para el crecimiento y una hoja de ruta para ponerla en práctica?<br><br>**Clarificar y facilitar** | ¿Hemos articulado e implementado las capacidades que favorecen el MOE?<br><br>**Diagnosticar e integrar** |
| **Morfología** | **Gobernanza** | **Liderazgo** |
| ¿Hemos diseñado la forma o estructura organizacional adecuada para poner en marcha nuestra estrategia de crecimiento?<br><br>**Diseñar y entregar** | ¿Hemos diseñado y llevado a cabo las prácticas de los seis mecanismos de gobernanza que favorece el MOE?<br><br>**Diseñar e implementar** | ¿Tenemos líderes en el nivel superior y una marca de liderazgo compartida a lo largo de toda la organización que nos asegure el éxito?<br><br>**Ser, enseñar y construir** |

Como probablemente reconozcas en tu organización, la competencia actual puede venir de cualquier parte del mundo, gracias a Internet. Los clientes de hoy tienen un abanico inmenso de opciones donde adquirir productos o servicios y, por su parte, los empleados tienen altas expectativas de trabajo en torno a sus estilos de vida personales y diversos. Además, los ciclos de tiempo para la generación de nuevas ideas son cada vez más cortos, teniendo en cuenta que existen foros, como las charlas TED, pueden compartir ideas instantáneamente a nivel mundial. Los marcos y las herramientas del capítulo 2 describen cómo comprender y responder a estos cambios del entorno.

El contexto también incluye opciones internas de reestructuración organizacional. Las opciones estratégicas ofrecen un plan para saber dónde jugar y cómo competir en el futuro. De hecho, han utilizado muchos términos para articular la agenda futura de una empresa: misión, visión, aspiración, metas, objetivos, intención, temas, prioridades, planes, valores, propósito, núcleos, etc. Si bien estas palabras tienen diferencias sutiles en su significado (algunas se centran en el porqué, otras en el qué o en el cómo), todas comparten el objetivo de distinguir a su empresa de la competencia. Si deseas reinventarte, deberás cambiar tu enfoque hacia agilidad estratégica; las organizaciones orientadas al mercado desafían las reglas de la competencia para centrarse menos en las cuotas del mercado y más en las oportunidades de mercado, es decir, en lugar de simplemente responder a las condiciones de la industria, prestan más atención a crear nuevas condiciones. En el capítulo 3, revisaremos estas opciones estratégicas emergentes, sugiriendo distintas formas de incorporar agilidad estratégica a tu empresa. Los capítulos 2 y 3 te guiarán hacia la reinvención de tu organización, ayudándote a comprender la situación (contexto) de la empresa y a dar forma a las acciones apropiadas.

# 2. EL ENTORNO: IDENTIFICARLO, REACCIONAR Y DARLE FORMA

En la tienda de Amazon Go, la aplicación guía a los clientes hacia los productos que desean —¡se acabó el buscar![1]—. Mientras los productos se rastrean en línea, gestionando también pedidos e inventario, los robots saludan a los clientes, rellenan los estantes de las tiendas y limpian el espacio. Amazon Go salió al mercado bursátil en su etapa experimental, pero eso fue solo el comienzo. Es un ejemplo de cómo Amazon y las otras compañías exitosas que hemos analizado están dispuestas a realizar experimentos audaces para aprender rápido y crear nuevos negocios. Para ello, desarrollan nuevas tecnologías e, incluso si los experimentos se descarrilan, como ocurre a veces —este fue el caso de Fire Phone, Amazon Wallet, Amazon WebPay y Amazon Local, entre otros—, es una oportunidad para evaluar el entorno, avanzar las conversaciones del campo, centrarse en la mirada pública y construir la marca de su empresa. Los experimentos señalan estratégicamente las intenciones de las empresas con un fuerte enfoque en el aprendizaje.

En otras palabras, las compañías exitosas que hemos estudiado ya han creado lo que, en conferencias, simposios y charlas TED, se denomina «el futuro del trabajo», pues lo cierto es que ese futuro ya está aquí.

Un ecosistema orientado al mercado como el de Amazon tiene éxito cuando sus líderes anticipan las condiciones cambiantes del negocio y convierten estos cambios en oportunidades. Entonces, el ecosistema se organiza teniendo en cuenta las perspectivas de futuro, en lugar de intentar construir sobre sus éxitos históricos[2]. Este capítulo ofrece cinco ideas, acompañadas de plantillas y herramientas, que se pueden implementar para responder a estas oportunidades. Anticipando y abrazando este futuro, crearás una necesidad para el cambio y un camino hacia el progreso.

## 1. EL IMPACTO DEL CONTEXTO EN EL FUTURO DEL TRABAJO

¿Qué necesitáis saber tú y tus empleados sobre los cambios del contexto y cómo pueden abordarse? ¿Podrás ver estos cambios, aceptarlos, crear organizaciones altamente adaptables y apoyar continuamente a las personas que deben lidiar con cómo se mueve la tierra bajo sus pies? Si no logras apreciar el contexto que dará forma al futuro de tu negocio, tendrás grandes dificultades para generar la oferta y la respuesta adecuadas.

Y lo cierto es que la posición actual más peligrosa es creer ser completamente competente y mantenerse confiado en un negocio que aún no reconocemos como obsoleto. Ahora, veamos este marco de trabajo en el siguiente cuadro.

**Cuadro 2.1. Comprender los cambios del entorno**

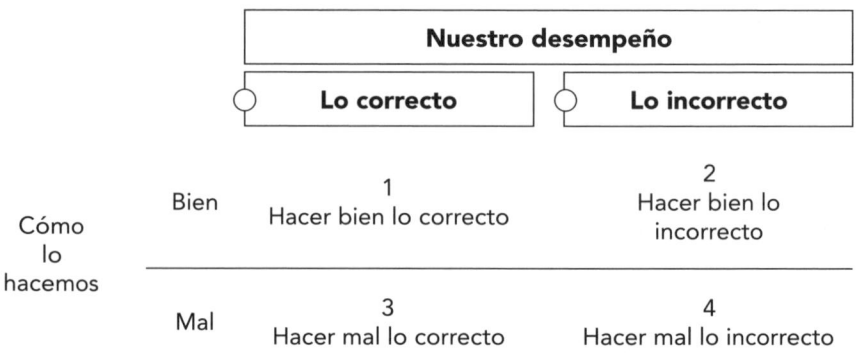

Por supuesto, todos deseamos permanecer en el cuadrante 1: hacer bien lo correcto. ¿Pero cuál es el cuadrante más peligroso? La respuesta mayoritaria señalaría el cuadrante 4 (hacer mal lo incorrecto), pero, de hecho, el más resbaladizo y cambiante es el cuadrante 2: hacer bien lo incorrecto. ¿Por qué? Porque se trata de una trampa de excelencia engañosa en la que compañías que alguna vez tuvieron éxito, como Kodak, Nokia, Sears, Blockbuster, Myspace o, cayeron para luego no encontrar la salida lo suficientemente rápido. El ritmo del cambio externo garantiza que lo correcto se convertirá en lo incorrecto, frecuente y rápidamente. Para permanecer en el cuadrante 1, la clave es no acomodarse ni estar demasiado seguro de sí mismo. Esta falta de autocomplacencia es la base de la reinvención.

Una paradoja fundamental de nuestra era es que los líderes deben brindar continuidad al negocio y a su gente, así como seguridad, al mismo tiempo que exige estar permanentemente alerta ante el cambio. Para asegurarte de que todos en tu organización comprenden por qué es el momento de reinventar, comparte información sobre las exigencias del contexto, explica qué disrupciones están ocurriendo en las industrias, incluida la tuya.

Para comprender los cambios de contexto que justifican la reinvención de una organización, existen ocho acciones que pueden llevarse a cabo para permanecer en el cuadrante 1.

## RECONOCER LAS DISRUPCIONES DE LA INDUSTRIA

El futuro del trabajo ya está aquí. Estamos presenciando cambios importantes en todas y cada una de las industrias, así como nuevos modelos emergentes que se aceleran con los avances tecnológicos, creando nuevas formas de negocio y modificando el *statu quo*. Ninguna industria es inmune: la industria de la hostelería, la industria automotriz, el comercio minorista, los servicios financieros, el sector de la salud, la educación, los medios de comunicación e incluso la distribución han experimentado grandes trastornos. En el cuadro 2.2, puedes ver un resumen de estas transformaciones, prueba de la necesidad de reinventar rápidamente tu organización.

## Cuadro 2.2 Transformaciones de la industria

**Hostelería**

- Airbnb (fundada en 2008) ofrece más opciones de alojamiento que cualquier cadena de hoteles en el mundo (Hilton, Marriott, Hyatt, Intercontinental…). Sorprendentemente, la empresa de hostelería más grande del mundo no posee habitaciones de hotel.
- Los clientes de Airbnb (huéspedes) tienen más opciones, pueden contactar a los anfitriones directamente y, a menudo, acceden a una experiencia de cliente más íntima.

**Alquiler de coches y servicios de taxi**

- Uber (fundada en 2009), Lyft (2012) y DiDi (2012) ofrecen viajes compartidos. que irrumpen en las industrias tradicionales de taxis y alquiler de automóviles. Hoy, la compañía de taxis más grande del mundo no posee coches.
- DiDi (parte de Tencent y presentada en este libro) proporciona servicios que incluyen taxi y opciones de transporte privado.
- Los clientes participan en una economía colaborativa, accediendo a precios, servicios y disponibilidad más flexibles.
- Los conductores (contratistas independientes) también tienen flexibilidad horaria y autonomía.

**Coches autónomos**

- Muchas compañías están compitiendo para crear un coche sin conductor: Waymo (parte del ecosistema de Google), Uber, Tesla y las compañías automotrices más tradicionales (BMW, Ford, GM, Mercedes Benz, Nissan y Toyota). Pronto se dará un cambio radical: ¡el coche que antes te transportaba ya no necesitará de conductor!
- Los automóviles autónomos están basados en inteligencia artificial, aprendizaje neuronal artificial, sensores y otras tecnologías para automatizar la conducción.
- En toda la industria del transporte, los clientes — incluyendo conductores, entrega de mercancías, seguros, fabricación…— se verán afectados.

**E-commerce y compras en línea**

- Toda organización minorista (con infraestructura física, supermercados, farmacias, viajes) ha integrado alguna forma de comercio electrónico, que continúa expandiéndose con rapidez, reinventando los modelos de *retail* y proporcionando experiencias de compra extraordinarias. Las tiendas en las que compramos en la actualidad no tienen, en muchas ocasiones, un establecimiento físico.

## CAPÍTULO 2. EL ENTORNO: IDENTIFICARLO, REACCIONAR Y DARLE FORMA

**E-commerce y compras en línea**
- El *smart retail* o comercio minorista inteligente está basado en avances tecnológicos en *big data*, internet de las cosas, personalización en masa y aprendizaje automático, inteligencia artificial, robótica y digitalización de activos, operaciones y fuerza laboral.
- Los clientes tienen mayor flexibilidad, más opciones y acceso a una mayor personalización de productos y servicios.

**Educación**
- Los cursos en línea masivos y otras formas de formación digital han convertido la educación de calidad en algo universal; la mayor parte de las universidades ofrecen ya algún tipo de educación *online*, por lo que el escenario de aprendizaje no es ya, por defecto, un aula.
- La Academia Khan (una academia de cursos en línea gratuitos), las charlas TED, Wikipedia y otras fuentes de información se encuentran a disponibilidad de los usuarios.
- Los clientes que desean aprender pueden acceder también a cursos mixtos para obtener conocimiento actualizado.

**Servicios financieros**
- Todas las transacciones bancarias han sufrido un cambio radical: depositar e invertir, pagar por servicios (una sociedad sin dinero en efectivo) y los seguros. Llevar dinero en efectivo y acudir al banco son acciones que están pasando a la historia.
- Tecnologías como el *blockchain*, los datos en la nube, los análisis predictivos, los robots y la inteligencia artificial están dando forma a las nuevas experiencias financieras.
- Los clientes tienen ahora más control sobre el manejo de su dinero.

**Servicios de salud**
- La integración vertical es ya una realidad en empresas como CVS o Aetna.
- La tecnología ha cambiado rápidamente los diagnósticos y los tratamientos (por ejemplo, a través de la telemedicina). Tu doctor no tiene por qué estar presente para ofrecerte sus servicios.
- Puesto que los clientes saben más sobre su salud de lo que solían, también pueden tomar decisiones mejor informadas.

¿Qué es lo que hace que estas transformaciones sean cruciales para el proceso de reinvención? Primero, evidencian la necesidad de un cambio rápido, porque las disrupciones están ocurriendo a gran velocidad y en todas partes. ¿En qué medida, como líder, comprendes y anticipas las condiciones del contexto que darán forma a tu futuro? Cuanto más pongas el foco en el exterior para identificar nuevas tendencias, mejor posición lograrás. En segundo lugar, si logras ser uno de los primeros en adoptar los principios y prácticas del ecosistema orientado al mercado, podrás prestar un mejor servicio a tus clientes, superando a tus competidores, inspirando a los empleados y deleitando a los inversores. Si los bañistas del capítulo 1 hubieran estado al tanto de las corrientes, habrían evitado el riesgo; del mismo modo, si los ochenta salvavidas no hubieran estado al tanto de los desafíos de los bañistas, habrían perdido la oportunidad de salvarlos.

## ACEPTAR LA INEVITABILIDAD DEL CAMBIO

La realidad es que, en el mundo de hoy, las organizaciones deben responder al cambio y adoptar nuevas formas de hacer las cosas, incluso si fallan a corto plazo, para poder aprender y crecer. Un sabio ejecutivo nos dijo: «Nos ha llevado cincuenta años construir una organización que podríamos perder si, en menos de dos años, no cambiamos».

Del mismo modo, la vida media del conocimiento (teniendo en cuenta que el 50 % de lo que sabemos y hacemos está desactualizado) es cada día más corta. Incluso en campos tan estables, como la gestión del conocimiento, Dave ha comprobado que la mitad de sus notas de enseñanza sobre un tema deben renovarse cada dieciocho a veinticuatro meses, mientras que en otra época solía ser de tres a cuatro años.

**Cuadro 2.3 Las diez empresas con mayor capitalización de mercado**

| Firma y ranking | Capitalización de mercado a 12 de abril de 2019 (en miles de millones de dólares) | Año de fundación |
|---|---|---|
| 1. Apple | 938 $ | 1976 |
| 2. Microsoft | 928 $ | 1975 |

CAPÍTULO 2. EL ENTORNO: IDENTIFICARLO, REACCIONAR Y DARLE FORMA 51

| Firma y ranking | Capitalización de mercado a 12 de abril de 2019 (en miles de millones de dólares) | Año de fundación |
|---|---|---|
| 3. Amazon | 905 $ | 1994 |
| 4. Alphabet (Google) | 847 $ | 1998 |
| 5. Berkshire Hathaway, Inc. | 515 $ | 1839 |
| 6. Facebook | 511 $ | 2004 |
| 7. Alibaba | 490 $ | 1999 |
| 8. Tencent | 478 $ | 1998 |
| 9. Johnson & Johnson | 362 $ | 1886 |
| 10. Exxon Mobil | 343 $ | 1999 (1870) |

Fuente: datos provenientes de las páginas web oficiales y los informes financieros de cada compañía.

¿Cómo de rápido necesitas renovarte? Las organizaciones y las personas deben cambiar por lo menos al ritmo de sus propias circunstancias. Sin esta capacidad de renovación, incluso las grandes organizaciones pueden tambalearse o morir (Circuit City, Compaq, Digital Equipment Corporation, Eastern Airlines, Enron, Gillette, Gulf Oil, Kodak, Motorola, Nokia, Philip Morris, Sears, Toys "R" Us, TWA y Woolworths). En los últimos quince años, más del 50 % de las compañías de Standard & Poor's han desaparecido; en los próximos diez años, se estima que más del 40 % desaparecerá. Del mismo modo, los empleados que no aprenden nuevas habilidades pueden perder ventajas, su empleo o terminar dependiendo de otros. Entonces, ¿quién contratará técnicos desactualizados? ¿Y qué salario recibirán?

¿En qué resulta todo esto? En la actualidad, han surgido nuevas organizaciones que operan de manera diferente. Como muestra el cuadro 2.3, seis de las empresas más valiosas del mundo por capitalización de mercado se fundaron a mediados de la década de 1990 o más tarde, cuando tanto la tecnología como el aprovechamiento comercial de Internet surgieron conjuntamente con nuevas ideas y ofertas[3].

En un mundo de cambios inevitables y rápidos, no es la información lo que importa, sino cómo se accede a ella y cómo se aplica. El tamaño y la estabilidad son superados por la rapidez y la agilidad. De hecho, lo que es cierto para las empresas también es cierto para las personas: se eliminarán muchos empleos existentes y se crearán nuevos.

El mejor consejo que podemos ofrecer en este nuevo mundo laboral es este: sal de tu zona de confort y pregúntate qué oportunidades ofrecerán las nuevas tecnologías al mundo y, por lo tanto, a ti. Luego, reconoce las transformaciones mencionadas anteriormente en venta minorista, manufactura y producción, servicios financieros, salud y educación; observarás cómo tu negocio enfrenta disrupciones similares. Visualiza la evolución de tu industria no desde el pasado, sino mirando hacia el futuro y volviendo al presente. Conviértete en un futurista que imagina cosas que otros no ven, rodéate de personas que sean diferentes a ti, pasa tiempo con la generación más joven para aprender cómo piensa y siente este grupo, trabaja en red con personas que son tecnológicamente inteligentes, habla con emprendedores, visita lugares donde no estés del todo cómodo, ve a Silicon Valley, Israel o China de forma periódica para ver cómo se mueven las cosas y, sobre todo, no dejes de buscar lo que hace falta y lo que la gente puede necesitar.

Tanto para organizaciones como individuos, debemos aceptar la inevitabilidad de este cambio, así que anímate, no temas al cambio y afróntalo como si fuera una oportunidad, no una amenaza. Encuentra el cambio, no te escondas de él, e infunda este entusiasmo en quienes te rodean.

## APRENDE EL LENGUAJE EMERGENTE DE LOS NEGOCIOS

Cada era industrial viene con su propio idioma. La Primera Revolución Industrial trató de la producción mecánica, con desarrollos de máquinas de vapor, maquinaria, herramientas y fábricas, mientras que la

## CAPÍTULO 2. EL ENTORNO: IDENTIFICARLO, REACCIONAR Y DARLE FORMA

Segunda Revolución Industrial se constituyó como la era de la ciencia y la producción en masa, con motores de gasolina, aviones, líneas de montaje, electricidad e iluminación. La tercera y actual revolución trata sobre conectividad, digitalización y *big data*, sobre cómo la tecnología permite el acceso a información digital que permite un análisis más profundo de la situación de cara a la toma de decisiones. Igual que sus predecesoras, esta era de la información cuenta con un vocabulario único que se convierte en la base para aquellos involucrados en la nueva organización. Para adaptarse al nuevo ritmo de trabajo, tanto líderes como empleados deben aprender y dominar las ideas clave que dan forma a esta era digital. ¿Cuántos de los términos en el cuadro 2.4 podríais definir tus empleados y tú?, ¿cuántos de estos conceptos pones en práctica en tu empresa? (Nota: la tabla no pretende ser una lista completa, sino representar el tipo de cosas de las que escuchamos a los ejecutivos hablar hoy).

**Cuadro 2.4 Términos de la revolución digital y de la información**

| | | |
|---|---|---|
| impresión 3D | convergencia | *millennials* |
| materiales avanzados | aprendizaje profundo | nanotecnología |
| energía alternativa | *design thinking* | informática cuántica |
| analítica | digitalización | energía renovable |
| inteligencia artificial (IA) | drones | robótica y *chatbots* |
| *big data* | economía de la experiencia | sensores |
| biotecnología | gamificación | redes sociales |
| *blockchain* | internet de las cosas | redes de contactos |
| computación en la nube | aprendizaje automático | sostenibilidad |
| automatización cognitiva | visión automática | transportabilidad |
| conectividad | personalización en masa | realidad virtual |

## USA MARCOS DE TRABAJO PARA ORGANIZAR EL CAOS DEL CAMBIO DE CONTEXTO

Podemos categorizar seis tipos de cambio en este entorno externo complejo: social, técnico, económico, político, ambiental y demográfico (STEPED, por sus siglas en inglés). Pregúntate: ¿cuáles son las dos tendencias que más afectan a nuestro mundo?

- Social: estilos de vida cambiantes, tendencias sociales (migración a las ciudades, flexibilidad en el lugar de trabajo, equilibrio entre trabajo y vida personal, movilidad social, globalización).

- Técnico: creciente digitalización, uso de la tecnología para aumentar la eficiencia, innovación, información y conectividad (términos digitales en el cuadro 2.4).

- Económico: mercados globales con nuevos competidores, ciclos económicos y nuevos modelos de negocio.

- Político: inestabilidad política, regulación, aumento del nacionalismo o populismo, comercio global.

- Ambiental: responsabilidad social, relaciones con las comunidades, efectos del cambio climático, sostenibilidad.

- Demográfico: cambios en la fuerza laboral, influencia de los *millennials*, mujeres en posiciones de liderazgo, prejuicios inconscientes y estilos cognitivos, empleados de edad avanzada.

Estas seis categorías pretenden ayudar a organizar la información reunida sobre las circunstancias externas a las que se enfrenta tu organización. De hecho, como puedes ver en el cuadro 2.5, les pedimos a los líderes que completaran el ejercicio STEPED para describir las condiciones cambiantes del contexto. ¿Cómo se obtiene el conocimiento externo y la visión necesarios para completar tales ejercicios de forma competente? Sencillamente, les pedimos que identificaran lo que necesitan aprender, lo que deben hacer para aprenderlo y lo que debería resultar de este aprendizaje.

# CAPÍTULO 2. EL ENTORNO: IDENTIFICARLO, REACCIONAR Y DARLE FORMA

**Cuadro 2.5 Condiciones cambiantes del entorno: una herramienta de evaluación STEPED (en español, siglas de «social, técnico, económico, político, ambiental y demográfico»)**

Identifica tu ubicación geográfica o industria y responde a las siguientes preguntas para describir sus condiciones ambientales.

| Categoría | ¿Cuáles son las tendencias de la industria en cada una de las categorías? | ¿Qué oportunidades y amenazas conllevan las tendencias actuales? | ¿Qué acciones podríamos tomar para anticipar y responder a estas tendencias? |
|---|---|---|---|
| Condiciones sociales | | | |
| Tecnología | | | |
| Condiciones económicas | | | |
| Condiciones políticas | | | |
| Entorno | | | |
| Demografía | | | |

En los talleres y en nuestro trabajo de consultoría, a menudo preguntamos cuál de las seis categorías tiene el mayor impacto en el éxito futuro de una organización. Inevitablemente, las personas responden que la tecnología o la digitalización; esta última en particular está cambiando todo. Como se discutió anteriormente, la digitalización puede tocar todos los aspectos de un negocio, acelerándolo y haciéndolo más capaz de manejar tanto el volumen como la complejidad con bajas tasas de error. En la transformación de la industria, vemos la digitalización de los activos (infraestructura, máquinas conectadas, datos, plataformas de datos); de operaciones (procesos, pagos, modelos de negocio, interacciones con clientes y cadenas de suministro); y de la fuerza laboral (herramientas digitales, trabajadores con habilidades digitales y nuevos trabajos y roles digitales).

Para prepararte para el futuro, dedica un tiempo a observar estas seis tendencias y cómo podrían afectar a tu organización. Organizar y comprender el mundo del cambio permitirá que empleados y líderes no se sientan amenazados por los cambios que se avecinan, sino preparados e incluso entusiasmados.

## AYUDA A LOS EMPLEADOS A EXPERIMENTAR EL IMPACTO POSITIVO DEL CAMBIO

Quizás la consideración más importante de entre estas seis tendencias es el impacto en las personas directamente responsables de esta reinvención. Durante nuestro análisis, descubrimos que, cuando los empleados tienen una experiencia positiva en el trabajo, se genera una mejora notable en el compromiso con el cliente y los resultados de los inversionistas. En todos los estudios, el compromiso y la satisfacción de los empleados, aunque se ha estabilizado en un percentil de entre el 60 y el 65 % e incluso ha crecido en los últimos años, aún se queda corto, con respecto a lo que debería ser[4].

Existen numerosas barreras para mejorar las experiencias laborales de los empleados, pero no cabe duda de que algunos obstáculos provienen de las organizaciones tradicionales, que encajonan a sus empleados, limitando sus oportunidades, energía y pasión. Una organización reinventada libera a los empleados para que participen en trabajos que los entusiasman, optando por formatos que les permiten trabajar en áreas que, más tarde, les ofrecerán oportunidades para crecer.

En cualquier caso, el mundo digital solo ha exacerbado estas limitaciones. Las mismas tecnologías que crean un sinfín de oportunidades también han hecho que, en muchos sentidos, sea más difícil vivir en el mundo actual. Es el caso de las redes sociales, particularmente culpables de la creciente cantidad de malestar personal y aislamiento social. En varios estudios sobre *millennials*, los investigadores descubrieron que un uso alto de las redes sociales (más de dos horas al día) genera una mayor percepción de aislamiento social y un bienestar menor[5].

Además, la soledad supera a la presión arterial alta, el colesterol alto, la inactividad (falta de ejercicio), el alcohol, la ansiedad o la depresión como causa de mortalidad[6]. Y la tecnología, que debería conectar a las personas, en realidad, las aísla. A este respecto, un cirujano general de Estados Unidos declaró recientemente que la soledad es un problema de salud más grave incluso que los opiáceos[7] y el Reino Unido acaba de nombrar un ministro de Soledad para crear políticas que aborden el desafío del aislamiento social[8].

Entonces, ¿qué tiene que ver el malestar personal y del empleado con la reinvención de tu organización? Las organizaciones constituyen un entorno primario para que las personas encuentren un sentido de esperanza (significado y propósito), la capacidad y el lugar para desarrollarse (aprendizaje y crecimiento) y una comunidad de pertenencia (conexión y equipos)[9]. Tras reinventar tu organización y hacer que esta tenga una razón de ser, facilite el aprendizaje y el crecimiento y fortalezca la pertenencia, los empleados tendrán una mayor sensación de bienestar y generarán una mayor productividad. Nuevamente, imagina cómo se sintieron los salvavidas después de ayudar a la familia que se encontraba atrapada por la corriente. ¿Se sentirían igual que siempre al día siguiente en su trabajo?

En Tencent WeChat, los empleados siempre miran más allá de la actividad y la experiencia para comprender por qué las personas usan WeChat. Al intercambiar ideas sobre nuevas funciones o aplicaciones, no conciben WeChat como una simple herramienta de mensajería instantánea, ni se esfuerzan por mejorar su eficiencia, facilidad de uso o estabilidad de cara a la experiencia del usuario, sino que lo ven como un medio para abordar la necesidad de la gente de aceptación social, así como para reducir la soledad y elevar la autoestima en un mundo conectado[10]. El acceso a la enorme cantidad de datos de los usuarios y a otras tecnologías puede ayudar a los empleados a abordar sus necesidades, comenzando con el nivel de actividad, pasando al nivel de experiencia y finalmente alcanzando el nivel de significado. Cuando facilitamos que los consumidores encuentren significado en nuestros productos, nosotros mismos lo obtenemos.

Todos los ecosistemas orientados al mercado que estudiamos proporcionan a los empleados un fuerte sentido de propósito, que, alineado con el propósito de la empresa, les da la oportunidad de marcar una diferencia en sus trabajos, lo que contribuye a que su vida laboral sea más atractiva y satisfactoria.

## 2. IMPLICACIONES GERENCIALES

Las organizaciones operan dentro de un contexto. Y, cuando una empresa tiene en cuenta los cambios que ocurren en este, se aprecian mejor las diferencias y se puede alinear la organización de forma más eficiente, así como transformarla. Es recomendable calificar y comentar las cinco acciones propuestas en el cuadro 2.6 para aumentar la comprensión de las tendencias del contexto.

**Cuadro 2.6 Autoevaluación de la comprensión del entorno por parte de su organización**

| ¿Hasta qué punto…? (pregunta de diagnóstico) | Evaluación* | ¿Cómo podemos mejorar? |
|---|---|---|
| Se reconocen las disrupciones en la industria | | |
| Se acepta la inevitabilidad del cambio | | |
| Se aprende del lenguaje de negocios emergente | | |
| Se usan marcos (como el de las seis tendencias del entorno) para identificar y evaluar las fuentes del cambio | | |
| Se involucra a los empleados para recibir una respuesta positiva al cambio | | |

*En una escala del 1 al 5, donde 1 es «muy bajo» y 5 es «muy alto».

# 3. AGILIDAD ESTRATÉGICA: DEFINIR UN CAMINO PARA EL CRECIMIENTO

Volvamos la vista a 1999. China está en movimiento. Aplicando la herramienta STEPED de seis tendencias que presentamos en el capítulo anterior, vemos cambios en las seis categorías. Socialmente, el crecimiento urbano está en marcha, a medida que más y más personas se mudan a las ciudades y que las familias con dobles ingresos están en aumento. Tecnológicamente, el uso de Internet se extiende y aumenta. Económicamente, el producto interno bruto de China y el ingreso disponible de la población están en aumento. Políticamente, el país se abre cada vez más, uniéndose a la comunidad internacional y eliminando diversas barreras. Ambientalmente, China también experimenta un cambio, debido al despegue económico: los atascos en las grandes ciudades hacen que el salir de compras (o a vender) consuma mucho tiempo y sea inconveniente. Demográficamente, la política de un solo hijo vigente durante una generación ha traído un fuerte declive en el nivel de pobreza, y los niños bien cuidados disfrutan de una mayor riqueza y oportunidades educativas. Además, la clase media florece, debido a mejores oportunidades de empleo en las ciudades e, igual que en otros lugares, a todos les gusta comprar.

Imagina, por ejemplo, que eres Jack Ma, el famoso fundador de Alibaba, que hablas inglés con fluidez, que crees en el poder de internet y que has probado suerte en varias empresas pequeñas antes. Quizá no tuvo éxito, pero aprendió de ello. Además, se trata de una persona intensamente curiosa, siempre en busca de más información e ideas, apasionado por ayudar a las pequeñas empresas chinas a crecer y con un profundo deseo de triunfar. A la luz de su experiencia, vio entonces una oportunidad para conectar el vasto océano de fabricantes chinos con un mundo lleno de compradores potenciales: un mercado *online* infinitamente grande, esperando a ser aprovechado. Así, lanzó su nueva empresa, Alibaba.com, desde su apartamento, energizado por la visión de ayudar a las pequeñas empresas chinas a exportar al extranjero.

Ahora volvamos a 2019. Alibaba ha sido durante mucho tiempo la fuerza dominante en el comercio electrónico chino. Su empresa ha alcanzado un valor de mercado de aproximadamente 490 000 millones de dólares, atiende a unos 450 millones de clientes en más de doscientos países y sostiene una gran cantidad de negocios exitosos relacionados con el comercio electrónico. Hoy en día, Alibaba es uno de los diez negocios de mayor valor de capitalización del mundo.

¿Cómo se llega tan alto en solo diecinueve años? Pues bien, el entorno crea el espacio, la estrategia define las opciones para llenar ese espacio y la organización hace que la estrategia suceda. En un entorno muy dinámico —como China en el caso de Alibaba—, el desafío estratégico clave es transformar una empresa tan rápido o más rápido que los cambios del entorno. Esta capacidad de tomar las decisiones necesarias de forma rápida, creativa e inteligente se denomina «agilidad estratégica». Según el dicho, las organizaciones están perfectamente diseñadas para obtener sus resultados. En cambio, en un ecosistema orientado al mercado, la estrategia da forma a la organización y la impulsa hacia un éxito rotundo. A veces, cuando una estrategia es tan poderosa como la de Alibaba, puede llegar a dar forma al entorno en el que se desarrolla su competencia. Entonces, como líder, ¿cómo se puede aprender a ser estratégicamente ágil tomando como referencia los ecosistemas orientados al mercado?

## 1. LA ESTRATEGIA SE TRATA DE PODER ELEGIR

El objetivo fundamental de la estrategia es tomar decisiones informadas que ayuden a una empresa a competir. Ninguna empresa tiene recursos ilimitados. Las habilidades y el juicio asignan recursos muy escasos al aprovechamiento de oportunidades emergentes y de lograr un crecimiento rentable, pero son frecuentes los fracasos por permanecer demasiado tiempo en un espacio comercial que ya no es rentable. De hecho, como se discutió en el capítulo 2, si consideramos las diez empresas más exitosas del mundo, la mayoría se fundó para captar el auge de la gran tecnología informática y de comunicación en las últimas décadas (cuadro 2.3): Microsoft se fundó en 1975, Apple en 1976, Amazon en 1994, seguidos de Alphabet (Google, en la actualidad) y Tencent en 1998 y Alibaba un año después. Facebook fue fundado en 2004. Pero ¿dónde están los colosos del siglo XXI? No están en la cima. Muchos no están vivos siquiera.

## PASAR DE LA ELECCIÓN ESTRATÉGICA A LA AGILIDAD ESTRATÉGICA

Si deseas reinventar tu organización, es clave mejorar tu capacidad para tomar decisiones que conduzcan a la agilidad estratégica. Reflexiona sobre la estrategia de tu organización y compárala con las opciones de agilidad estratégica realizadas por los ecosistemas orientados al mercado para identificar dónde se encuentra en la ola evolutiva (cuadro 3.1). Observa también cómo esta evolución de la estrategia coincide con la evolución de la lógica y la estructura de la organización (cuadro 1.3 y cuadro 1.5); esta conexión tiene sentido, porque la estructura generalmente sigue a la estrategia. Por tanto, consideremos ahora sus cuatro etapas evolutivas.

**Cuadro 3.1 Evolución de la decisión estratégica**

| Evolución estratégica | Agilidad estratégica: transformar, disrumpir, reinventar, anticipar y descubrir. |
| | Capacidades estratégicas: competencia central, cultura, capacidad e integración. |
| | Alineamiento estratégico: diagnóstico y sistemas alineados. |
| | Planificación estratégica: análisis FODA, plan de 1 a 3 años y ejecución. |
| | **Tiempo** |

**Etapa 1: planificación estratégica.** Esta etapa representa el modelo tradicional jerárquico (e incluso burocrático) en el que el trabajo estratégico se centraliza en un grupo dedicado de rango superior en la organización. Este grupo se enfoca principalmente en servir a la lógica interna de la organización con poca consideración por los factores externos como competidores o incluso clientes. A menudo, planean estrategias en reuniones fuera de la sede utilizando un análisis FODA (un enfoque en fortalezas, oportunidades, debilidades y amenazas). Una vez que se establece el plan estratégico, el horizonte de tiempo acordado se considera sacrosanto —un año, tres años o incluso cinco años— y la estrategia se trata a menudo como si de un secreto comercial se tratara, conocido solo por unos pocos. (En un caso, trabajamos con una compañía que numeraba las copias impresas de su plan estratégico. Los líderes podían «tomar prestada» una copia de la estrategia, pero luego tenían que devolverla). La estrategia se concreta con objetivos y metas de desempeño en cascada a través de la jerarquía, con poca conexión con las oportunidades de mercado. El sistema organizacional se construye mediante la inversión en prácticas, y la empresa rara vez toma en cuenta las oportunidades del mercado.

**Etapa 2: alineamiento estratégico.** En el siguiente nivel, los líderes empresariales intentan reflexionar sobre el impacto que la estrategia tiene, o podría tener, en el funcionamiento interno de la organización: estructuras, sistemas y cultura. El trabajo estratégico no se considera completo hasta que todos los elementos de la organización no están en línea para entregarlo, y estas decisiones se basan en los juicios de algunas personas clave en los niveles superiores de la organización que administran esta integración. Los marcos clásicos, como el modelo de estrella (de la década de 1970), las 7S de McKinsey (desarrollado a principios de la década de 1980) o el de la salud organizacional (un modelo de alineación mejorado), sugieren listas con palancas organizacionales que deben sincronizarse de tal manera que, en el mejor de los casos, refuercen mutuamente la estrategia. Los empleados pueden o no entender por qué están siendo «alineados» y, en la mayoría de los casos, no se tienen en cuenta los factores externos a la empresa.

**Etapa 3: capacidades estratégicas.** En trabajos más recientes, varios académicos, como C. K. Prahalad y Gary Hamel, han redefinido la estrategia como una competencia central o capacidad de reconocer la necesidad que tienen las organizaciones de proporcionar a sus clientes conocimientos intangibles clave u otro tipo de intangibles: cualidades competitivas importantes para los clientes, como la innovación o la capacidad de respuesta. Estas capacidades son resultado de las capacidades colectivas, las habilidades y la experiencia de una organización, y representan la forma en que las personas y los recursos se unen para realizar el trabajo. Así, forman la identidad y la personalidad de la organización definiendo las buenas prácticas y la esencia de la empresa. En un modelo por capacidades, el trabajo de estrategia no se realiza hasta que los sistemas se alinean en torno a algunas capacidades organizativas (internas) clave. La pregunta estratégica esencial es: ¿qué capacidades necesitamos para ganar?

**Etapa 4: agilidad estratégica.** Lo que comparten estas firmas de alto rendimiento y crecimiento que estudiamos es su enfoque en la agilidad estratégica o la capacidad de moverse rápidamente para definir, anticipar y aprovechar nuevas oportunidades de mercado. Se centran más en el exterior que en el interior, en las partes interesadas más que en los procesos y en moverse con agilidad más que con una precisión perfecta. Estas organizaciones ágiles se guían por su misión y su amplia estrategia; están informadas por su propia orientación externa y se mantienen unidas por sus capacidades comunes. Las organizaciones ágiles aprovechan las herramientas de información instantánea y ubicua, así como el intercambio de datos. Su pregunta clave de liderazgo para la agilidad estratégica es: ¿cómo podemos nosotros, como ecosistema, tomar decisiones buenas y dinámicas a través de una experimentación rápida y autoiniciada (como los salvavidas en la corriente)? La estrategia y la ejecución ocurren simultáneamente, en iteraciones cercanas no preestablecidas en planes anuales establecidos.

Esta agilidad estratégica se basa en una mentalidad posicionada para ganar en el futuro. En este sentido, el cuadro 3.2 enumera los cambios de mentalidad a los que puedes recurrir para lograrla: de esta lista, elige las dos o tres mentalidades que tu organización debe cambiar para avanzar.

## Cuadro 3.2 La lógica de la agilidad estratégica en el ecosistema orientado al mercado

| Cambio desde | Cambio a | Cómo hacerlo | Prioridades (2 o 3) |
|---|---|---|---|
| Experto en la industria | Líder en la industria | Forjarse una reputación como innovador, no seguidor, en la industria. | |
| Participación en el mercado | Oportunidad de mercado | Identificar y actuar con agilidad ante las tendencias del entorno (capítulo 2). | |
| Quiénes somos | Cómo se nos conoce de cara a futuros clientes | Definir la identidad interna (reputación, valores, cultura) a través de los ojos de futuros clientes. | |
| Nuestros objetivos o ideas | Cómo responden los clientes a nuestros objetivos o ideas | Cocrear objetivos y resultados en vinculación con los de nuestros clientes objetivo. | |
| Penetrar mercados existentes | Crear nuevos mercados sin competencia | Experimentar a menudo con nuevas ideas. | |
| Vencer a la competencia | Trascender las dinámicas de la competencia y centrarse en los clientes | Luchar por adelantar a los competidores sin prestar atención a sus oportunidades actuales. | |
| Planes de acción (análisis DAFO, seguido de estrategia y KPI) | Procesos dinámicos para decisiones ágiles guiadas por la misión de la empresa y una dirección estratégica amplia | Trabajar una agilidad estratégica sin bloquear nuestra agenda de forma definitiva. | |

Nota: DAFO (debilidades, amenazas, fortalezas y oportunidades).

Sin duda, la evolución de las elecciones estratégicas está impulsada por el contexto comercial en el que opera la empresa. Cuando Arthur trabajó como jefe de Recursos Humanos en Acer Group en la década de 1990, la industria de los PC había estado experimentando cambios estratégicos radicales importantes cada diez años y, durante ese tiempo, la alineación o la capacidad estratégica era adecuada para manejar el entorno competitivo al que Acer se enfrentaba. Sin embargo, la demanda ha crecido a medida que el contexto se ha vuelto más volátil, incierto, complejo y ambiguo (VUCA, por sus siglas en inglés); de hecho, como asesor principal en Tencent durante los últimos diez años, ha sido testigo de cambios radicales en la industria digital cada tres años. Conclusión: abraza el cambio o prepárate a morir. Numerosos líderes digitales en China se han quedado atrás o quebraron por no tomar las decisiones estratégicas correctas en el entorno actual definido por VUCA; algunos se aventuraron en el espacio equivocado (por ejemplo, la entrada de Baidu en la entrega de alimentos), otros permanecieron en un mercado cada vez más pequeño (el enfoque de Sina en un portal de PC) o se movieron agresivamente hacia nuevos mercados más allá de sus capacidades (Ofo en el servicio compartido de bicicletas o Groupon en el mercado de cupones para grupos). Saber qué etapa refleja mejor tu estrategia y qué mentalidad debes cambiar te ayudará a reinventar la organización con el fin de competir.

## LA AGILIDAD ESTRATÉGICA DE ALIBABA

Para ilustrarla, veamos una línea del tiempo que representa el crecimiento de Alibaba en diecinueve años, de 1999 a 2018, siempre basando sus elecciones en el poder de Internet y en una misión compartida. Desde el principio, la misión general de Alibaba era «facilitar hacer negocios en cualquier lugar»[1]. Estos son algunos hitos comerciales clave para Alibaba que demuestran la agilidad estratégica de su ecosistema orientado al mercado:

**1999**: Jack Ma funda Alibaba.com para crear el primer mercado B2B en línea de China.

Nueva visión: usar una plataforma de negocios en línea para dar alcance global a las pequeñas empresas exportadoras chinas.

**2003**: La compañía agrega C2C Taobao Marketplace.

Nueva visión: permitir a las pequeñas y medianas empresas chinas aprovechar las oportunidades comerciales en el mercado de consumo chino.

**2004**: La compañía lanza Alipay (sistema de pago seguro) y AliWangwang (mensajería instantánea entre el comprador y el vendedor para negociar los términos).

Nueva visión: construir la infraestructura comercial en línea de manera que mejore la confianza y la seguridad del consumidor de cara a realizar transacciones.

**2010**: Se establece AliExpress, un servicio minorista en línea que permite a las empresas chinas ofrecer productos a compradores internacionales.

Nueva visión: ¡globalización!

**2011**: Taobao se divide en tres partes: Taobao Marketplace (C2C), Tmall.com (B2C) y eTao (para compras grupales).

Nueva visión: explorar diferentes modelos de negocio del futuro comercio electrónico en línea.

**2013**: La empresa funda Cainiao Smart Logistics Network (logística dentro y fuera de China).

Nueva visión: crear una infraestructura logística para comercio electrónico.

**2014**: Alipay se expande en Ant Financial Services Group.

Nueva visión: actualizar la estructura de pagos e infraestructura financiera para el comercio electrónico. Ir más allá del pago y moverse hacia nuevas áreas, como préstamos a consumidores y pequeñas y medianas empresas, productos y servicios de inversión.

**2015**: Se presenta Alibaba Cloud.

Nueva visión: expandir y profundizar aún más la infraestructura de comercio electrónico empoderando las capacidades tecnológicas de las empresas para hacer negocios en línea y fuera de línea.

**2017**: Se revelan cinco nuevas estrategias en estas áreas: comercio minorista, tecnología, finanzas, fabricación y energía, todas aprovechando al máximo el mundo digital.

Nueva visión: construir un nuevo ecosistema empresarial, aumentando la infraestructura para transformar las industrias tradicionales en el futuro.

---

Alibaba realizó importantes movimientos estratégicos y logró diversos hitos para llegar a donde está hoy. La misión de Alibaba era consistente y clara: «Que sea fácil hacer negocios desde cualquier lugar», con pequeñas y medianas empresas como sus clientes objetivo. El *holding* demostró agilidad estratégica al pivotar desde B2B en línea (Alibaba.com) hacia C2C (Taobao, como eBay), luego hacia Alipay (y Ant Financial Services Group), hacia logística (con Cainiao), hacia Tmall y hacia el futuro del comercio minorista.

## 2. PRINCIPIOS Y PRÁCTICAS DE ECOSISTEMAS ORIENTADOS AL MERCADO QUE SE PUEDEN ADAPTAR A TU ORGANIZACIÓN

¿Qué podemos aprender de Alibaba sobre la creación de agilidad estratégica? Consideremos los siguientes ocho principios clave demostrados por Alibaba y las otras compañías orientadas al mercado que estudiamos.

## ESTABLECER UN CONJUNTO CONSISTENTE DE PRIORIDADES

Las empresas estratégicamente ágiles establecen y mantienen un conjunto consistente de prioridades, resistiendo la tentación de perseguir todo lo que se les presente. La mayoría de las empresas cuenta con una declaración de visión, pero estas firmas *viven* la suya. Por su parte, Alibaba ha mantenido el foco en su misión —«Que sea fácil hacer negocios desde cualquier lugar»—, poniendo su atención en pequeñas empresas y, luego, expandiéndose a los consumidores y las empresas con mayor trayectoria. Amazon mantiene las mismas tres prioridades con las que comenzó en 1994 (obsesión con el cliente, innovación y paciencia) y reinventa constantemente sus actividades comerciales para ser coherente con su declaración de misión: «Ser la empresa más centrada en el cliente de la Tierra, donde los clientes pueden encontrar y descubrir cualquier cosa que quieran comprar en línea». La misión de Google, por otro lado, es «organizar la información del mundo y hacerla universalmente accesible y útil»; Facebook afirma: «La gente usa Facebook para mantenerse conectado con amigos y familiares, para descubrir lo que está sucediendo en el mundo y para compartir y expresar lo que les importa a ellos»; y Huawei asegura: «Centrarnos en los desafíos y las necesidades del mercado de nuestros clientes al proporcionar excelentes soluciones y servicios de red de comunicaciones para crear constantemente el máximo valor para los clientes»[2].

Como muestran las declaraciones de misión de estos ecosistemas orientados al mercado, sus prioridades se mantuvieron relativamente constantes a medida que evolucionaron las organizaciones. Por tanto, de esto deducimos que es importante contar con una declaración de misión o propósito que articule la dirección de la organización, que sea comprensible, que guíe las acciones de la empresa y que sea estable a largo plazo.

## CREAR EL FUTURO ANTICIPANDO LO QUE SERÁ EL MERCADO

Las empresas estratégicamente ágiles están un paso por delante del mercado; anticipan y responden a las tendencias del mercado (como vemos en el análisis STEPED del cuadro 2.5), fundamentales para el éxito futuro de la empresa. Y, por supuesto, las grandes empresas que investigamos cuentan con líderes que están a la vanguardia en su visión de futuro. Jeff Bezos de Amazon cree que, en los negocios, si piensas solo en los tres años siguientes, encontrarás mucha competencia; en cambio, si eres capaz de pensar en los siete u ocho años próximos, encontrarás poca[3]. Para visualizar este futuro, los ecosistemas orientados al mercado no solo dependen de la agilidad estratégica de las personas en la cima, sino que también cuentan con el liderazgo distribuido de personas inteligentes en todas partes, personas que están facultadas para pensar, no solo para ejecutar. Cuando alguien en estos ecosistemas ve una oportunidad, habla, sugiere ideas y toma riesgos, pues no le cabe duda de que las ideas son recibidas con respeto.

¿Cuál es el secreto de empresas como Amazon, Alibaba, Google, Facebook y Tencent para anticipar el futuro antes de que otros lo vean? Regla número uno: recuerda tus principios, pues serán tu guía, y mantenlos al frente, en el centro de tu estrategia. Regla número dos: olvida tu pasado. No necesitas construir sobre él, a menos que implique una recompensa futura, así que no bases tus presupuestos en rendimientos anteriores ni modifiques productos que solían funcionar de manera brillante. Este es el tipo de pensamiento estratégico que llevó a Nokia a caer por el precipicio. Y regla número tres: anticipa tu futuro dejando rápidamente de lado cualquier cosa que esté desactualizada, superada, subvalorada o en desuso, es decir, acepta que las cosas pasan de moda. Todo —incluidos tus productos, servicios, modelo de negocio y tecnología— tiene una fecha de vencimiento; solo los principios sobreviven. Esto significa deshacerse activamente de las cargas de estructuras, sistemas y culturas heredadas. Posiciónate en el futuro y descubre cómo llegar, independientemente de lo que te haya traído hasta aquí.

Bajo el liderazgo del CEO Satya Nadella, Microsoft está llevando a cabo estas reglas. Tomando como base su posición en PC Windows y Office, Nadella ha redefinido la misión de Microsoft a «empoderar a cada persona y cada organización en el planeta para llegar más lejos». En lugar de quedarse atascado en la mentalidad del PC, Nadella ha abrazado el cambio al modificar las prioridades estratégicas de la compañía hacia los dispositivos móviles y la nube. En lugar de suponer que lo saben todo, Nadella desafía al equipo a «aprenderlo todo». En lugar de despreciar los sistemas operativos de otros (por ejemplo, Linux y Apple iOS), adopta una estrategia abierta para colaborar con otras plataformas y jugadores. El futuro es claramente diferente del pasado y, aunque Nadella honra el pasado, su mirada se dirige hacia el futuro. Gracias a esta visión, Nadella ha logrado que Microsoft recupere sus dos últimas décadas perdidas por centrarse únicamente en el PC. Como resultado, Microsoft ha triplicado el precio de sus acciones en cuatro años y ha superado a Google como una de las empresas más valiosas del mundo[4].

Entonces, veamos una última regla: acepta la incertidumbre de ser un pionero, puesto que deberás seguir una dirección sin un destino claro. Cuando se es un líder pionero, el horizonte siempre retrocede ante ti, porque la naturaleza de la agilidad estratégica es el cambio continuo. Pero esta incertidumbre está bien, siempre que la dirección sea hacia los mercados correctos, que también evolucionarán constantemente. Esta la naturaleza de los pioneros, así como la de los colonos era establecerse, y ahora vivimos en la era de los pioneros.

## GANAR CON UN ENFOQUE EN CRECIMIENTO

Los mercados estratégicos orientados hacia los ecosistemas tienen un propósito estratégico hacia el crecimiento. Entonces, ¿a qué ritmo crece tu organización? Para crecer, deberás desafiar lo que sabes hacer, haces o has hecho y comprometerte con la disrupción creativa para enfocarte en el crecimiento futuro.

**Cuadro 3.3 Formas de crecimiento siguiendo la lógica de la agilidad estratégica**

| Clientes | Productos | Ubicaciones geográficas |
|---|---|---|
| **Facebook** Ha atraído nuevos usuarios mediante la personalización y nuevos dispositivos. | • Pasó de ser una red de contactos en campus universitarios a una red social global.<br>• Ofrece nuevos productos y aplicaciones (WhatsApp, Instagram, Facebook Messenger). | Se expandió desde Estados Unidos hacia el resto del mundo, desde países desarrollados a países en desarrollo; ahora, se trata de la mayor plataforma de redes sociales. |

| Clientes | Productos | Ubicaciones geográficas |
|---|---|---|
| **Huawei** Entró al mercado vendiendo productos de computación a pequeña escala a principios de los noventa. | • Desarrolló equipo de computación a gran escala, redes inalámbricas y redes ópticas, entre otros.<br><br>• Está presente en el mercado de dispositivos móviles y de servicios a empresas, como el internet de las cosas y la computación en la nube. | • Comenzó en ciudades de tercera o cuarta categoría y rápidamente se hizo con las ciudades principales de China.<br><br>• Se lanzó a los mercados internacionales a partir del año 2000, comenzando por los países desarrollados y, después, alcanzando países en desarrollo. |
| **Amazon** Centrados en ampliar su base de clientes y la fidelización ofreciendo precios bajos, una amplia selección, conveniencia de compra, recomendaciones personalizadas y la membresía de Amazon Prime. | • Comenzó como un comercio electrónico de libros autogestionado, se expandió a otras categorías de producto, abrió Amazon a otros comerciantes y más tarde añadió servicios en la nube y logísticos.<br><br>• Recientemente, ha lanzado dispositivos inteligentes, contenido digital y soluciones inteligentes para comercios minoristas (Amazon Go, Whole Foods Market). | • Se ha expandido desde Norteamérica a una docena de países. |

Fuente: datos compilados por Arthur Yeung y el equipo de investigación de Tencent desde casos de estudio de Facebook, Huawei y Tencent, así como a partir de declaraciones públicas de los directivos de Facebook, Huawei y Amazon.

En nuestros estudios, detectamos tres caminos estratégicos de crecimiento mediante un conocimiento profundo de clientes, productos o ubicaciones geográficas, y muchas de las compañías crecieron rápidamente en todos ellos. El cuadro 3.3 muestra cómo Facebook, Huawei y Amazon usan estos tres caminos de crecimiento.

Miremos en detalle el camino de crecimiento de Amazon. Su historia y su éxito con los clientes se asemeja a un *flywheel* o volante en movimiento virtuoso que comienza ofreciendo el mayor valor posible. En todos los casos, las tres fuentes que mantienen la inercia del *flywheel* son los precios bajos, la variedad de productos para escoger y una mayor conveniencia, ventajas para los clientes que atraen una gran base de usuarios que, a su vez, atrae más vendedores que ofrecen productos a bajo precio en Amazon[5]. Además del valor para el cliente, Amazon está obsesionada con mejorar la experiencia de usuario por medio del uso de datos, automatización y otras tecnologías. Amazon gestiona cada problema como si fuera un rompecabezas y lo resuelve mediante el uso de un *software* que automatiza la mayor cantidad posible de procesos. El autoservicio es muy común, especialmente si se combina con un sistema de recomendaciones y otras herramientas de la plataforma de Amazon Web Services[6]. Esta lógica del *flywheel* no solo se enfoca en la base de clientes de sus negocios de minoristas, sino que también se evidencia en todos los otros negocios, incluyendo AWS y la membrecía Prime de Amazon.

Adicionalmente, Amazon se encuentra en búsqueda continua de nuevos productos y servicios. Según las palabras de un antiguo director general de Amazon: «La realidad de la innovación en Amazon se basa en la ejecución y la persistencia, en intentar muchas cosas y responder rápidamente. La agilidad es muy importante en la innovación. Puedes intentar cincuenta cosas y, aun así, no saber cuál será la exitosa, tras lo cual dices: "¡Guau! Qué buena idea", y te apresuras a implementarla. Al principio, Prime ofrecía un envío de dos días y, cinco años después, se convirtió en 50 000 películas, 30 000 episodios de TV, cuatro millones de pistas musicales y una cantidad ilimitada de fotos. Una explosión de beneficios digitales»[7]. Aun cuando las compañías orientadas al mercado experimentan con los tres caminos de crecimiento (cliente, producto y ubicación geográfica), cada una define una agenda de crecimiento. ¿Cuál es tu camino principal de crecimiento? ¿Estás invirtiendo los recursos para que este camino crezca?

## MANTENERSE UN PASO ADELANTE DEL MERCADO ANTICIPÁNDOTE A TUS CLIENTES OBJETIVO Y A TUS FUTUROS CLIENTES

Las compañías de estrategia ágil corren hacia el balón, patinan hacia la pista, apuntan la flecha hacia el venado y se aventuran donde el cliente no ha llegado... aún. Una estrategia ágil no está estancada en el pasado o en el presente, sino que anticipa el futuro y el cambio en los mercados, posicionando a la organización, que estará lista y bien equipada incluso antes de que la oportunidad se presente. El valor diferencial de un estratega ágil es que no se enfoca en el servicio al cliente de hoy ni en ganar participación en el mercado, sino que sueña con posibilidades en mercados menos explorados, con el foco en nuevos posicionamientos y aprovechando las oportunidades del mercado.

Por ejemplo, habilitar la capacidad de personalización del internet y la inteligencia artificial (IA), VIPKid en China puede servir a una inmensa cantidad de *millennials* chinos (más de medio millón de estudiantes en este momento y creciendo rápidamente) que aspiran a hablar inglés como nativos y a adquirir una mentalidad global. Al conectarlos con 50 000 profesores de alto nivel en Norteamérica, este enfoque de aprendizaje innovador beneficia tanto a profesores como a estudiantes, según los testimonios entusiastas de muchos maestros en YouTube[8]. Para ser un estratega ágil, imagínate quiénes pueden ser los clientes del futuro. ¿Qué los impresionará?

## USO EFECTIVO DE LA VARIEDAD DE OPCIONES DEL CAMINO DE CRECIMIENTO: COMPRA, CONSTRUYE O TOMA PRESTADO

Las organizaciones con agilidad estratégica crecen con productos y clientes o mediante su ubicación geográfica valiéndose de los tres medios fundamentales disponibles; comprar, construir o tomar prestado.

Teniendo en cuenta que, por definición, requieren de cambios rápidos, algunas de ellas seleccionan una combinación de los tres medios. El enfoque adecuado dependerá de su estrategia, capacidades, tiempos y estado financiero.

- **Construir.** Las compañías que estudiamos han trabajado muy duro para construir las bases de sus negocios, es decir, la fuente fundamental de su capacidad de ser competitivos y de su identidad. La base se convierte muy rápidamente en la plataforma en la que otras fortalezas se desarrollan en paralelo. Esta estructura central debe encajar a la perfección con las necesidades actuales y debe diseñarse para cambiar y escalar hacia el futuro. Nadie más que la misma compañía puede crear la base; está estrechamente ligada a la visión y a la misión. Así, solo Google pudo construir su motor de búsqueda y su infraestructura de publicidad, solo Amazon pudo construir su negocio de comercio electrónico (*e-commerce*) y AWS, y solo Tencent pudo construir sus plataformas QQ y WeChat, desde donde inició su negocio en línea, que hoy incluye juegos, música, compras, películas, pagos y la nube.

- **Comprar.** Establecida la base, tiene sentido integrar otros negocios probados y tecnologías, por lo que comprar puede acelerar significativamente el desarrollo de la base del negocio. De hecho, todos los ecosistemas orientados al mercado estudiados crecieron mediante la adquisición de nuevas compañías, integrándolas rápidamente, invirtiendo en ellas y ayudándolas a crecer. Google adquirió YouTube, Android y Nest para penetrar de inmediato en estos espacios de futuro prometedor; Tencent invirtió en Riot y Supercell para fortalecer su porfolio de juegos; Amazon aceleró su *flywheel* para el negocio minorista en línea (*e-retail*), AWS y su contenido digital adquiriendo negocios y nuevas categorías de productos, regiones y tecnologías nuevas, como Bookpages (UK), Joyo (China), Zappos y, muy recientemente Whole Foods Market[9]; y Facebook, mediante adquisiciones, añadió WhatsApp, Instagram y Oculus a sus redes sociales y a su línea de juegos.

- **Tomar prestado.** Algunas veces no vale la pena comprar un negocio, una tecnología u otro recurso, ya que estos pueden haber sido desarrollados externamente y estar fuera del alcance de los recursos de nuestra organización. Por tanto, como no siempre es sencillo obtener el talento y el *know-how* desde cero, y la gestión de compra e integración de una nueva empresa consume mucho tiempo, si se quiere incrementar el rango de servicios, algunas veces la mejor opción es una asociación o *joint venture*, una alianza estratégica para lograr un crecimiento rápido. Tomar prestado significa trabajar de manera cercana con otras compañías para complementar sus recursos o productos, y así extender la capacidad de llegar a los clientes mediante un ecosistema que vaya más allá de la organización. Tencent utiliza de forma excelente esta opción, ya que enriquece sus servicios con socios estratégicos como JD.com, Meituan, DiDi, 58.com y Netmarble. Google trabaja con desarrolladores para enriquecer sus plataformas tecnológicas y con asociados para construir su negocio de publicidad. De igual manera, Amazon se encarga de buscar asociaciones cercanas con compañías externas que le ayuden a extender su ecosistema hacia los teléfonos inteligentes, el contenido digital y el mercado externo.

El cuadro 3.4 nos muestra cómo Amazon concibe su agenda de crecimiento. En las filas, verás definido su camino de crecimiento mediante nuevos clientes y productos; en las columnas, se muestra cómo compra, construye y pide prestado para avanzar en cada camino. Cualquiera que sea la ruta (cliente, producto o ubicación geográfica) o los medios (construir, comprar o tomar prestado) escogidos, no permitas que tu plan estratégico se complique. Para reinventar la agilidad estratégica se requiere un análisis profundo de la agenda de crecimiento anterior, para poder anticipar el futuro. ¿Qué caminos y medios pueden servir de ayuda para mantener lo que se trata de lograr en el mercado con sus clientes futuros?

## Cuadro 3.4 El crecimiento de Amazon: aproximaciones y estrategias

| Canal u oferta de cliente | Desarrollo de bases de negocios a partir de una estrategia de construcción | | Acelerar la *flywheel* o volante en movimiento mediante una estrategia de compra y de tomar prestado | |
|---|---|---|---|---|
| | Construir | | Comprar | Tomar prestado |
| | Arriba-abajo | Abajo-arriba | | |
| Comercio minorista | • Amazon.com<br>• Fulfillment by Amazon | • Prime<br>• Prime Now<br>• Prime Air<br>• Amazon Go | • Bookpages (UK)<br>• Joyo (China)<br>• Zappos<br>• Whole Foods Market | • Socios regionales<br>• Socios del ecosistema: comerciantes de su *marketplace* y terceros |
| Entretenimiento y contenido digital | • Amazon Publishing<br>• Amazon Video | • Amazon Music | • IMDB<br>• CDNow<br>• Audible<br>• Twitch | |
| Dispositivos | • Kindle<br>• Fire Phone | • Echo<br>• Fire TV<br>• Dash | | |
| Tecnología | | • AWS | • TouchCo<br>• Yap<br>• Kiva | |

Fuente: recopilado de los informes anuales, declaraciones y cartas de las partes interesadas de Amazon; exempleados entrevistados por el equipo de investigación de Tencent; Brad Stone, autor de *La tienda de los sueños: Jeff Bezos y la era de Amazon* (Anaya, 2014); Amazon Web Services, vídeo introductorio de AWS: Las Vegas, 11 de noviembre de 2014, www.youtube.com/watch?v=QZwo35viW3g; Daniel Buchmueller, cofundador de Prime Air, www.linkedin.com/in/danielbuchmuller; Dina Vaccari, dueña de Prime Now, www.linkedin.com/in/dinavaccari.

## BUSCAR E INSPIRAR A EMPLEADOS ÁGILES

Una compañía ágilmente estratégica inspira a sus empleados mediante el acceso a oportunidades interesantes. Y mediante nuestra investigación hemos confirmado que las mejores organizaciones tienen mayor cantidad de empleados comprometidos, aunque su trabajo sea muy intenso. ¿Por qué? Estas empresas confían en que sus empleados generen un impacto significativo en la compañía; no se espera que permanezcan en una caja. Un ejecutivo muy exitoso nos dijo que «la estrategia le sigue a las personas». Decía que, si él (y su organización) pudieran posicionar al líder adecuado con las habilidades adecuadas en el rol adecuado, la estrategia correcta surgiría naturalmente.

Estos individuos ágiles reemplazan la conversación negativa («No puedo hacer esto») por la de la oportunidad («No puedo hacer esto... aún») y tienen mentalidad de crecimiento con la que experimentan, aprenden, fallan y mejoran continuamente. Se sienten cómodos con las paradojas que requieren mentalidad divergente y convergente al mismo tiempo; este es el tipo de mentalidad que Nadella trata de implementar en todos los empleados de Microsoft, el cambio de «saberlo todo» a «aprenderlo todo».

En el caso de Amazon, aparte del liderazgo visionario de Bezos, muchas de las ideas exitosas que provienen de oportunidades para nuevas elecciones estratégicas surgen de abajo hacia arriba, incluidos casos de productos y negocios muy exitosos, como Amazon Prime, AWS, Amazon Echo y los almacenes Amazon Go (cuadro 3.4). Por ejemplo, la idea del servicio de suscripción Prime se inició gracias a un ingeniero de *software* llamado Charlie Ward, quien lo propuso a través de un buzón de sugerencias en la página web interna o Idea Tool a finales de 2004[10]; basándose en los programas de fidelidad de la industria aeronáutica, Ward aconsejó servir a los clientes de acuerdo con sus necesidades en el tiempo de entrega.

Para crear una estrategia ágil, necesitas aprender y crecer de forma continua, debes convertirte en pionero de tu industria, de los que se encargan de labrar los caminos de la organización. La agilidad de aprendizaje personal surge cuando eres curioso, haces preguntas, buscas opciones y experimentas; debes tomarte un tiempo para entender los seis tipos de oportunidades del contexto que presentamos en el capítulo 2, visitando a clientes importantes y explorando oportunidades de mercado. No olvides ser completamente honesto contigo mismo sobre lo que funciona y lo que no. Como líder ágil, no puedes detenerte, acomodarte, relajarte, sentir que has llegado, pues son los pioneros, los viajeros tempranos, aquellos que encuentran los mejores espacios y los convierten en algo que valga la pena.

## UTILIZAR *SCORECARDS* Y DATOS PARA IMPULSAR UNA MENTALIDAD DE CRECIMIENTO

Las compañías con estrategias ágiles usan *scorecards* o cuadros de mando que reflejan su compromiso con el crecimiento. ¿Cómo podemos saber si se están cumpliendo los objetivos o si nos encontramos en el camino adecuado, remando en la buena dirección? Existe un viejo dicho, que erróneamente se le atribuye a Peter Drucker, que dice que «lo que se mide se hace». De hecho, Drucker se tomaba con escepticismo las mediciones y subrayaba los riesgos de centrarse en las cuentas. También se le atribuye la frase: «Si no se puede medir, no se puede mejorar», una declaración dinámica menos enfocada en atinar en el blanco que en el aprendizaje y la mejora continua. Al estadístico norteamericano Edward Deming, quien dio forma a las prácticas japonesas de gestión, se le acredita esta frase humorística (aunque su verdadero autor aún es desconocido): «Confiamos en Dios; todos los demás deben proveer los datos». Cualquiera que sea la fuente, ten en cuenta que esta frase no incluye la palabra medición; la meta real de los datos es revelar tendencias que permitan que los empresarios aprendan y tomen decisiones rápidas, informadas, basadas en los datos y con un impacto real en el negocio. Todas las organizaciones que hemos estudiado recurren a una métrica (ingreso diario, usuarios diarios y mensuales activos o nuevos usuarios) para medir diariamente el desarrollo de nuevos productos o servicios, permitiéndoles ajustar los productos al mercado cambiante con rapidez.

Como líder, debes asegurarte de evolucionar tus *scorecards* para promover un pensamiento profundo hacia el futuro: ¿cómo nos informan los resultados de hoy sobre el futuro? Sin duda, es importante ganar dinero desde el principio, pero ¿en qué lugar te posicionan esas finanzas para el futuro?, ¿para el año próximo o para la próxima década? ¿Qué podemos concluir del *feedback* de los clientes de cara a las oportunidades venideras? ¿Estás obteniendo las señales necesarias sobre las necesidades y los deseos de tus clientes futuros? ¿Te ven en una posición única para cumplir con sus necesidades? ¿Con quién debes compartir ese futuro espacio?

## REINVENTAR CONSTANTEMENTE LA ESTRATEGIA, PUESTO QUE NUNCA ES DEFINITIVA

Como parte del proceso de reinventar la organización, las firmas ágiles consideran que la estrategia es un proceso continuo e iterativo de descubrimiento, disrupción, experimentación y aprendizaje. Como tal, la estrategia no es un objeto fijo; es una invención en movimiento. Una estrategia ágil implica saber cuándo diversificar, aumentar y explorar opciones, así como cuándo converger, acercarse y enfocarse en las prioridades. Los líderes estrategas ágiles traen claridad frente a algunas de las preguntas clave sobre el proceso estratégico:

- ¿Quién está involucrado en darle forma a la estrategia? Como líder, tu rol consiste en darle forma a esta estrategia, pero debes asegurarte de que clientes, inversionistas y empleados están firmemente involucrados. De hecho, el líder queda expuesto al asociarse con «agitadores» de la industria, pioneros que anticipan lo que viene después. Deberás invertir tiempo, como si fueras un antropólogo, investigando ofertas que los futuros clientes podrían valorar y que aún no están definidas, experimentando y usando los productos que se podrían ofrecer. Por ejemplo, los líderes de Tencent son usuarios asiduos de sus propios productos, con el fin de obtener experiencia de primera mano.

- ¿Cuánto diálogo y desacuerdo se puede provocar? Los ecosistemas orientados al mercado recurren claramente a un balance entre la divergencia para obtener nuevas ideas y la convergencia para enfocarse. Como líder ágil estratégico, debes darle la bienvenida a la tensión, sin dejar que la temperatura suba demasiado, y también al desacuerdo, sin que se torne desagradable. Invita a los empleados de todos los niveles a retar el *statu quo* y a traer nuevas ideas. Navegar esta paradoja de convergencia-divergencia permite crear una estrategia ágil y exitosa en las condiciones cambiantes del mercado.

- ¿Cómo evolucionará la estrategia? La estrategia no se comparte en presentaciones o informes, sino que se trata de un conjunto integrado de elecciones continuas que se toman, evalúan y rehacen. Una estrategia ágil es un proceso continuo en lugar de un plan finito, un diálogo continuo en lugar de un documento y una serie de experimentos de aprendizaje en lugar de un conjunto de reglas explícitas. Una de las empresas que estudiamos tiene un mantra para la agilidad estratégica: piensa en grande, prueba en pequeño, falla rápido y aprende siempre.

**Cuadro 3.5 Principios y prácticas de agilidad estratégica en Amazon y Alibaba**

| Principios de agilidad estratégica | Alibaba en acción | Amazon en acción |
|---|---|---|
| Prioridades claras y que guíen las elecciones estratégicas. | • Misión: «Que sea fácil hacer negocios desde cualquier lugar». | • Construir la compañía más centrada en los clientes del mundo.<br>• Enfocarse en las reglas cardinales: obsesión por el cliente, innovación y paciencia. |
| Anticipar y crear nuevos espacios de mercado de acuerdo con las tendencias del contexto STEPED (en español, siglas para «social, técnico, económico, político, ambiental y demográfico»). | • Creer en el poder disruptivo de internet y la tecnología.<br>• Tener la visión de cómo se verá el mercado minorista en los siguientes treinta años, así como formular las «cinco nuevas» estrategias.<br>• Anticipar cambios demográficos y de estilo de vida de los consumidores (por ejemplo, clase media emergente, aumento del poder adquisitivo...). | • Creer en el poder disruptivo de internet y la tecnología.<br>• Desarrollar conocimiento profundo sobre las necesidades no satisfechas de los clientes, en términos de precio, selección y conveniencia, y en todo tipo de compras. |

| Principios de agilidad estratégica | Alibaba en acción | Amazon en acción |
|---|---|---|
| Claridad sobre el camino (clientes, regiones o productos) que se debe tomar para el crecimiento de los negocios en los siguientes tres años. | • Enfocarse en adquirir nuevos clientes en las primeras etapas.<br>• Mejorar la conversión y el poder adquisitivo del cliente a través de recomendaciones personalizadas.<br>• Moverse hacia negocios adyacentes para construir infraestructuras de comercio en línea (*e-commerce*).<br>• Aventurarse hacia los mercados extranjeros en el sur de Asia, Japón y otros países. | • Aumentar la base de clientes y<br>• mejorar su valor usando el volante (*flywheel*).<br>• Usar tecnología, datos y automatización para mejorar la experiencia de cliente.<br>• Usar plataformas de base para moverse hacia negocios adyacentes.<br>• Abrirse hacia el mundo con una docena de mercados extranjeros. |
| Anticipar las necesidades cambiantes o sin atender de los clientes, convirtiendo estos espacios en nuevos negocios. | • Enfocarse en mujeres compradoras en línea de productos de moda.<br>• Extender la capacidad de compra en línea hacia una experiencia de venta fuera de línea. | • Usar mejor las experiencias y valoraciones del cliente para aumentar la penetración de Amazon en categorías simples y múltiples, desde la autogestión de negocios hasta los mercados de negocios, desde productos físicos a digitales y de la compra en línea a la compra fuera de línea. |

| Principios de agilidad estratégica | Alibaba en acción | Amazon en acción |
|---|---|---|
| Usar el modelo de comprar, construir y pedir prestado para lograr un crecimiento. | • Construir negocios con base en comercio electrónico para B2B, Taobao y Tmall.<br>• Comprar para moverse hacia nuevas áreas de contenido digital (por ejemplo, películas y juegos).<br>• Pedir prestado para llevar a cabo una expansión hacia el extranjero, mediante alianzas. | • Construir como base de negocios en comercio minorista en línea y AWS.<br>• Comprar para acelerar el volante (*flyhweel*) complementando nuevas categorías, como zapatos, o moviéndose hacia nuevas regiones, como China; además, comprar compañías tecnológicas para fortalecer los servicios de AWS.<br>• Tomar prestado para enriquecer las comunidades AWS y a los comerciantes de su comercio electrónico. |
| Buscar empleados ágiles e inspirarlos en todos los niveles para motivar una agilidad estratégica. | • Empoderar a los empleados para lograr más agilidad en equipos de negocios pequeños.<br>• Planificar reuniones mensuales para aprovechar las buenas ideas desde su generación. | • Utilizar los canales de comunicados de prensa y preguntas frecuentes para motivar a los empleados a tener nuevas ideas en cualquier momento (PR&FAQ)*.<br>• Fomentar ideas de abajo hacia arriba, muchas de las cuales han tenido éxito, como Prime y Amazon Go. |

| Principios de agilidad estratégica | Alibaba en acción | Amazon en acción |
|---|---|---|
| Motivar y premiar a las personas por el crecimiento más que por cumplir simplemente con las metas. | • Usar datos para detectar tendencias, monitorizar el progreso y revisar productos o estrategias. | • Usar datos para detectar tendencias, monitorizar el progreso y revisar productos o estrategias (Bezos solo cree en hechos y datos para la toma de decisiones). |
| Crear una atmósfera adecuada para la reinvención estratégica. | • Empoderar a los equipos de liderazgo en diferentes unidades de pequeñas empresas.<br>• Cocrear con los clientes nuevos negocios o ideas (por ejemplo, el festival de compra del Día del Soltero). | • Formar un equipo S (abreviatura para el equipo principal de liderazgo sénior) como órgano estratégico de toma de decisiones.<br>• Motivar constantemente a los líderes en todos los niveles para generar nuevas ideas para el futuro.<br>• Fomentar la tensión y el debate utilizando datos y percepciones de los clientes. |

# 3. REINVENCIÓN DE LA ORGANIZACIÓN CON AGILIDAD ESTRATÉGICA

Los ecosistemas orientados al mercado que estudiamos incorporaron agilidad estratégica a través de los ocho principios anteriores. El cuadro 3.5 resume cómo Alibaba y Amazon usan estos ocho principios y prácticas.

## 4. IMPLICACIONES GERENCIALES

En un entorno de constante incertidumbre y cambio, las organizaciones reinventadas deben abrazar la agilidad estratégica para, así, identificar oportunidades de mercado, una filosofía que trasciende la mera participación en el mismo. Además, estas empresas anticipan lo que puede suceder, en vez de construir sobre lo que ya han hecho, y corren riesgos y aprenden, en vez de tener planes y acciones. Los ocho principios de agilidad estratégica establecen lecciones aprendidas de estas organizaciones que han redefinido la naturaleza de la estrategia. Al examinar y mejorar estos ocho principios, podrás ascender por la escala de la agilidad estratégica.

**Cuadro 3.6 Autoevaluación de la agilidad estratégica de tu organización**

| ¿Hasta qué punto cumples los siguientes principios y prácticas de agilidad estratégica? | Evaluación* | ¿Cómo podemos mejorar? |
|---|---|---|
| Prioridades claras y consistentes para guiar las elecciones estratégicas | | |
| Anticipación y creación de nuevas oportunidades de mercado | | |
| Conocimiento de las vías (clientes, regiones o productos) que debe tomar el negocio en los próximos tres años | | |
| Anticipación de las necesidades cambiantes del cliente para convertir estas brechas en negocios emergentes | | |
| Utilización eficaz de las opciones de construir, comprar y tomar prestado para ejecutar la estrategia de crecimiento | | |

| ¿Hasta qué punto cumples los siguientes principios y prácticas de agilidad estratégica? | Evaluación* | ¿Cómo podemos mejorar? |
|---|---|---|
| Búsqueda de empleados ágiles e inspiración de empleados en todos los niveles para adquirir una agilidad estratégica | | |
| Motivación y recompensa a las personas por el crecimiento general, no solo en función de sus propios objetivos | | |
| Ambiente adecuado para la reinvención estratégica | | |

*En una escala del 1 al 5, donde 1 sería «muy bajo» y 5 sería «muy alto».

El cuadro 3.6 proporciona una herramienta de autoevaluación sobre la agilidad estratégica de tu empresa. De esta forma, tu equipo de liderazgo podrá evaluar con franqueza su posición en cada uno de los principios y prácticas de la agilidad estratégica, comprender dónde se encuentra e identificar la forma de mejorar.

# PARTE 2

# EL NUEVO MODELO ORGANIZACIONAL: CARACTERÍSTICAS DE UN ECOSISTEMA ORIENTADO AL TRABAJO

El capítulo 1 muestra cómo las organizaciones pueden evolucionar desde un enfoque jerárquico (en busca de la eficiencia) a sistemas (en busca de alineación), a capacidades (identidades de las empresas) y, finalmente, a ecosistemas orientados al mercado. En la primera parte, los capítulos 2 y 3 examinan por qué se requiere una nueva forma de organización y cómo las empresas que estudiamos han dominado una comprensión dinámica de su entorno.

Las nuevas formas organizacionales exigen estrategia, del mismo modo que el entorno empresarial complejo, incierto y superdinámico de hoy exige un nuevo pensamiento estratégico que evolucione desde la planificación estratégica, la alineación estratégica y las competencias centrales hasta la agilidad estratégica.

En esta sección, profundizamos en la función y la forma de la organización reinventada (cuadro II.1). El capítulo 4 identifica las capacidades críticas que las empresas deben fortalecer a través de sus ecosistemas en esta era de incertidumbre, interrupción y transformación, basándonos en el trabajo que define las organizaciones como capacidades. Aquí nos centramos en las capacidades integradas en el ecosistema, identificando cuatro de estas capacidades críticas que demuestran nuestras organizaciones orientadas al mercado: percepción externa, obsesión por el cliente, innovación y agilidad en todas partes. Este capítulo ofrece información y herramientas de auditoría para generar las capacidades que mejor se adapten a tu ecosistema.

**Cuadro II.1. Un marco de seis partes para reinventar la organización como un sistema orientado al mercado (MOE)**

| Entorno | Estrategia |
|---|---|
| ¿Entendemos y anticipamos las condiciones ambientales cambiantes que darán forma al futuro? | ¿Tenemos una estrategia clara para el crecimiento y una hoja de ruta para ponerla en práctica? |
| **Apreciar y anticipar** | **Clarificar y facilitar** |
| **Capacidad** | **Morfología** |
| ¿Hemos articulado e implementado las capacidades que favorecen el MOE? | ¿Hemos diseñado la forma o estructura organizacional adecuada para poner en marcha nuestra estrategia de crecimiento? |
| **Diagnosticar e integrar** | **Diseñar y entregar** |
| **Gobernanza** | **Liderazgo** |
| ¿Hemos diseñado y llevado a cabo las prácticas de los seis mecanismos de gobernanza que favorece el MOE? | ¿Tenemos líderes en el nivel superior y una marca de liderazgo compartida a lo largo de toda la organización que nos asegure el éxito? |
| **Diseñar e implementar** | **Ser, enseñar y construir** |

El capítulo 5 presenta las opciones de diseño de la organización que los ecosistemas orientados al mercado utilizan para reinventarse, ofreciendo una visión profunda de cómo operan. Mostramos en qué se diferencian y cómo pueden mejorar tanto la compañía tradicional como la firma multidivisional. Luego, ofrecemos detalles sobre cómo diseñar los tres componentes básicos de estos ecosistemas (plataformas, células o equipos, y aliados o socios) y cómo combinarlos en diferentes arquetipos para ofrecer diferentes capacidades ecosistémicas, mejorar la agilidad estratégica y crear oportunidades de mercado.

Las ideas y herramientas en estos capítulos te ayudarán a reflexionar y reinventar el tipo de organización que necesitas para tener éxito en los años venideros. Puedes evaluar en qué medida estas capacidades existen dentro de su ecosistema y cómo utilizar el diseño organizacional para habilitarlas.

# 4. CAPACIDADES DEL ECOSISTEMA: BLINDAR LAS CAPACIDADES CRÍTICAS REQUERIDAS PARA UN ECOSISTEMA EXITOSO

Norte de África, 1941. Los cuerpos alemanes de Rommel están ganando la guerra en el desierto occidental. Convencido de que los británicos no pueden ganar en el Norte de África por medios militares convencionales, un aristocrático y joven suboficial escocés, conocido por su irreverencia, irresponsabilidad y encanto, utiliza su ventaja social para inducir una reunión con los altos mandos militares en El Cairo. David Stirling propone un nuevo enfoque, la antítesis de la jerarquía militar y la cadena de mando, una idea basada en pequeñas unidades autónomas que, con sigilo, agilidad y astucia, atacarán al enemigo donde menos lo espera; mientras los alemanes y los italianos se protegen del posible ataque por el mar Mediterráneo, el único peligro que ellos perciben, su amplio flanco desértico estará expuesto y desprotegido. No ven ninguna razón para prepararse para un ataque en un mar de arenas ardientes, hostil, sin huellas, sin mapas; parece imposible que un ejército se congregue allí.

En cambio, Stirling se pregunta: ¿por qué no desatar una fuerza ágil desde el desierto, una que pueda sobrevivir con muy poco y dividirse en pequeñas unidades que lleven a cabo incursiones a pie completamente inesperadas? Este regimiento, argumenta, también puede infiltrarse en una posición enemiga, entender rápidamente la situación y enviar por radio los datos clave sobre hombres y materiales a las fuerzas convencionales para ajustar sus estrategias y tácticas. Además, el equipo de agilidad estaría libre del a menudo engorroso aparato de toma de decisiones de comando y control. En otras palabras, el Servicio Aéreo Especial (SAS, por sus siglas en inglés).

Primero en el Norte de África y más tarde en Europa, el SAS llevó a cabo experimentos con un propósito y los mismos principios durante el resto de la Segunda Guerra Mundial: inventó nuevas armas, como la bomba Lewes, un arma compacta, ligera y de alto impacto para desactivar aviones estacionados; creó nuevas tácticas, abandonando su enfoque original de hacer que los paracaidistas saltasen al desierto; y fue un pionero del desarrollo de capacidades a través de largas caminatas a pie y de la utilización de *jeeps* de guerra en el desierto. A veces, la misión del SAS era caminar trescientas millas a través del brutal desierto del Sahara, arrastrarse hacia las bases aéreas alemanas e italianas y volar los aviones estacionados que les permitieran las municiones que podían transportar. En otras ocasiones, su papel era reunir inteligencia sobre la fuerza y la posición del enemigo y orientar estratégicos ataques aéreos. En un momento dado, su trabajo consistió en interrumpir el transporte y las líneas de suministro y en desmoralizar al ejército alemán en retirada durante las ofensivas aliadas en Italia, Francia y Alemania. En cualquier caso, el SAS siguió siendo una fuerza de recolección de inteligencia, innovadora, ágil y altamente disruptiva.

En este sentido, el SAS fue pionero en una forma de combate que se ha convertido en el centro de las estrategias de guerra modernas. Aunque comenzó su vida como una fuerza de ataque en el norte de África, se convirtió en la unidad de comando más formidable de la Segunda Guerra Mundial y el prototipo de fuerzas especiales en todo el mundo, como la Fuerza Delta o los SEAL de Estados Unidos[1]. En la actualidad, el SAS sigue siendo una leyenda de fortaleza, aptitud física, recolección de inteligencia, obsesión con las misiones, innovación y adaptabilidad, atributos que otorgan a las unidades SAS una influencia táctica desproporcionada con su propio tamaño[2].

Y, ahora, ¿por qué estamos describiendo esta versión básica de una unidad militar y qué relación tiene con los ecosistemas orientados al mercado? El SAS ilustra vívidamente cómo reinventar una organización puede marcar una diferencia radical en la estrategia de combate y en sus resultados. En lugar de confiar en la organización militar tradicional, que depende de una cadena jerárquica de mando, el SAS adopta un enfoque diferente. Apoyado por fuertes bases de soporte de *back-end*, este regimiento ágil y elitista responde y da forma a su entorno para lograr un impacto máximo con pocos recursos, al igual que las unidades básicas de los ecosistemas orientados al mercado, como el caso de Supercell. En muchos sentidos, el SAS y otras unidades de fuerzas especiales constituyen, en mayor escala, la organización innovadora que salvó a los bañistas de la corriente en el capítulo 1.

Para responder a los rápidos cambios ambientales y crear agilidad estratégica, deberás crear una organización que se mueva con agilidad, que solo implemente equipos independientes y aislados, sino que integre sus equipos individuales en un ecosistema. Los equipos de fuerzas especiales parecen separados, pero son altamente interdependientes, situados en un ecosistema que favorece el éxito.

En este capítulo, verás que las bases conceptuales del ecosistema orientado al mercado son las capacidades que en él se integran. Después, describiremos cuatro capacidades clave que encontramos en nuestra investigación y que puedes aplicar a tu organización.

## 1. LA ORGANIZACIÓN COMO UN CONJUNTO DE CAPACIDADES DE LOS ECOSISTEMAS

Las capacidades del MOE no se derivan solo de la organización misma, sino que provienen de todas las partes del ecosistema. Reflexionemos, por ejemplo, sobre las fuerzas militares especiales. En la versión idealizada, un pequeño equipo de miembros militares de élite recibe una tarea especial y difícil, que llevan a cabo de manera brillante. Por ejemplo, la película *Capitán Phillips* narra la historia de un equipo de los SEAL de la Marina de Estados Unidos que rescató a un capitán del barco Maersk retenido como rehén por piratas somalíes. En la película, el equipo de SEAL entra y somete a los piratas, salvando al capitán Phillips[3]. Esta historia y otras representan la autonomía, la valentía y la astucia de este notable equipo. Las historias son ciertas, pero incompletas. En realidad, las capacidades del equipo SEAL han sido posibles gracias a una gran cantidad de recursos compartidos. Los miembros son rigurosamente entrenados y tienen acceso a tecnología e información sobre el entorno. Los equipos aprenden de otros equipos SEAL similares sobre cómo cumplir misiones y, lo que es más importante, los SEAL son respaldados por un buque de la Marina de Estados Unidos que esté estacionado cerca. No son independientes, sino muy interdependientes; son parte de lo que llamamos un ecosistema.

## LA COMPOSICIÓN DE TU ECOSISTEMA

El ecosistema de una organización puede incluir muchas formas de colaboración, alianzas y otras afiliaciones. En el capítulo 5, discutiremos las opciones de diseño organizacional en torno a plataformas (recursos compartidos y soporte de *back-end*), células (equipos autónomos) y aliados (socios con recursos compartidos e intereses en el ecosistema) que hacen que funcione. En este capítulo, como se mencionó anteriormente, enfatizamos que las capacidades de una organización están integradas en todo este ecosistema, no solo en una parte. A medida que las organizaciones crean equipos autónomos, estos deben conectarse entre sí, pues comparten el compromiso de desarrollar capacidades críticas.

Los ecosistemas de alto rendimiento deben desarrollar capacidades integradoras que les permitan ganar en el mercado: para Amazon, serán la obsesión e innovación por el cliente, que surgen del interior de la organización y se expanden por todo su ecosistema; para Tencent, la experiencia de usuario y la innovación; para Google, la innovación impulsada por la tecnología, que guía su éxito sostenible; y, para Huawei, también la obsesión por el cliente.

Además, nuestra investigación revela que las capacidades del ecosistema están muy orientadas al mercado, no solo porque las empresas concentran sus recursos y capacidades para destacar en el mercado externo, sino también porque demuestran una fuerte orientación al mercado dentro de su ecosistema. Las diferentes partes del ecosistema interactúan (o realizan transacciones) entre sí mediante mecanismos de mercado: colaboración transparente de beneficio mutuo en lugar de seguir órdenes y con coordinación desde arriba.

Para reinventar tu organización, no solo debes liderar a los que están dentro de tu empresa, sino también crear y aprovechar sus alianzas con proveedores, socios, distribuidores, clientes y otras personas que forman parte del ecosistema, estableciendo capacidades únicas dentro de esta red de relaciones. Para entender cómo hacerlo, examinemos tres ecosistemas orientados al mercado.

## 2. ECOSISTEMAS EN ACCIÓN: TENCENT, AMAZON Y ALIBABA

Fundada en 1998, Tencent fue conocida inicialmente por su servicio de mensajería instantánea, QQ, que competía con sus contrapartes occidentales ICQ, AOL y MSN. En la actualidad, es una de las compañías de tecnología más grandes del mundo[4]. Desde sus inicios con la introducción de juegos con licencia para el mercado chino, Tencent se ha convertido en el mayor operador y editor de juegos *online* del mundo y, en 2018, fue la segunda compañía de redes sociales más grande después de Facebook. Con la alianza estratégica con Sogou (la segunda compañía de motores de búsqueda más grande de China) en 2013 y JD.com (la segunda compañía de comercio electrónico más grande de China) un año después, Tencent comenzó a construir su estrategia de ecosistema, definiendo con claridad qué productos y servicios desarrollaría (plataformas sociales y contenido digital, como juegos, música, noticias y películas) y qué hacer a través de sus socios estratégicos para enriquecer las ofertas de productos y servicios de sus plataformas sociales. La aplicación WeChat de la compañía, con más de 1000 millones de usuarios activos por mes en 2018, debe su popularidad a una amplia gama de servicios de uso frecuente. Con WeChat, por ejemplo, puedes enviar un mensaje a un amigo para que te acompañe a cenar, reservar un taxi para llegar al restaurante, pedir platos escaneando un código QR mientras estás sentado en una mesa y pagar con la billetera móvil de tu *smartphone*. En resumen, WeChat es una aplicación multiusos que no solo conecta a las personas con otras personas (medios sociales), sino que también brinda servicios a las personas (restaurantes, entretenimiento y pago) y, más recientemente, servicios a empresas y organizaciones (pagar impuestos, multas y el transporte público). Para 2019, durante la redacción de este libro, WeChat estaba disponible en más de 200 mercados. Y, por supuesto, su plan es seguir creciendo.

Pero estos hechos no son más que titulares. Tencent es un ecosistema grande y próspero que reúne muchas entidades con capacidades comunes que generan éxito mutuo. De hecho, tiene gran cantidad de equipos de producto o negocio dentro de la empresa, además de cientos de socios estratégicos, y se espera que cada uno de estos equipos y socios se posicionen, por sí solos, como líderes de una categoría, al tiempo que comparten recursos y capacidades clave con otros grupos.

¿Qué implica este alto nivel de apoyo mutuo en Tencent? En lo que respecta a los recursos, Tencent puede dirigir su tráfico de usuarios a socios estratégicos, como JD.com, DiDi, Meituan o PinDuoDuo, mientras que estos socios estratégicos enriquecen las ofertas de servicios de la plataforma y aumentan la base de usuarios de WeChat Pay o QQ Monedero (pago móvil de Tencent). En términos de intercambio de competencias, Tencent comparte su experiencia y recursos sobre tecnología, asuntos legales, asuntos gubernamentales, gestión de talento y organización con sus socios estratégicos. Por ejemplo, ofrece infraestructura tecnológica y de servicios a través de Tencent Cloud, aplicaciones de IA, servicios de publicidad y marketing, servicios por ubicación y WeChat Pay a sus socios estratégicos. Un equipo interno supervisado por Arthur también ofrece consultoría, capacitación y apoyo con *coaching* para ayudar a los socios estratégicos a mejorar su liderazgo, su talento clave y sus capacidades organizativas. Al ayudarse mutuamente con recursos, productos y competencias, todas las partes refuerzan su posición frente a la competencia en el ecosistema, y no solo como entidades organizacionales separadas.

Pero Tencent no es único en esta estrategia; todas las compañías ganadoras que estudiamos comparten e integran sus capacidades en todas las unidades para fortalecer su ecosistema, pues reconocen que ninguna compañía puede ser fuerte en todo. Amazon, una de las compañías más innovadoras y poderosas del mundo, colabora con socios estratégicos en su negocio minorista (a través de Whole Foods Market, compartiendo información sobre los clientes e innovaciones que pueden ayudar a otros en el ecosistema), en AWS (compartiendo conocimientos tecnológicos con nuevas empresas de tecnología) y en Echo (atrayendo a más desarrolladores para crear aplicaciones que refuercen la potencia y la utilidad de productos domóticos).

Alibaba también necesita muchos socios comerciales importantes para vender productos en Taobao y Tmall, haciendo que más usuarios visiten el sitio. Para atraer a los socios adecuados para que vendan en las plataformas de comercio electrónico de Alibaba y ayudarlos a tener éxito, Alibaba intercambia datos con ellos; por ejemplo, qué tipo de usuarios visitan sus tiendas en línea y cómo pueden hacer un marketing más personalizado con IA. Combinando datos de usuarios *online* en Taobao o Tmall con los de tiendas minoristas *offline* de sus socios comerciales, Alibaba puede ayudar a los socios a desarrollar programas de marketing integrados y personalizados para atraer a sus usuarios. Alibaba llama a este enfoque «mil usuarios, mil apariencias», puesto que ofrece a sus usuarios anuncios específicos de productos o servicios relevantes para los intereses y necesidades únicas cada uno, en el momento y en el lugar adecuados[5].

## 3. DE CAPACIDADES ORGANIZACIONALES A CAPACIDADES DE LOS ECOSISTEMAS

Entonces, ¿qué subyace a estos ecosistemas exitosos orientados al mercado que puedas adaptar para reinventar tu organización? En los últimos veinte años, Dave y sus colegas han trabajado para identificar las capacidades esenciales que una empresa independiente debe tener para lograr el éxito, puesto que generan confianza por parte de los inversores, compromiso con el cliente y la mejora de ingresos por cada uno, compromiso de los empleados y una mayor productividad[6].

## Cuadro 4.1 Impacto de las capacidades en el negocio

Además, Dave y sus colegas estudiaron qué capacidades organizacionales tienen el mayor impacto en los resultados comerciales. En 2016, utilizando una encuesta a 1200 compañías identificaron once capacidades organizativas básicas y las adaptaron a una matriz (cuadro 4.1). El eje x muestra el impacto relativo en los resultados de negocio, mientras que el eje y muestra el despliegue o el enfoque del negocio en dicha capacidad. Al destacar aquellas que tienen mayor impacto comercial y que se entregan de manera más efectiva, el cuadro ayuda a priorizar qué capacidades requieren atención en el futuro. La detección externa (descrita a continuación), la capacidad de respuesta del cliente, la innovación y la velocidad/agilidad se identifican como capacidades con un impacto comercial significativo en el entorno actual.

Mientras tanto, Arthur ha desarrollado otro campo de trabajo relacionado con la capacidad organizativa en la enseñanza, consultoría y aprendizaje ejecutivo en China. En 2010, fundó la Asociación de Aprendizaje de Capacidad Organizacional (OCLA, por sus siglas en inglés), que hasta ahora ha servido a más de 250 empresarios y CEO en China. Se trata de una plataforma de aprendizaje continuo para prominentes empresarios chinos en industrias tradicionales y de alta tecnología, incluyendo moda, comercio minorista, fabricación, servicios financieros, logística y servicios de internet. Al trabajar estrechamente con los CEO participantes en OCLA, identificamos las capacidades más importantes para estas empresas de rápido crecimiento. Del mismo modo, Arthur patrocina una encuesta a

# CAPÍTULO 4. CAPACIDADES DEL ECOSISTEMA: BLINDAR LAS CAPACIDADES... 99

gran escala a través de la Encuesta Anual Nacional de Capacidad Organizacional en China, donde participan más de 200 empresas y 100 000 encuestados cada año desde 2016[7]. Gracias al análisis de los miembros de OCLA y a la encuesta, Arthur ha descubierto que las capacidades clave para la competitividad de las empresas han ido variando con los años. Aunque un coste bajo, la alta calidad y los tiempos de entrega rápidos fueron críticos en la era industrial, la obsesión por el cliente, la innovación y la agilidad son cruciales para las empresas de hoy[8].

Tras décadas de investigación y experiencia en consultoría con capacidades organizativas en Estados Unidos, China y otras partes del mundo, ambos hemos llegado, sorprendentemente, a la misma conclusión. Son cuatro las capacidades críticas en el entorno superdinámico e incierto de hoy: información, cliente, innovación y agilidad.

**Cuadro 4.2 Capacidades del ecosistema requeridas por el entorno disruptivo**

| Detección externa: capacidad para adquirir, analizar y aplicar información | | |
|---|---|---|
| **Obsesión por el cliente** | **Innovación constante** | **Agilidad en todas partes** |
| • Foco de afuera hacia dentro | • Foco en las posibilidades generadas gracias a la tecnología | • Foco en los elementos innovadores |
| • Cambio de servir a anticipar las necesidades de los clientes | • Innovar con productos, servicios, modelo de negocios, canales, operaciones | • Fracasar rápido y a un bajo coste |
| • Lograr una comprensión profunda de los puntos débiles de los clientes o de sus necesidades | • Mejorar constantemente | • Evolucionar rápidamente hacia el éxito |
| • Cocrear con los clientes | | • Mantener la fluidez en la asignación de recursos |

Finalmente, y lo más importante, al examinar las capacidades críticas de los ocho ecosistemas orientados al mercado que estudiamos, identificamos capacidades ecosistémicas similares. A partir de nuestras múltiples investigaciones, estamos seguros de que estas cuatro capacidades son cruciales para que las empresas y los ecosistemas prosperen y sobrevivan en el contexto empresarial actual.

- Detección externa: capacidad de adquirir, analizar y aplicar información sobre tendencias y cambios en su mercado.

- Obsesión por el cliente: capacidad de centrarse sin descanso en satisfacer las necesidades desatendidas de los clientes actuales y futuros, así como el cambio mental de servir a los clientes a anticipar o incluso crear sus necesidades.

- Innovación constante: capacidad de fomentar la creatividad y el ingenio en productos, servicios, modelos de negocio, sistemas de distribución…, con un enfoque especial en las oportunidades que presentan la digitalización y otras nuevas tecnologías.

- Agilidad en todas partes: capacidad de mejorar y experimentar rápido. Cuando algo falla, aprender de ello; cuando algo tiene éxito, llevarlo al siguiente nivel. Cuando hay agilidad en todas partes, los recursos escasos se pueden mover rápidamente dentro de la empresa para aprovechar al máximo las mejores oportunidades.

Una organización exitosa incorpora estas capacidades en su ecosistema y ¡tú también puedes hacerlo!

## 4. DEFINIR, EVALUAR E IMPLEMENTAR CAPACIDADES CRÍTICAS

Estas cuatro capacidades clave aparecen en nuestra investigación, pero también pueden integrarse en su propio ecosistema examinándolas exhaustivamente a la luz de sus propias circunstancias. Las siguientes secciones describen por qué son importantes, cómo las empresas exitosas crean tales capacidades y cómo puedes usarlas para reinventar tu organización.

## DETECCIÓN EXTERNA

La capacidad de percibir, interpretar y actuar con base en información crítica está en el corazón de casi todas las transformaciones organizacionales. Las innovaciones en digitalización gracias a la IA, el internet de las cosas, los robots, la nube y el *big data* revolucionan la capacidad de acceder y procesar la información con rapidez. Los ecosistemas orientados al mercado gestionan agresivamente estos datos a través de su estrategia digital.

En nuestro trabajo sobre detección externa, recurrimos al trabajo excepcional de Wayne Brockbank, de la Ross School of Business de la Universidad de Michigan, quien descubrió que las empresas líderes sobresalen en su capacidad de adquirir, acceder y aplicar información que crea oportunidades de mercado. Administrar esta información conduce a una asimetría de información[9]; la gestión de esta asimetría —obteniendo mejor información que la competencia— favorece el éxito en mercados cambiantes. En los casos de estudio, esta información se comparte entre la plataforma central y las células individuales, así como entre las mismas células.

**Cuadro 4.3 Capacidad de detección externa**

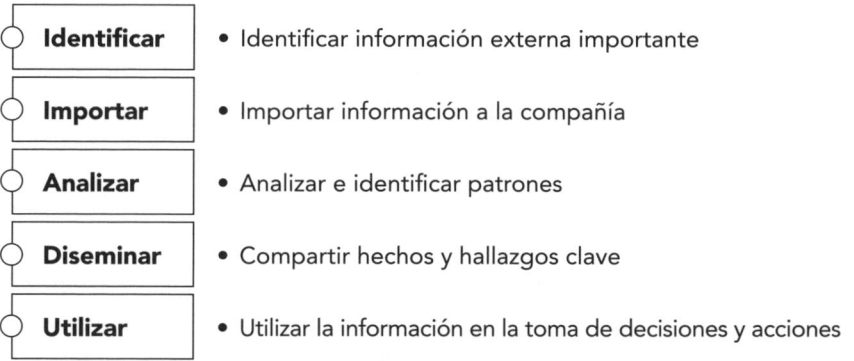

Fuente: información provista por Wayne Brockbank.

El proceso para la adquisición y aplicación de información generalmente sigue cinco pasos (cuadro 4.3).

1. **Identificar las principales fuentes de información sobre nuevas oportunidades de mercado.** Dicha información proviene no solo de comprender a fondo a los clientes y competidores de la actualidad, sino también de examinar las tendencias relevantes del contexto, como aquellas expuestas en el capítulo 2. Por ejemplo, al prever avances tecnológicos, Amazon ha anticipado que las ventas tienen un gran potencial para el crecimiento y la mejora de la experiencia de usuario. Del mismo modo, VIPKid ha sido testigo del ascenso de la clase media en China y de la disposición de este grupo a invertir en la educación del hijo único de la familia. Así, y gracias a tecnología interactiva, esta compañía de educación en línea creó oportunidades de mercado al contratar a los mejores maestros de todo el mundo para enseñar inglés a los niños chinos. Al escanear constantemente las tendencias externas, los empleados de VIPKid pueden anticipar posibilidades futuras y las implicaciones comerciales de estas posibilidades.

2. **Importar información clave a las organizaciones.** Las empresas encuentran formas creativas de asegurarse de que la información más importante llegue a la empresa y de filtrar la menos importante. Además de los medios electrónicos típicos para recopilar información estructurada sobre clientes de múltiples fuentes, las organizaciones de éxito han desarrollado una manera única de recopilar información no estructurada, es decir, medios electrónicos —vídeos de YouTube, salas de chat en línea, correos electrónicos, discursos de líderes de la industria y otras personas influyentes y artículos de noticias—; interacción social —conversaciones en los pasillos, redes de amigos, llamadas telefónicas y sitios de reunión comunitarios— y observaciones hechas cuando los líderes y los empleados actúan como antropólogos y observan las acciones de los demás.

Si bien los datos estructurados tienden a ser estables, predecibles, basados en hechos y fácilmente categorizados e interpretados, una proporción abrumadora de información disponible globalmente no está estructurada, y es difícil de obtener y analizar. A pesar de esta dificultad, los datos no estructurados suelen proporcionar una mayor comprensión de la que ofrecen los datos listos para leer. Mientras que la información estructurada captura lo que ha ocurrido, la no estructura identifica lo que puede ocurrir. Para beneficiarse de los datos no estructurados, la organización o el ecosistema descubrirán que una buena observación, el diálogo profundo y el intercambio de experiencias son vehículos más útiles.

3. **Una vez identificada y reunida la información importante, enfrentarse al desafío de analizarla para desarrollar ideas útiles.** En *Lo que vio el perro y otras aventuras*, el periodista Malcolm Gladwell señala que la ventaja competitiva se encuentra con frecuencia en «genios un poco chiflados» realmente inteligentes que encuentran patrones en información impredecible, caótica pero generalizada[10]. En ecosistemas exitosos orientados al mercado, como Supercell, Amazon, Google y Tencent, un puñado de creativos inteligentes pueden obtener información o hacer hallazgos clave a través de su intuición personal o de inteligencia artificial utilizando información estructurada y no estructurada.

4. **Difundir información y conocimientos útiles para toda la organización.** En los ecosistemas orientados al mercado, esta difusión se da a través de muchos medios, incluyendo informes automáticos de tendencias de datos clave, foros y debates centrados en el cliente en los que se comunica mucha información sobre el mercado. En Google, los foros semanales entre los líderes sénior y los empleados se llevan a cabo en forma de sesiones TGIF (siglas en inglés para «gracias a Dios es viernes») o TGIAF («gracias a Dios es casi viernes»). En Facebook, se convoca una reunión semanal *all-hands*, es decir, con toda la plantilla, entre el CEO y cofundador Mark Zuckerberg y los empleados[11]. Además, los líderes de los ecosistemas orientados al mercado facilitan interacciones que producen ideas colaborativas tanto dentro de los silos como entre ellos.

5. **Utilizar la información para mejorar las decisiones de la organización.** La información puede servir en la experimentación o la renovación con nuevos productos o servicios para alcanzar un éxito mayor con los clientes o para una mayor eficiencia logística o de gestión. Otro uso más sutil de la información es ayudar a los empleados de todos los niveles a encajar su propósito personal con el propósito de la organización, por ejemplo, mediante la satisfacción de necesidades genuinas de los clientes o la resolución de problemas sociales.

En resumen, para evaluar lo bien que tu empresa adquiere información externa y la aplica para reinventar la organización, necesitas hacerte dos preguntas generales. Primero, ¿cómo identifica, importa, analiza, difunde y utiliza la organización los datos estructurados y no estructurados para revelar las necesidades desatendidas de los clientes, identificar oportunidades para la innovación y generar una visión rápida para las decisiones? Y, segundo, ¿qué se puede hacer para mejorar el proceso de cinco pasos?

## OBSESIÓN POR EL CLIENTE

La competitividad exige que una organización busque obsesivamente nuevas formas de agregar valor de cara al cliente, por lo que, en un ecosistema orientado al mercado, la creación de oportunidades se antepone al aumento de la participación en el mercado, pero estas oportunidades funcionan cuando la organización comprende profundamente las necesidades de los clientes y anticipa lo que quieren, incluso cuando ellos mismos no pueden articularlo. En un famoso ejemplo de este fenómeno, Apple creó el iPhone, un producto que ningún cliente había pedido (aún) —pero que apreciarían plenamente—, y ya sabemos el final de la historia. El objetivo es motivar un cambio mental, pasando de servir a los clientes a anticipar sus necesidades, lo que requiere una comprensión integral de las preocupaciones y las necesidades de los clientes, por lo que la mejor manera de lograrlo es involucrándolos en la creación de los productos. De las empresas que estudiamos, Amazon y Huawei son, con diferencia, las que muestran una mayor obsesión con los clientes.

Para aumentar la pasión por sus clientes, tu organización debe responder a las siguientes preguntas: ¿cuáles son los desperdicios y costes ocultos en los que incurren los clientes para acceder y usar tu producto o servicio?, ¿cómo puedes ser más amigable y eficiente con tus clientes mediante el uso de la tecnología?, ¿qué usuarios no compran actualmente tu producto o servicio y por qué no? ¿Cómo podemos atraer usuarios potenciales si somos más baratos, más rápidos, más sencillos, más accesibles o mejores, en cualquier otra forma?

**Cuadro 4.4 Niveles de interacción con el cliente**

| | |
|---|---|
| **4** **Anticipación** | A partir de oportunidades de mercado, la organización anticipa las necesidades de los clientes antes de que ellos las pidan. |
| **3** **Alianza** | La organización se asocia con los clientes para cocrear productos y servicios. |
| **2** **Servicio** | La organización ofrece a los clientes buenos servicios mediante un control estricto de sus expectativas. |
| **1** **Transacción** | La organización lleva a cabo las entregas, poniendo el foco en el precio y en características básicas del producto. |

Descubrimos cuatro niveles de interacción con el cliente (cuadro 4.4). En primer lugar, el orden más alto de la interacción con el cliente, así como el más estratégico, es el cuarto y más alto nivel: anticipación. La anticipación al cliente puede provenir de datos estructurados, donde las estadísticas resaltan lo que los clientes líderes e innovadores están haciendo, pero también puede provenir de una percepción del mercado, donde líderes y empleados se convierten en antropólogos que identifican las necesidades de los clientes antes que ellos mismos.

Mobike, recientemente adquirida por Meituan, es un ejemplo de una empresa obsesionada con el cliente. Si bien el transporte público (como los autobuses y el metro) es muy conveniente en China, rara vez se conecta de puerta en puerta; los viajeros deben caminar de diez a veinte minutos entre la parada de autobús o el metro y su hogar o destino. Aunque los taxis ofrecen servicio puerta a puerta, la congestión durante las horas punta de tráfico los convierte en una alternativa poco conveniente. Por tanto, al ver cómo cientos de millones de personas se enfrentaban a estos desafíos para ir al trabajo o la escuela, Mobike comenzó a ofrecer una solución al denominado «problema de la última milla», la larga caminata entre el transporte público y el hogar, la escuela o la oficina. Con Mobike, las personas pueden recoger y dejar una bicicleta en cualquier lugar. Simplemente escaneando un código QR, se desbloquea la bicicleta para que llegues a tu oficina, tu escuela o tu casa. Cuando vuelves a bloquear la bicicleta, la tarifa —bastante baja, menos de 50 centavos de dólar— se deduce automáticamente de WeChat Pay[12].

Los ecosistemas más exitosos orientados al mercado anticipan las necesidades de los clientes de cualquiera de las siguientes maneras:

- **Visualizar a los clientes de tus clientes:** cuando una empresa tiene información externa sobre la clientela de sus propios clientes, puede encontrar nuevas formas de atenderlos a ambos. Por ejemplo, Amazon AWS comenzó prestando servicios a clientes internos (grupos de negocios minoristas), pero ofrece apoyo a los clientes de sus clientes (socios comerciales a los que atienden los grupos de negocios minoristas)[13].

- **Compartir clientes entre células y socios:** los clientes de una célula también pueden acceder a otras. Por ejemplo, el mercado Whole Foods de Amazon puede servir como distribuidor de negocios minoristas en línea, al ser un lugar donde los clientes pueden recoger sus productos en lugar de enviárselos. Al hacer esto, también genera tráfico y crea nuevas oportunidades de ventas para Whole Foods Market. Del mismo modo, Tencent y sus socios estratégicos generan tráfico de usuarios entre ellos.

- **Tener datos profundos** *(deep data)* **sobre los clientes para anticipar sus patrones de compra:** cuando esta forma de *big data* se comparte entre socios comerciales, se puede crear una gran cantidad de valor. Alibaba, en particular, realiza un trabajo excepcional de intercambio de datos entre diferentes equipos de negocios y socios estratégicos para formar un perfil integrado de usuarios con sus preferencias y comportamientos de compra[14].

- **Ser cliente:** sin duda, al ser clientes ellos mismos, los líderes y empleados de los ecosistemas orientados al mercado reconocen qué productos o servicios están o no disponibles en el momento. Por ejemplo, los líderes de Tencent y muchos de sus empleados también son grandes usuarios de sus propios productos y saben de primera mano lo que se espera de ellos.

Como se ha demostrado en esta sección, para obtener una comprensión profunda de los clientes, debes pensar continuamente como ellos y en ellos. Por ejemplo, pregúntate: ¿mi organización interactúa de forma cercana con clientes y usuarios?, ¿su participación se limita a los niveles básicos de la transacción o servicio o se involucra a mayor nivel, mediante alianzas y anticipación? o ¿qué puedo hacer para mejorar el nivel de intimidad y centralidad en el cliente?

Comprender las necesidades reales (a menudo no expresadas) de los clientes es uno de los primeros pasos para reinventar tu organización para que se oriente al mercado. No se pueden crear nuevas oportunidades sin ver los puntos críticos.

## INNOVACIÓN CONSTANTE

En la actualidad, hacer negocios supone examinar cada aspecto y preguntarse: «¿Podemos hacerlo mejor? ¿Podemos hacer esto de una forma completamente nueva?». En la era digital, la disposición y la capacidad de mejorar de forma continua (como mínimo) o de destruir la realidad actual y presentar algo verdaderamente disruptivo y nuevo (en el mejor de los casos) implica que los ecosistemas orientados al mercado deban innovar en todos los aspectos a lo largo de la cadena de valor: modelos de negocio, cadenas de suministro, rendimiento de producto, sistemas que rodean a la oferta, canales de distribución, fabricación, servicio, desarrollo de talento, marca...; en fin, todos los aspectos.

La innovación está integrada como una capacidad en el ecosistema cuando cada célula experimenta con nuevas ideas y las comparte con otras. Las células deberán estar cuestionando, observando y experimentando con nuevas ideas o integrando varias ideas de nuevas maneras. En Amazon, por ejemplo, una idea innovadora se articula en su llamado ejercicio de comunicado de prensa y preguntas frecuentes (PR&FAQ), que obliga a los empleados a articular claramente el valor de todas las innovaciones de cara al cliente, una práctica que obliga a todos a basar su innovación en las necesidades del cliente. Luego, Amazon experimenta con esta idea mediante lo que denomina «equipos de dos *pizzas*» (*two-pizza teams*), pues ningún equipo debería tener más personas de las que se pueda alimentar con dos *pizzas*. Además, AWS facilita la tarea de mantener los equipos. También en Amazon, tanto las innovaciones exitosas como las que fracasan se consignan en un documento *post mortem* llamado «colección de errores», que se puede compartir abiertamente con otras unidades[15].

En Supercell, los desarrolladores de juegos siempre pueden proponer nuevos conceptos basados en sus intereses y pasiones. Una vez que se aprueba una idea de juego con métricas acordadas, se forma un pequeño equipo de desarrollo de entre cinco y siete personas. Entonces, los juegos nuevos son juzgados según las métricas acordadas, tras lo cual se lanzan o, en la mayoría de los casos, se disuelve el equipo. Sin embargo, para fomentar la innovación, Supercell reconoce los esfuerzos del equipo, incluso si, después de trabajar duro durante varios meses, no se logran los objetivos acordados. El equipo celebra incluso los fracasos, porque implican que los miembros han aprendido algo nuevo y que compartirán libremente con otros equipos lo que salió y no salió bien[16].

La innovación requiere de organizaciones que piensen en grande, prueben en pequeño, fracasen rápidamente y aprendan de los fracasos. De estos cuatro mantras para la innovación, los más difíciles son los compromisos sobre fracasar rápido y aprender siempre, es decir, reconocer cuándo es hora de trascender un fracaso y transferir este aprendizaje a futuras iniciativas. En un MOE, la respuesta del mercado a un producto o servicio responde a la filosofía «fracasa rápido»; gracias a la fácil formación de nuevas células, el fracaso se vuelve útil, pues sus ideas pueden pasar a otro equipo.

Además, innovación también requiere personas curiosas, pues estas innovan mediante preguntas, explorando opciones, viendo el potencial, experimentando y viendo el fracaso como una oportunidad de aprender. Si se desea innovar en la empresa y el ecosistema, haz todo lo posible por contratar personas curiosas, respáldalas y recompénsalas.

Para garantizar que la creatividad, la curiosidad y la apertura al cambio impregnen tu organización, hazte las siguientes preguntas sobre tu enfoque hacia la innovación: ¿mi organización es capaz de innovar?, ¿en qué medida innovamos, solo en el desarrollo de producto o en toda la cadena de valor?; ¿en qué medida es disruptivo nuestro proceso innovador, incremental o radical?, ¿y cómo de rápido?; ¿qué se puede hacer para proporcionar la atmósfera y el apoyo adecuados para que en todos los niveles se piense en grande, se pruebe en pequeño, se fracase rápido y se aprenda de los errores?; y ¿cómo se comparten los éxitos y los fracasos entre equipos para promover este aprendizaje?

## AGILIDAD EN TODAS PARTES

¿Cómo podemos reaccionar rápidamente para actualizar un producto o servicio? ¿Cómo podemos fracasar rápida y económicamente para probar una nueva idea? Cuando algo nuevo funciona, ¿cómo podemos escalarlo con rapidez para aprovechar la oportunidad (y mantener alejados a los competidores)? ¿Como se pueden movilizar los escasos recursos de la empresa para aprovechar al máximo las oportunidades?

La agilidad parece ser la capacidad de moda, puesto que implica responder rápidamente y anticipar las oportunidades de los mercados emergentes. Las compañías ágiles adoptan el cambio, aprenden continuamente y actúan de manera rápida y flexible. En un mundo de cambios implacables, donde la agilidad estratégica diferencia las estrategias empresariales ganadoras de las perdedoras, la agilidad organizacional y personal hace que el cambio se muestre aún más rápido. Aquellas organizaciones que destacan por su agilidad ganan en los mercados de clientes e inversores y las personas más ágiles encuentran bienestar personal y ofrecen mejores resultados comerciales.

Las organizaciones que no pueden cambiar al ritmo de sus exigencias externas pueden quedarse atrás rápidamente y no volver a ponerse al día. Cuando WeChat se lanzó en 2011, Xiaomi lanzó otro producto llamado

MiLiao aproximadamente al mismo tiempo. Con la velocidad vertiginosa del desarrollo de producto, de forma semanal o incluso diaria, el equipo de WeChat mejoró con rapidez su funcionalidad y facilidad de uso, y finalmente tomó la delantera del mercado. Y es que la agilidad aumenta la capacidad de innovación de una empresa, puesto que una respuesta rápida a futuras oportunidades de clientes constituye un elemento diferencial para las organizaciones ganadoras. Del mismo modo, un MOE está posicionado de manera única para fomentar la agilidad, como es el caso del equipo WeChat, totalmente capacitado, con autoridad, responsabilidad e información para aprovechar nuevas oportunidades y apoyado por una plataforma sólida. Por ejemplo, la infraestructura tecnológica de Tencent ayudó a WeChat a pulir su almacenamiento, capacidad de procesamiento y ancho de banda. En los ecosistemas orientados al mercado, las células independientes también están conectadas entre sí para compartir recursos y garantizar una reacción ágil[17].

La agilidad requiere que los miembros del equipo puedan aprender y crecer como líderes o empleados; es, al mismo tiempo, una mentalidad que abarca crecimiento, curiosidad y otras cualidades creativas, un conjunto de habilidades que respaldan esta filosofía, como la capacidad de hacer buenas preguntas y de conectar las habilidades empresariales con la imaginación. La agilidad de aprendizaje de un líder, es decir, la capacidad de aprendizaje rápido es un indicador clave de un liderazgo efectivo.

Debido a que la agilidad individual proviene en parte de la predisposición o naturaleza de una persona, una organización puede contratar personas que son «naturalmente» ágiles, es decir, que aprenden, cambian y actúan rápidamente. No obstante, una organización también puede mejorar su agilidad individual motivando a sus empleados a hacer preguntas y asumir riesgos, experimentar con nuevas ideas y acciones, mejorar mediante la identificación de lo que funciona y de lo que no funciona, observando a otros, embarcándose en retos... Por ejemplo, Facebook contrata intencionalmente a personas audaces, rápidas, a quienes les gusta construir; y Microsoft, bajo el liderazgo de Nadella, pone el énfasis en el crecimiento para el aprendizaje y la experimentación.

Una agilidad generalizada garantiza que las diferentes unidades de los ecosistemas orientados al mercado y las personas que los ocupan aprendan, cambien y se muevan rápidamente. Al igual que las fuerzas especiales militares, estos equipos de élite se adaptan sin problema a las oportunidades y requerimientos a medida, ya que la agilidad pasa a ser una forma de vida.

Mientras trabajas para difundir la agilidad en todas partes de su ecosistema, hazte las siguientes preguntas para evaluar tu posición actual y aplicar posibles mejoras: ¿cómo de ágil es tu organización en la conquista de un nuevo espacio de mercado o la mejora de los productos y servicios existentes?, ¿cómo de ágil es a la hora de desplegar y compartir recursos internos en torno a nuevas oportunidades? Y ¿cómo se puede mejorar la agilidad organizacional e individual a nivel interno?

## 5. CAPACIDADES CRÍTICAS EN LOS ECOSISTEMAS ORIENTADOS AL MERCADO

En los ecosistemas que estudiamos, las cuatro capacidades anteriores (detección externa, obsesión por el cliente, innovación constante y agilidad en todas partes) se integran a menudo en algunas de las unidades individuales de la organización, pero, más allá de eso, estos atributos se comparten regular y sistemáticamente entre las unidades individuales, para que estas capacidades impregnen todo el ecosistema, no solo las unidades individuales. El cuadro 4.5 resume nuestra evaluación de las capacidades de las empresas orientadas al mercado que estudiamos. Antes de nada, deben tenerse en cuenta dos advertencias para el análisis: estas compañías califican mucho mejor en las cuatro capacidades del ecosistema que las compañías promedio, pues las calificaciones solo comparan a las ocho empresas que estudiamos; y existe una variación sustancial en las fortalezas de capacidad de las diferentes unidades dentro de estos ecosistemas. La tabla muestra nuestras evaluaciones de las capacidades generales de los ecosistemas.

**Cuadro 4.5 Capacidades base dominantes en ocho ecosistemas orientados al mercado**

De mayor importancia (gris oscuro) a menor importancia (blanco).

| Ecosistema | Detección externa | Obsesión por el cliente | Innovación constante | Agilidad en todas partes |
|---|---|---|---|---|
| Supercell | ● | ◐ | ● | ● |
| Facebook | ● | ○ | ● | ● |
| Google | ● | ◐ | ● | ● |
| Huawei | ● | ● | ● | ● |
| Tencent | ● | ● | ● | ● |
| Alibaba | ● | ● | ◐ | ● |
| Amazon* | ● | ● | ● | ● |
| DiDi | ● | ◐ | ● | ● |

*Negocios minoristas

Como muestra la tabla, estas compañías exitosas son expertas en detección externa, una capacidad crítica que permite a los ecosistemas ver sus oportunidades de mercado y adquirir, analizar y aplicar la información. Las fortalezas varían alrededor de las otras tres capacidades, dependiendo de las prioridades:

- **Obsesión por el cliente:** Amazon se esfuerza por convertirse en la «empresa global más centrada en el cliente»; Tencent pone el foco en mejorar la experiencia del usuario, lo que se refleja en todas sus prácticas; Google, en cambio, pone relativamente menos énfasis en esta capacidad porque está más orientado a la tecnología que al cliente; lo mismo que Supercell, cuya fuerza principal es la creatividad y cuya filosofía consiste en liderar a sus clientes en lugar de seguirlos. En este sentido, Facebook obtiene una calificación relativamente baja, debido al uso excesivo de los datos del cliente para la monetización, y Didi concede la prioridad al crecimiento en el *holding* de viajes compartidos, relegando la seguridad de los pasajeros a una posición más baja. De hecho, la capacidad de obsesión por el cliente deficiente de Facebook y DiDi supone, en términos de confianza de inversores, compromiso de los clientes, compromiso de los empleados y responsabilidad social, un obstáculo para su agilidad.

- **Innovación constante:** Amazon es reconocida como una de las empresas más innovadoras por la revista *Fast Company*, debido a su capacidad de lanzar constantemente nuevos productos y negocios ganadores. En comparación, no se ha reconocido hasta hace poco a Huawei por su innovación tecnológica; sus puntos fuertes solían ser servir y responder a las necesidades del cliente con costes más bajos y un servicio de respuesta rápida.

- **Agilidad en todas partes:** Supercell forma y disuelve equipos de desarrollo con gran velocidad, promoviendo o eliminando rápidamente nuevos juegos de acuerdo con su desempeño; Alibaba también es muy flexible a la hora de iniciar cambios organizacionales y de rotar personas a través de las unidades; DiDi conquista y domina nuevos espacios de mercado con una agilidad admirable; y, en cambio, Huawei se enfoca menos en este dominio, porque su prioridad es ofrecer productos y soluciones complejas, probadas y confiables a operadores de telecomunicaciones a nivel global.

## 6. IMPLICACIONES GERENCIALES

Los equipos autónomos, de alto rendimiento y de respuesta rápida son importantes, por supuesto, pero, cuando estos equipos están interconectados entre sí, multiplican su impacto. Como se describe en este capítulo, los ecosistemas orientados al mercado de alto rendimiento que estudiamos tienen cuatro capacidades críticas que tejen equipos autónomos en redes interconectadas: la detección externa permite a los equipos capturar y actuar sobre las oportunidades y amenazas actuales y futuras; la obsesión por el cliente ayuda a los equipos a anticipar quiénes serán los futuros clientes y a cómo atenderlos; la innovación constante permite a los equipos experimentar y mejorar; y la agilidad en todas partes los ayuda a actuar rápidamente y desarrollar ideas con impacto. En resumen, estas evaluaciones y acciones te serán de ayuda para crear o mejorar las cuatro capacidades.

Primero, determina qué capacidades críticas necesita tu empresa para alcanzar el éxito en su industria en los próximos tres a cinco años. ¿Sus capacidades actuales, como la calidad, el coste y la entrega, son lo suficientemente buenas como para lograr una diferenciación competitiva en la industria o simplemente ofrecen una paridad competitiva? ¿Las capacidades detección externa, obsesión por el cliente, innovación constante y agilidad en todas partes son críticas para el éxito de tu empresa en su industria? La importancia relativa de estas capacidades está vinculada a la industria a la que pertenece cada empresa (Supercell en desarrollo de juegos, Amazon y Alibaba en comercio electrónico, Tencent y Facebook principalmente en las redes sociales y Huawei en la fabricación de equipos de telecomunicaciones) y su misión.

Después, difunde estas capacidades críticas en todo su ecosistema, no solo dentro de una unidad organizativa. Identifica alianzas o socios críticos con los que tu empresa debería trabajar estrechamente para atender mejor a los clientes; innovar modelos, productos o servicios; y actuar con agilidad.

Luego, define el límite y los componentes del ecosistema. ¿Qué funciones deberían ir a la plataforma como recursos y capacidades compartidas? ¿Qué funciones se deben operar de forma autónoma como equipos de negocios? ¿Qué negocios no deberían ser administrados solo por su empresa, sino que deberían ser administrados en colaboración con sus socios estratégicos? ¿Qué socios estratégicos deben adquirirse como uno de sus equipos? Como líder, deberás tomar todas estas decisiones organizativas críticas al diseñar tu ecosistema.

Entonces, audita las capacidades actuales de tu plataforma, equipos y socios estratégicos e identifica los eslabones débiles: ¿cómo de fuerte es tu plataforma?, ¿son ágiles y están capacitados tus equipos de negocio?,

¿trabajas codo con codo con tus socios estratégicos? Para aquellas unidades que necesitan mejorar, prueba a desarrollar iniciativas que fortalezcan sus capacidades organizativas.

Para ello, crea vínculos y otros mecanismos mediante los cuales compartir recursos, datos, ideas y competencias con tus equipos, plataformas y socios estratégicos e identifica cualquier oportunidad para colaborar, apuntando a éxitos de beneficio mutuo: mecanismos de fijación de precios internos, misión y valores compartidos, incentivos compartidos, bases de datos o herramientas compartidas.

Finalmente, logra que los líderes de las unidades individuales se reúnan regularmente para compartir experiencias, iniciativas, ideas y lecciones aprendidas en la senda del desarrollo de capacidades; celebra el éxito y reflexiona sobre el fracaso; y anímalos a adaptar las ideas de otros en el ecosistema, así como a compartir sus experiencias. ¡La confianza y el éxito son tus recursos más valiosos para reinventar tu organización!

# 5. MORFOLOGÍA: ORGANIZARSE PARA REUNIR LAS CAPACIDADES CLAVE DEL ECOSISTEMA

Tanto Dave como Arthur poseemos apartamentos en conjuntos residenciales. Como propietarios, tenemos autonomía para remodelar y utilizar nuestras unidades como nuestras familias deseen, pero, al mismo tiempo, forman parte de condominios que establecen pautas y convenios sobre nuestra propiedad individual. Por ejemplo, las reglas prohíben las mascotas y el subarriendo (es decir, no se pueden usar para Airbnb) y se requiere una aprobación para cualquier obra. Además, el condominio administra las áreas comunes y compartidas (estacionamiento, mantenimiento de la recepción, conexión satelital, gimnasio, servicios públicos y jardines). Aunque somos propietarios con la libertad de comprar, usar y vender nuestras unidades, estas pautas garantizan que los edificios operen de manera efectiva.

La lógica organizacional de tener unidades autónomas con recursos compartidos existe en otros entornos, como los siguientes:

- **Asociaciones deportivas profesionales:** la Unión Europea de Asociaciones de Fútbol (UEFA) representa las asociaciones nacionales de fútbol en Europa, organiza las competiciones nacionales y de clubes y controla el presupuesto para premios, las regulaciones y los derechos de medios audiovisuales de estas competencias. Del mismo modo, la Asociación Nacional de Baloncesto (NBA), la Liga Nacional de Fútbol (NFL) y otras asociaciones profesionales establecen pautas para las competiciones. Los propietarios de equipos individuales tienen autonomía para comprar, administrar y vender sus equipos, pero la asociación garantiza que las ligas sean efectivas.

- **Centros comerciales:** en este tipo de distribución física, los propietarios individuales compran, administran y venden sus locales, pero la administración general establece pautas que rigen cómo funciona el centro comercial.

- **Capital privado:** desde 2004, el número de empresas que cotizan en bolsa en Estados Unidos ha disminuido aproximadamente un 50 %, gracias al aumento de las empresas de capital privado[1]. Estas empresas crean un fondo, adquieren compañías y deciden transformarlas. Las compañías que adquieren permanecen independientes pero recurren al apoyo financiero, estratégico y organizacional de los socios de capital privado para administrar mejor sus negocios.

En cada uno de estos casos (condominios, asociaciones deportivas, centros comerciales y firmas de capital privado), la organización «más grande» administra las unidades independientes, a la vez que ofrece supervisión y recursos que permiten que todo el conjunto sea más valioso que las partes individuales: un apartamento vale más si el edificio está bien mantenido; los equipos deportivos individuales adquieren valor a través de la sabia gobernanza de una asociación; los centros comerciales bien administrados atraen más clientes para los propietarios de tiendas individuales; las empresas adquiridas que aprovechan el apoyo financiero, estratégico y organizacional de los socios de capital privado se vuelven más exitosas...

Este capítulo se enfoca en cómo estructurar un ecosistema orientado al mercado a través de elecciones de diseño organizacional que construyen el esqueleto adecuado para sostener y escalar las capacidades críticas de cada empresa. Con demasiada frecuencia, se pretende reinventar una compañía con el foco principal en su morfología, desembocando en un cambio drástico sin conocer el contexto ni responder al porqué de la reinvención (capítulo 2), identificar qué opciones estratégicas usar para impulsar la agilidad (capítulo 3) o aplicar las cuatro capacidades centrales del ecosistema (capítulo 4). Entonces, la reinvención organizacional no es más que un acontecimiento aleatorio y no sigue un patrón informado y constante.

Para rediseñar la organización, presentaremos tres bloques de construcción del ecosistema orientado al mercado —plataforma, células y aliados—, mostraremos cómo este nuevo enfoque reinventa el pensamiento tradicional del diseño de la organización y examinaremos cómo manejan nuestros casos de estudio cada uno de estos elementos de diseño. Como líder, no necesitas convertirte en un aficionado del diseño organizacional, pero es importante que reconozcas tus opciones para mejorar tu oferta de las cuatro capacidades clave: información externa, cliente, innovación y agilidad.

## 1. LENGUAJE Y LÓGICA DE DISEÑO DE UNA ORGANIZACIÓN ORIENTADA AL MERCADO

Los ecosistemas orientados al mercado se organizan a través de plataformas, células y aliados para ofrecer las capacidades críticas:

- **Plataformas:** bloque de construcción que proporciona a varias células del ecosistema actividades y recursos comunes de gran valor (tráfico de usuarios, grandes cantidades de datos, almacenamiento en la nube, investigación y desarrollo, cadena de suministro, logística y servicio al cliente) con el fin de tener éxito en sus respectivos mercados. De este modo, permiten que las células se centren en sus actividades principales. Las plataformas actúan como los condominios, ligas deportivas, administración de centros comerciales o grupos de capital privado; son centros cuyo apoyo, recursos y gobernanza permiten que el conjunto valga más que las partes individuales.

- **Células (o equipos de negocios):** partes de un ecosistema que son como los apartamentos individuales, equipos deportivos, tiendas de centros comerciales o empresas adquiridas por sociedades de capital privado. En un ecosistema, estas células anticipan y sirven a los clientes, aprovechan nuevas oportunidades y superan a los competidores al ofrecer productos o servicios mejores o diferenciados. También generan ideas, realizan experimentos, crean negocios cuando resulta apropiado y desisten de otros cuando, por desgracia, no lo son.

- **Aliados (o socios estratégicos):** bloques de construcción de ecosistemas que complementan las actividades de la plataforma o de las células. Por ejemplo, los propietarios de apartamentos pueden usar contratistas para renovar sus unidades individuales, los equipos deportivos pueden formar una asociación con expertos para ayudarlos a ganar en su liga y los empresarios pueden contratar a expertos para administrar mejor sus tiendas. En los ecosistemas orientados al mercado, los aliados o socios estratégicos brindan otras contribuciones esenciales, tales como experiencia, productos, servicios y acceso, que pueden llegar a marcar la diferencia por ofrecer información especializada que contribuya al éxito de las células individuales.

El cuadro 5.1 es una imagen genérica de cómo se vería esta organización con plataformas, células o equipos y aliados conectados dentro de un ecosistema (consulta el cuadro 1.2 para ver cómo Supercell se adapta a estos términos). Las líneas de conexión representan capacidades y recursos compartidos cuyo resultado es hacer que el todo sume más que las partes. Si te pidieran dibujar tu propia organización, ¿cómo sería ese dibujo?, ¿reflejaría la lógica del ecosistema en el cuadro 5.1?

Como se discutió en el capítulo 4, la fortaleza diferencial del ecosistema orientado al mercado es el desarrollo capacidades no solo en las células individuales o equipos, sino en todo el ecosistema. ¿Cómo influye el funcionamiento conjunto de la plataforma, las células y los aliados en el desarrollo de capacidades críticas del ecosistema?

# CAPÍTULO 5. MORFOLOGÍA: ORGANIZARSE PARA REUNIR LAS CAPACIDADES...

**Cuadro 5.1 Descripción general de la estructura del ecosistema orientado al mercado en diferentes negocios**

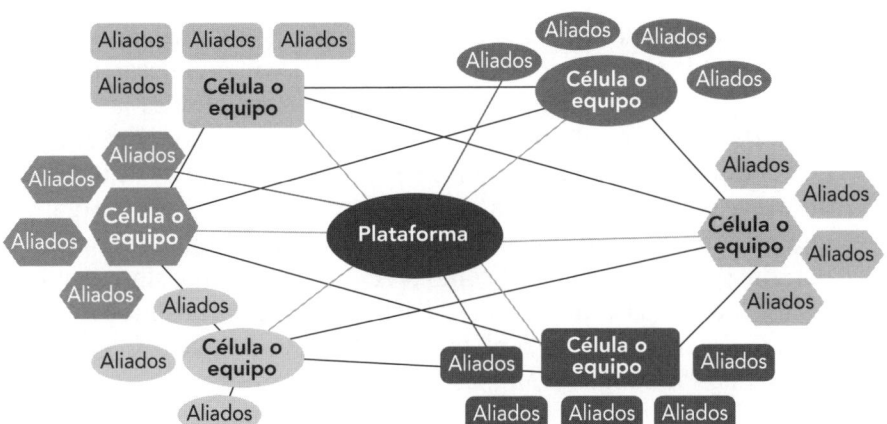

- **Detección externa:** la plataforma recopila, integra y analiza grandes cantidades de datos provenientes de diferentes células, ayudando a las células individuales a tomar decisiones informadas que no podrían tomar por sí mismas. Gracias a su amplia experiencia y acceso a un gran conjunto de información relevante para una célula emprendedora, la plataforma puede suministrar esa información a la célula.

  Por ejemplo, grandes plataformas como Amazon o Alibaba comparten perfiles integrados de clientes con sus equipos comerciales para obtener recomendaciones más personalizadas. Y DiDi recopila datos de tráfico en tiempo real de diferentes servicios (transporte de taxis, transporte de automóviles privados, chófer, autobús, minibús y limosinas) en su aplicación principal para ofrecer mejores recomendaciones de ruta a sus usuarios[2].

- **Obsesión por el cliente:** las plataformas ricas en información, combinadas con la experiencia de expertos creativos del interior de la célula, pueden identificar las necesidades actuales del cliente e incluso anticipar necesidades y deseos futuros a partir de un análisis en conjunto. Por ejemplo, utilizando grandes volúmenes de datos, DiDi puede predecir con precisión el patrón de la demanda de los pasajeros y dirigir los coches adecuados al lugar y en el momento correctos. Del mismo modo, Amazon y Alibaba recuerdan a los clientes sus necesidades latentes mediante el uso de recomendaciones específicas.

- **Innovación constante:** prestando atención a la información externa para percibir las necesidades del cliente, así como el desarrollo del espíritu emprendedor de las células o equipos, se impulsa la innovación. Por ejemplo, al observar la costumbre china de intercambiar paquetes rojos durante el Año Nuevo chino, WeChat Pay utilizó esta información del cliente para presentar sus paquetes rojos virtuales, que permiten compartir bendiciones con amigos y familiares, no solo durante fiestas importantes, como el Año Nuevo Chino, sino también en muchas otras celebraciones. Dicha innovación no hubiera sido posible sin el soporte de la plataforma de WeChat, que une a cientos de millones de amigos y familias[3].

- **Agilidad en todas partes:** menos limitadas por restricciones de recursos y equipadas con conocimiento y acceso a funciones, datos y tecnologías clave, las células o equipos pueden mejorar e innovar nuevos negocios mucho más rápido que antes, al contar con plataformas de ecosistema que ofrecen a las células soporte de *plug-and-play* (enchufar, conectar y usar). Por ejemplo, Amazon puede experimentar nuevas ideas mediante un equipo de dos *pizzas* con acceso a una plataforma AWS sólida, lo que permite que el equipo comience con un proyecto pequeño y pueda fallar rápidamente a un coste bajo y sin un compromiso de recursos relevante.

Como líder, puedes tomar y supervisar las decisiones sobre plataformas, células y aliados (socios estratégicos). Estas habilidades te permitirán reinventar tu organización para ofrecer un valor radicalmente mayor.

## 2. ECOSISTEMAS ORIENTADOS AL MERCADO Y OTRAS LÓGICAS ORGANIZACIONALES

Para aclarar la forma en que el ecosistema orientado al mercado reinventa la organización, comparémoslo con una compañía *holding* o una firma multidivisional, ya que algunos observadores ven este ecosistema como una simple repetición de las formas organizativas tradicionales. Sin embargo, se articula un modelo organizacional novedoso, sustancialmente diferente a estos dos modelos tradicionales, tanto en estructura como en sustancia (cuadro 5.2). Revisando la tabla, puede marcar lo que mejor identifica a tu empresa en cada dimensión y así evaluar su posición en relación con el ecosistema orientado al mercado.

**Cuadro 5.2 Comparación de compañías *holding*, empresas multidivisionales y ecosistemas orientados al mercado (MOE)**

| Compañía *holding* tradicional | Empresa multidivisional tradicional | MOE |
|---|---|---|
| **Roles de los líderes generales** Administrar el portafolio, establecer metas y KPI. | Los grandes cerebros que establecen una dirección desde arriba y dicen a los demás qué hacer; principalmente preocupados por crear valor para los accionistas. | Establecer la misión y los límites del ecosistema, especificando los roles y las funciones de las diferentes unidades y definiendo cómo deben colaborar las unidades y las personas. |
| **Roles de los líderes de unidad** Son contratados y trabajan como gerentes profesionales en diferentes empresas. | Asignados como agentes de su sede para garantizar el cumplimiento y la ejecución de la estrategia aprobada. | Líderes de células o equipos que definen e investigan oportunidades de mercado como emprendedores; son agentes en sí mismos, con responsabilidad personal, por sus elecciones de carrera y éxito. |
| **Formulación de la estrategia** Estrategia del portafolio en el *holding* con el fin de decidir en qué empresas invertir y en cuáles no. | Decidido desde arriba o con un compromiso parcial de abajo hacia arriba de las unidades de negocio; debate principalmente interno, discusión descendente. | Basado en la capacidad de las personas de primera línea para anticipar oportunidades de mercado (necesidades del cliente) y en la habilitación tecnológica; la estrategia evoluciona rápidamente de acuerdo con los resultados (mostrados en los datos). |

| Compañía *holding* tradicional | Empresa multidivisional tradicional | MOE |
|---|---|---|
| **Roles de la sede central**<br>Se centra en el apalancamiento y control financiero. | Un grupo de gobernanza que asigna recursos y reconocimientos y responsabiliza a las personas; roles primarios de control y cumplimiento. | Una plataforma de competencias y recursos para capacitar a los equipos para ganar en el mercado en lugar de garantizar el control y el cumplimiento de los equipos. |
| **Roles de las unidades de negocio**<br>Grupo de empresas altamente independientes que actúan por su cuenta. | Unidades corporativas organizadas en torno a un producto o servicio, industria o región geográfica que a menudo conducen a una matriz. | Equipos o células que actúan más como pequeñas empresas que responden a las oportunidades del mercado; también conectados dentro del ecosistema para crecer más rápido y mejor. |
| **Control**<br>Control del *holding* principalmente a través del rendimiento financiero. | Control a través de reglas, aprobaciones y objetivos (gestión por objetivos, KPI): «encadenados por reglas y políticas». | Control a través del mercado (recompensa basada en el éxito y la contribución del mercado) y mentalidad autónoma: «sin cadenas y autónomo». |
| **Coordinación**<br>Poca coordinación entre empresas. | Derechos de decisión negociados, a menudo en una matriz RACI; tiempo dedicado a la organización para descubrir quién hace qué. | Roles claros de plataformas y equipos, acoplamiento flexible y relaciones orientadas en el mercado para garantizar la colaboración entre unidades y capacidades de red. |

Nota: KPI (indicadores clave de rendimiento); RACI (responsabilidad, *accountability*, consultoría, información, por sus siglas en inglés).

## 3. COMPAÑÍAS *HOLDING*

Si trabaja en una compañía *holding*, el ecosistema orientado al mercado puede mejorar tu situación, ya que genera sinergia y soporte entre equipos y plataformas del negocio. La compañía *holding* tiene una estrategia centralizada y radial, es decir, un centro pequeño, como recurso compartido, rodeado de radios, cada uno de los cuales representa una oportunidad de negocio. Abundan los ejemplos de empresas con este enfoque: Berkshire Hathaway, Virgin Group, Tata Group y Danaher. Sin embargo, las empresas representadas por estos radios son independientes y no se encuentran conectadas entre sí, por lo que hay poco intercambio de información sobre clientes, innovación o formas de actuación ágil; el desafío de la mayoría de estas empresas es la falta de sinergia, puesto que, en estos casos, el total vale menos que la suma de las partes o la suma del valor individual es mayor que el valor de mercado de la empresa matriz. De hecho, muchas compañías *holding* se han dividido para aprovechar este valor individual de mercado.

El ecosistema orientado al mercado no es un *holding*, debido al soporte de la plataforma; una compañía *holding* pura tiene negocios autónomos que envían recursos (ganancias) a la sede principal, mientras que, en un ecosistema, ocurre lo contrario: la mayoría de las células toman recursos porque la plataforma es quien apoya activamente su éxito. Las compañías *holding* tradicionales se centran en los resultados financieros de su porfolio de negocios, mientras que, en los ecosistemas orientados al mercado, la formación y los recursos se comparten desde la plataforma hacia y desde las células y entre las células. Estos recursos no se enfocan solo en obtener el éxito financiero, sino en anticipar oportunidades ambientales, traer agilidad estratégica y nuevas capacidades al ecosistema.

También las empresas de capital privado están utilizando esta lógica del ecosistema, porque han evolucionado a partir de un modelo de compañía *holding* pura, adquiriendo y rediseñando financieramente una empresa para que pueda volver al mercado. Hoy en día, la mayoría de las empresas de capital privado proporcionan ideas estratégicas y organizacionales para transformar las más individuales y así hacer que la empresa matriz de capital privado adquiera más valor.

Otra forma en que un ecosistema orientado al mercado difiere de una compañía *holding* radica en las conexiones entre células. Si bien cada una opera de manera independiente, las células también contribuyen al éxito de la red principal mediante una cooperación estrecha entre ellas, compartiendo capacidades clave e incluso desarrollándolas en conjunto, como se discutió en el capítulo 4.

## EMPRESA MULTIDIVISIONAL

En una empresa multidivisional, un MOE puede servir para fomentar la agilidad, la orientación al mercado y el emprendimiento en diferentes equipos de negocios. En una empresa multidivisional tradicional, se forman divisiones para asignar responsabilidades y tareas, desembocando a menudo en silos para el control y la coordinación. A veces, estas divisiones representan las diferentes funciones, en donde cada división tiene una gran experiencia (investigación y desarrollo, cadena de suministro, manufactura, comercialización y atención al cliente). Debido al desafío de la colaboración entre estas unidades funcionales, las organizaciones crean equipos interdisciplinarios, enlaces y otros mecanismos para trabajar de manera transversal en estos silos. Otras veces, la empresa multidivisional crea negocios separados por producto, cliente o área geográfica, manteniendo por supuesto una supervisión corporativa rigurosa, con mecanismos internos para la asignación de recursos. La empresa multidivisional puede convertirse en una matriz de responsabilidades por función, producto, cliente y área geográfica, y requiere procesos de toma de decisiones complejos, que a menudo resultan dispendiosos, para supervisar el trabajo.

Independientemente de su forma (funcional, divisional o matricial), la organización multidivisional no puede confundirse con el ecosistema orientado al mercado. En lugar de centrarse en el control y el cumplimiento internos desde la matriz, la plataforma de un ecosistema como Supercell o Alibaba se centra en empoderar y permitir externamente que los equipos sean exitosos en el mercado. Los líderes y demás ejecutivos de las empresas multidivisionales suelen miran hacia arriba en la jerarquía en busca de orientación; en un ecosistema orientado al mercado, se busca orientación en el mercado. Por ejemplo, Supercell o los estudios de desarrollo de juegos de Tencent, las células o los equipos se comportan como nuevos proyectos autónomos dirigidos por un líder con espíritu emprendedor. La responsabilidad frente a los resultados, la autoridad y el reconocimiento por rendimiento están en línea con las células. En los MOE, la relación entre las plataformas y las células genera una colaboración de beneficio mutuo basada en una relación del mercado interno en lugar de un comando y control. El poder cambia de las plataformas a los equipos, porque estos se consideran clientes internos a los que se debe atender[4].

Del mismo modo que ocurre una reinvención interna en las industrias, los productos y las experiencias de los clientes, también existe una reinvención organizacional. Los tipos de organización actual no son ni *holdings* ni empresas multidivisionales, sino que la lógica del ecosistema orientada al mercado y sus prácticas emergentes ofrecen una nueva forma de pensar y generar éxito: siempre tendrá una ventaja quien dé el primer paso una vez que los líderes reconozcan y adapten esta nueva forma de organización.

## EMPRESAS GRANDES Y PEQUEÑAS

Los ecosistemas orientados al mercado resuelven el clásico dilema organizacional de ser grandes y pequeños al mismo tiempo. Toda organización se esfuerza por evolucionar a medida que se logran economías de escala en términos de influencia de mercado, imagen de la marca, acceso a recursos, costes…; y, sin embargo, este crecimiento puede generar problemas de burocracia lenta y derrochadora. Del mismo modo, puede reducir el impulso emprendedor de personas en todos los niveles, debido a los fuertes mecanismos de control y cumplimiento integrados característicos de las empresas multidivisionales.

Al invertir y construir una plataforma sólida para ofrecer los mejores recursos compartidos y experiencia en funciones comunes (IT, cadenas de suministro, recursos humanos y finanzas…), el ecosistema orientado al mercado explota la fortaleza de las grandes empresas. Por otro lado, al impulsar equipos autónomos y automotivados que interactúan con clientes y competidores en los campos de batalla, se desata el impulso emprendedor de los líderes y miembros de estos equipos. Hasta la evolución del ecosistema orientado al mercado, estas dos ventajas en conflicto, el poder de las empresas más grandes y la capacidad de respuesta de las más pequeñas, no podían coexistir. (También se puede usar el término «centralizado» para «grande» y «descentralizado» para «pequeño»). En cambio, el MOE reúne estos dos elementos esenciales de manera increíblemente sinérgica, permitiendo que las pequeñas empresas crezcan a un ritmo sin precedentes y que las grandes empresas se muevan a velocidades asombrosas.

## 4. GESTIONAR UNA PLATAFORMA DE ECOSISTEMAS ORIENTADOS AL MERCADO

El principio organizacional primordial es el siguiente: todo lo que se puede o debe compartir está en la plataforma. Al llevar a cabo su misión, una plataforma ofrece recursos y competencias compartidos para respaldar y llevar al éxito a un grupo de células autónomas y aliados estratégicos. Usando la analogía del Servicio Aéreo Especial (SAS) del capítulo 4, las plataformas serían similares a los transportadores o bases aéreas que apoyan la operación de fuerzas especiales de élite en el campo de batalla.

Así, la plataforma potencia en lugar de controlar y debe crear las estructuras e incentivos correctos para alinearse con las necesidades y prioridades de los equipos, que serían sus clientes, a quienes sirven y potencian. Para crear sinergia, una plataforma altamente exitosa establece estándares comunes, de forma que herramientas, datos, códigos y procesos puedan compartirse fácilmente. Estas normas también facilitan las interconexiones que necesita el ecosistema; dado que, por definición, estos son altamente dinámicos, la plataforma deberá ser, a su vez, lo más flexible posible para proporcionar recursos esenciales de manera fiable.

### TIPOS DE PLATAFORMAS

A medida que las empresas evolucionan y crecen dentro de sus ciclos de negocios, un número mayor de actividades migran a la plataforma, ya que se requiere un alto grado de profesionalismo para que la empresa se constituya como de clase mundial. Hemos identificado tres tipos básicos de plataformas:

- **Soporte al negocio principal:** se entrelaza con las operaciones comerciales diarias de los equipos de negocios. Las funciones típicas incluyen investigación básica, compras, logística, conexión con el cliente y otros servicios. Por ejemplo, Huawei tiene cuatro elementos en su plataforma: laboratorios de investigación, cadenas de suministro, adquisiciones y manufactura, así como la Universidad de Huawei y el Servicio Interno de Huawei[5]. Asimismo, las dos plataformas de redes sociales de Tencent, WeChat y QQ, generan tráfico de usuarios para sus equipos y socios estratégicos.

- **Soporte tecnológico:** proporciona destreza tecnológica en el manejo de datos para los equipos de negocio. Sus funciones típicas incluyen almacenamiento de información e infraestructura informática, seguridad, codificación, datos de usuario, inteligencia artificial y herramientas de desarrollo. En Amazon, por ejemplo, AWS ofrece a los desarrolladores de *software* una infraestructura de almacenamiento de datos altamente escalable, confiable, rápida y accesible a bajo coste. Se trata de la misma de la que se sirve Amazon para albergar su red global de sitios web y se encuentra a disposición de cualquier desarrollador. Al reunir estas capacidades técnicas en microservicios (almacenamiento, pagos y búsqueda), AWS proporciona soporte técnico para equipos de negocios y aliados, permitiéndoles experimentar con nuevos productos o servicios y escalar operaciones maduras de forma rápida y económica. La infraestructura está diseñada como un servicio *plug-and-play*, es decir, para enchufar y usar[6].

- **Soporte funcional:** incluye gestión de estrategia, recursos humanos, finanzas, desarrollo de marca, relaciones públicas, relaciones con inversores, relaciones con el Gobierno y desarrollo de negocio. Huawei, por ejemplo, cuenta con una plataforma funcional que incluye recursos humanos, finanzas, desarrollo corporativo, estrategia de marketing, calidad, ciberseguridad y protección del usuario, relaciones públicas, relaciones gubernamentales, asuntos legales, auditoría interna, ética y cumplimiento, así como un comité regional conjunto.

## DISEÑO DE LA PLATAFORMA DE ALIBABA

Alibaba integra las dos capas, soporte de negocios y soporte tecnológico, y ofrece lo que ellos llaman una «plataforma intermedia» (entre el *front-end* y el *back-end*) a sus equipos y aliados[7]. Esta plataforma cumple varios roles de soporte en el ecosistema:

- Ofrece perfiles de clientes integrados a diferentes equipos de negocios y aliados para realizar marketing dirigido.

- Funciona como una plataforma de servicio técnico que ofrece infraestructura de IT, algoritmos, bases de datos y soporte computacional a los equipos de trabajo.

- Identifica los elementos comunes de los requerimientos de datos y tecnología de los diferentes negocios y convierte estos requisitos comunes en módulos de servicio estandarizados para ser utilizados por los equipos, como gerencia comercial, gestión de usuarios, carrito de compras, pagos, búsquedas y seguridad.

- Ofrece soporte en la gestión de cuentas de usuario y generación de perfiles y establece reglas en la codificación, el uso y la manera de compartir los datos.

## DISEÑO DE PLATAFORMA DE TENCENT

Posicionado como una empresa «conectora» y un asistente digital, Tencent aprovecha al máximo sus plataformas generadoras de tráfico (WeChat, QQ, su navegador y sus tiendas de aplicaciones) y su infraestructura tecnológica (la nube, las aplicaciones y la publicidad en redes sociales). Estas plataformas transforman las experiencias de usuario y la eficiencia operativa para sus equipos y sus socios en diversas industrias, incluyendo ventas minoristas, servicios de salud, finanzas, transporte, restaurantes, entretenimiento, servicios públicos, logística y educación, entre otros.

En 2014 ocurrió la batalla más feroz de servicios de taxi chinos (como Uber y Lyft) entre DiDi (respaldado por Tencent) y Kuaidi (respaldado por Alibaba). Durante ese período, DiDi experimentó varios tiempos de inactividad del sistema, al verse sobrepasado por la información, debido a un aumento dramático en el número de solicitudes de los clientes. Para hacer frente a este crecimiento inesperado, Tencent respondió con rapidez a la solicitud de DiDi de actualizar su infraestructura de IT, enviando un equipo de trabajo desde su Grupo de Tecnología e Ingeniería (una plataforma) a DiDi (un socio estratégico). Así, añadieron servidores de un día para otro, con el fin de manejar la explosiva demanda. Mediante esta estrecha cooperación entre los equipos investigación y desarrollo, DiDi fue capaz de manejar la situación y de vencer a Kuaidi, manteniendo también la lealtad de los usuarios. La plataforma tecnológica de Tencent permitió a su socio, DiDi, moverse rápidamente y ganar esta batalla comercial[8].

## FACTORES CLAVE DE ÉXITO PARA LAS PLATAFORMAS

Para que la plataforma cumpla su misión y sus roles estratégicos en el ecosistema, deben implementarse varios factores críticos:

- Excelencia en términos de experiencia. A menos que esté proporcionando un valor excepcional y un conocimiento amplio de los recursos que ofrece, no cumplirá su promesa a los equipos de ayudarles a ser exitosos. Entonces, las células quedarían desatendidas y podrían encontrar otra fuente para satisfacer sus necesidades.

- Comprensión profunda de las necesidades de los equipos de negocios y capacidad de ofrecer productos y soluciones que potencien estos esfuerzos. En un mundo acelerado y altamente competitivo, una solución inadecuada es una solución desechable, así como lo sería ofrecer un par de zapatillas desparejadas a Usain Bolt: se las probaría, pero, con toda seguridad, encontraría otro proveedor antes del pistoletazo de salida.

- Respuesta rápida ante los clientes internos, en lugar de pedirles que esperen en la fila para sus solicitudes. De lo contrario, la plataforma sería un obstáculo a la agilidad e innovación de las células y los aliados, y no serviría para empoderar a estos grupos.

- Aprendizaje entre redes, con el fin de que las células se beneficien de la misma comunidad. Es importante establecer normas y protocolos comunes para la gestión de información y el intercambio de recursos. Las plataformas más efectivas también ofrecen un menú de opciones, dependiendo de las necesidades únicas de cada negocio, en lugar de recetas que todo el mundo debe seguir.

En pocas palabras, la plataforma funciona para los equipos y necesita demostrar su valor cada día, tal como un consultor. Cuando todos los elementos trabajan juntos, ambas partes se benefician sobremanera, y las necesidades cambiantes de los equipos de negocios proporcionan un desafío constante para que la plataforma mejore, a veces lentamente, pero de manera constante, y, en otras ocasiones, a un ritmo muy rápido.

## 5. GESTIONAR CÉLULAS (O EQUIPOS) EN ECOSISTEMAS ORIENTADOS AL MERCADO

Los equipos constituyen los impulsores empresariales para el crecimiento y la rentabilidad del ecosistema. Si bien la plataforma desempeña un rol vital de fuerte respaldo en el *back-end* y de sinergia compartida, los equipos son los creadores directos de valor. Al igual que las fuerzas especiales de élite en el campo, son unidades autónomas que detectan y aprovechan las oportunidades del contexto, dando forma a nuevos mercados. Desde el punto de vista del ecosistema, los equipos individuales deben enfocarse en nichos de productos específicos y encajar como piezas de rompecabezas, siendo compatibles con los otros con poca superposición (si es que la hubiera). Así, cada equipo incorporará las funciones o la experiencia necesarias para su propio propósito, ya sea diseño y desarrollo de productos, operaciones, ventas o marketing. Dependiendo de la naturaleza del negocio, las células pueden asumir diversos roles: equipos de desarrollo (nuevos juegos en Supercell), equipos por categorías de producto (electrónica, moda, electrodomésticos, libros, alimentos frescos... en JD.com), equipos de producto (música, juegos en línea, materiales de lectura, animación y vídeo en Tencent) y equipos de servicio (taxis, coches compartidos y conductores *online* y *offline* en DiDi).

## TIPOS DE EQUIPOS DE NEGOCIOS

Los equipos de negocios operan de acuerdo con las oportunidades de negocio que están persiguiendo. Hemos identificado tres tipos:

- **Equipos jerárquicos:** presentes en negocios maduros cuyo foco es la eficiencia, no tanto la innovación. Por ejemplo, DiDi forma equipos jerárquicos para aumentar su participación de mercado y posicionarse como líder en negocios bien establecidos (taxis, coches privados compartidos, coches de lujo, autobuses). Se trata de equipos relativamente estables que reportan a un líder de unidad. Su misión es hacer crecer el negocio en nuevas ciudades y mejorar la eficiencia, vinculando las necesidades del cliente con la mejor solución[9]. Igualmente, Amazon tiene equipos jerárquicos estables para gestionar sus negocios de *retail* en Estados Unidos, sus almacenes y sus operaciones logísticas.

- **Equipos de proyecto:** se enfocan en proporcionar servicios como reacción a una oportunidad específica de un cliente o una tarea multifuncional (por ejemplo, trabajos de consultoría). A menudo, se requiere un alto nivel de personalización para satisfacer las necesidades específicas de los clientes. Por ejemplo, los equipos de proyecto de Huawei trabajan para identificar y aprovechar oportunidades de negocios, para lo que la empresa organiza células de trabajo con clientes en oficinas de diferentes países. Estos equipos, llamados de «triángulo de hierro», comprenden tres roles críticos: gestor de cuenta, experto en soluciones y experto en ejecución[10]. Trabajando juntos, anticipan, perfilan y responden rápidamente a las necesidades del cliente. Los equipos de proyecto son ampliamente utilizados en consultoría, fondos de capital privado, arquitectura y banca de inversión.

- **Equipos de innovación:** suelen crearse cuando una empresa pone el foco en crear nuevos productos o servicios en etapa experimental. Son pequeños y fluidos, para facilitar su crecimiento o su disolución, según sea el caso. Por ejemplo, el objetivo de muchos equipos de Amazon es innovar y experimentar continuamente con nuevas ideas para satisfacer las necesidades no satisfechas de los clientes y convertirse en la empresa más centrada en el cliente del mundo. Además, siguen la lógica de equipos de dos *pizzas*, de forma que las células son pequeñas y están compuestas solo por miembros con experiencia significativa. Tras recibir la aprobación por parte de un directivo, se forma un equipo que incluye un líder, expertos técnicos e ingenieros. Operando como una pequeña *start-up*, el equipo tiene autonomía total para desarrollar, crear prototipos y probar las ideas con el soporte de la plataforma en la nube y otras herramientas. Finalmente, tras una revisión periódica de su progreso, el equipo crecerá o se disolverá[11].

La mayoría de los ecosistemas orientados al mercado utilizan una combinación de estos tipos de equipos. Por ejemplo, Tencent tiene varios grupos de negocios de base (WeChat, entretenimiento interactivo, la nube, plataforma y contenido, tecnología e ingeniería) y utiliza una variedad de equipos jerárquicos, por proyecto y de innovación, dependiendo de la naturaleza del trabajo y de la etapa del ciclo de vida del negocio.

## FACTORES CLAVE DE ÉXITO PARA LOS EQUIPOS

El principio clave de organización para los equipos es la idiosincrasia o un diseño único para un negocio, producto o cliente en particular. Las células exitosas necesitan los mismos atributos que cualquier otro equipo de alto rendimiento:

- **Propósito:** los equipos de alto rendimiento requieren una clara sensación de propósito y la habilidad de articular resultados y objetivos de manera clara y precisa, rindiendo cuentas explícitamente. En Supercell, cada equipo de desarrollo de juegos tiene la misión de desarrollar un determinado género y se les dan las métricas de rendimiento antes de que el juego pueda lanzarse a gran escala.

- **Gobernanza:** los equipos funcionan mejor cuando saben con claridad quiénes forman parte de su célula, cuál debe ser su contribución, cómo se toman las decisiones y dónde reside la responsabilidad de cada uno. La gobernanza garantiza que el equipo tenga la autoridad adecuada para tomar decisiones comerciales e invertir recursos para ser exitoso en el mercado. En Supercell, un equipo de desarrollo de juegos con cinco o siete miembros principales —que generalmente incluyen un líder de juego, un líder de diseño, un líder de arte, un líder del cliente, un líder del servidor y un líder de administración de productos— tiene autonomía total para decidir la dirección y el destino del juego antes de que el producto entre en línea para su fase de prueba.

- **Relaciones:** el trabajo en equipo genera buenos resultados cuando existen altos niveles de confianza y de compromiso mutuo, en grupos donde los miembros del equipo se cuidan y se apoyan. La confianza permite que existan desacuerdos que no terminen en situaciones desagradables, previene que la tensión se convierta en agresión y ve el conflicto como un facilitador del cambio. En Supercell, se espera que todos los miembros del equipo contribuyan expresando sus pensamientos y opiniones, ya que se cree firmemente que los mejores equipos desarrollan los mejores juegos.

- **Incentivos:** para que los equipos tengan éxito como un todo y para lograr objetivos disruptivos, estas recompensas deben vincularse de manera clara y sólida al rendimiento del equipo en conjunto, puesto que responsabilidad por resultados, autoridad e incentivos deben estar alineados si el grupo va a tratar de realizar pequeños emprendimientos, con agilidad e impulso innovador. Esta práctica resultó exitosa para Tencent, que lanzó un juego tras otro con éxito.

- **Liderazgo:** dada la autonomía y los recursos de los que están dotadas las células, cada equipo debe ser dirigido por un líder empresarial integral que pueda emitir juicios empresariales sólidos, con fuertes aspiraciones de tener éxito y con hacer crecer el negocio. Hasta cierto punto, dicho líder desempeña el papel de propietario o empresario (no el de un gerente profesional) del equipo de negocios.

- **Aprendizaje:** los equipos mejoran constantemente evaluando lo que funciona y lo que no funciona. La agilidad en el aprendizaje se desarrolla tanto con el equipo, a través de la mejora continua, como con cada individuo que se adapta y crece. En Supercell, las células comparten lecciones, sobre todo sus esfuerzos. Como se mencionó antes, cuando el nuevo juego se lanza —ya sea un éxito o un fracaso rotundo—, los miembros lo celebran con una botella de champán[12].

Cuando las células o los equipos poseen estos atributos, no solo se mueven con agilidad hacia nuevas oportunidades de mercado con nuevos productos o servicios, sino que también se vuelven sostenibles a medida que las ideas de los equipos de alto rendimiento viajan de un equipo a otro.

## 6. GESTIONAR ALIADOS ESTRATÉGICOS EN UN ECOSISTEMA ORIENTADO AL MERCADO

Los aliados o socios comerciales externos amplían el alcance y las competencias del ecosistema; pueden formar una red a través de la plataforma y enriquecer los productos y las ofertas de la célula con la que están alineados. El acceso a ciertas competencias a través de alianzas expande el alcance de la plataforma o célula cuando los socios externos tienen habilidades o experiencias únicas que pueden optimizar los procesos de la organización, en términos de dominio del conocimiento y eficiencia de costes. Estos aliados complementarios permiten que los ecosistemas se muevan con rapidez para dar forma o aprovechar una oportunidad de mercado; enriquecen las ofertas de productos o servicios de acuerdo con las necesidades del usuario; y pueden desempeñar funciones a lo largo de la cadena de valor, en sentido ascendente (contenido) o descendente (canales), así como en diferentes dominios verticales (finanzas, alimentación y entretenimiento). Estos socios comerciales suelen contar con una gran autonomía y con flexibilidad para administrar sus negocios; además, con frecuencia son más productivos debido a su experiencia y su impulso emprendedor para gestionar sus propios negocios en lugar de ser adquiridos y gestionados como una unidad de la compañía.

### TIPOS DE ALIADOS ESTRATÉGICOS

En la economía actual, basada en el conocimiento y en la conectividad, los aliados o socios pueden representar innumerables roles. Por ejemplo, un socio estratégico podría tener un enfoque individual, como trabajar con desarrolladores de aplicaciones individuales, o un enfoque organizacional, como trabajar con desarrolladores más establecidos que ofrecen una amplia gama de servicios. También pueden entrar en una relación a corto plazo mediante el pago de honorarios o en una sociedad de capital a largo plazo, o incluso pueden ayudar a bajar los costes y a agregar ofertas de servicios. El cuadro 5.3 captura muchas de estas opciones en cinco categorías y muestra las características que definen cada categoría. Los ecosistemas orientados al mercado utilizan cinco tipos de alianzas, ya que el trabajo se caracteriza por basarse en tareas, en vez de en los roles de las personas en la organización. Así, al centrarse en las tareas reales, se logra una gran cantidad de configuraciones de trabajo.

## FACTORES CLAVE DE ÉXITO PARA ALIADOS ESTRATÉGICOS

**Cuadro 5.3 Principales tipos de alianzas y asociaciones**

| Tipo de alianza o asociación | Ejemplo | Criterios para el éxito | Desafíos |
|---|---|---|---|
| Agente libre individual | Colaboración basada en experiencia (contenido profesional generado por el usuario en vídeos cortos o artículos). | Conocimiento o contenido. | Relación estable a largo plazo. |
| Colaboradores de proyecto | Soluciones a gran escala personalizadas (consultoría, arquitectura y servicios de IT, asociaciones con instituciones académicas en tecnologías punta, como IA y robótica). | Integración eficiente. | Personalización de soluciones en lugar de combinación de productos o servicios provenientes de diferentes partes. |

| Tipo de alianza o asociación | Ejemplo | Criterios para el éxito | Desafíos |
|---|---|---|---|
| Tercerización | Contratación estacional, trabajadores para actividades no críticas. | Coste y mano de obra disponible (flexible). Reglas claras de participación en los beneficios o tarifas de acuerdo con las expectativas de *win-win* o beneficio mutuo. | Compartir cultura y estándares de calidad y garantizar la seguridad y la protección de la propiedad intelectual |
| Socios de negocio | Desarrolladores de aplicaciones para tiendas Apple; desarrolladores de juegos para la plataforma de Tencent; servicios independientes para llegar al cliente, implementación de proyectos y servicios de apoyo en diferentes industrias. | Alianzas a largo plazo; ganancias mutuas para cada parte. | Crear valor el uno para el otro y conseguir una relación sostenible. |
| Socios estratégicos | Socios complementarios con relaciones de capital de riesgo (Cainiao con Alibaba; JD.com o Metituan con Tencent). | Equipos o células que actúan más como pequeñas empresas que responden a las oportunidades del mercado; también conectados dentro del ecosistema para crecer más rápido y mejor. | Mantener límites, creando sinergia para el éxito del ecosistema. |

Los aliados y los socios estratégicos permiten que las células aprovechen rápidamente las oportunidades, enriquezcan las ofertas de contenido y servicios, aumenten las habilidades y competencias críticas de las células y se desarrollen para satisfacer las demandas del mercado. Cuanta más presencia tengan estos aliados en los ecosistemas, mejor deberá ser su conocimiento para acceder y utilizar este modelo de organización de alianzas. Estas son algunas prácticas para aprovechar al máximo las asociaciones estratégicas:

- **Decidir los límites.** ¿Qué tipos de actividades o negocios pueden operarse internamente y cuáles pueden subcontratarse o externalizarse a aliados? Esta importante decisión determina qué empresas necesitan ser adquiridas o controladas por mayoría de capital (como WhatsApp e Instagram en Facebook y Android y YouTube en Google) y qué células podrían independizarse como socios (como el negocio de comercio electrónico y el buscador en Tencent).

- **Contratar a un tercero para permitir que cada uno se centre en asuntos específicos.** El acuerdo de colaboración incluye metas y expectativas (usualmente definidos en términos de oportunidad de mercado); acuerdos financieros (honorarios, comisiones o participación en el capital); compromiso de recursos (tráfico de usuarios, intercambio de datos, marketing y promoción); y gobernanza (quién toma qué decisiones). Elabora protocolos de colaboración para que la relación sea beneficiosa para ambas partes, en lugar de imponer a tus aliados que cumplan con las demandas de la célula o la plataforma. Por ejemplo, DiDi se encuentra entre los socios estratégicos clave de Tencent y ofrece facilidad de transporte a sus usuarios, lo que ha aumentado el número de clientes del negocio; a cambio, Tencent genera tráfico de usuarios para DiDi. Por otro lado, en 2014, Tencent vendió su negocio de comercio electrónico a JD.com y se unió con el gigante del comercio electrónico para satisfacer las necesidades de sus usuarios; a cambio, Tencent proporciona un tráfico adicional para los clientes potenciales de ventas de JD.com[13].

- **Saber cuándo usar cada tipo de socios:** agentes libres, colaboradores de proyectos, socios tercerizados, socios comerciales o socios estratégicos. El horizonte temporal para la colaboración, el tipo de trabajo que desea realizar y el conocimiento requerido para descubrir oportunidades de mercado pueden determinar el tipo de alianza futura.

- **Ser selectivos al elegir individuos y socios** que cumplan los requisitos de dominio del equipo de negocios, evaluando la compatibilidad de un posible socio de acuerdo con la experiencia del cliente potencial, los recursos disponibles y el ajuste cultural.

Establecidos estos criterios, los ecosistemas orientados al mercado cumplen mejor las cuatro capacidades críticas: detección externa, obsesión por el cliente, innovación continua y agilidad en todas partes. Por ejemplo, los socios de Amazon apoyan la misión de la compañía de ser la empresa más centrada en el cliente del mundo. Para ampliar las opciones de selección de productos y precios, Amazon no solo abre su plataforma de comercio electrónico a empresas minoristas externas (aliados externos), sino que también las apoya con servicios logísticos y computación en la nube. Esta colaboración permite a Amazon acceder con facilidad a nuevas oportunidades de mercado (comercio electrónico de Amazon Marketplace, Fulfillment by Amazon y AWS) y, a cambio, estos socios ofrecen mejores productos y servicios que enriquecen el ecosistema de Amazon[14].

Al revisar estas descripciones de plataformas, células y aliados, reflexiona sobre los principios y prácticas que puedes adaptar a tu organización; a medida que avance este proceso, la reorganización se volverá más real. En la siguiente sección, podrás decidir qué ecosistema orientado al mercado se ajusta mejor a la misión de tu organización.

## 7. LOS TRES ARQUETIPOS DE ECOSISTEMAS ORIENTADOS AL MERCADO

Con nuestra exploración de los componentes básicos de los ecosistemas orientados al mercado (plataformas, células y aliados), podemos comenzar a ver cómo se combinan estos componentes en una estructura general. Las ocho compañías que analizamos nos permitieron establecer tres variantes, como se evidencia en el cuadro 5.4.

## Cuadro 5.4 Los tres arquetipos de ecosistemas orientados al mercado (MOE)

| Impulsados por la creatividad | Impulsados por la tecnología o un producto | Impulsados por la eficiencia |
|---|---|---|
| Ejemplos: Supercell; Tencent (juegos); Amazon (contenido digital en películas o TV) | Ejemplos: Tencent (WeChat, Tencent Cloud); Facebook; Google; Alibaba (Ali Cloud); Amazon (AWS, dispositivos inteligentes) | Ejemplos: Alibaba (comercio electrónico); DiDi; Amazon (comercio electrónico) |
| • La producción de juegos o películas taquilleras es lo más crítico.<br>• Los productos digitales están alineados con el enfoque principal de la creación de contenido, en lugar de con la publicación o distribución.<br>• Los equipos son típicamente pequeños, pero muy fuertes en experiencia.<br>• La plataforma es más ligera. | • La innovación del producto y la experiencia del usuario son lo más crítico.<br>• Los productos digitales están alineados con el enfoque principal de desarrollo y gestión de productos.<br>• Los equipos son flexibles y fluidos y se basan en productos o proyectos.<br>• La plataforma ofrece soporte compartido con herramientas, datos e infraestructura tecnológica. | • La tasa de conversión y la precisión son críticas.<br>• Participación en actividades comerciales *online* y *offline*.<br>• Los equipos de negocios son relativamente estables, centrándose en usuarios en crecimiento y socios comerciales.<br>• Fuerte plataforma intermedia para capacitar a los equipos de negocios internos y socios externos con soporte tecnológico y datos de usuario. |

Fuente: compilado por Arthur Yeung, con base en los estudios de caso de Supercell, Tencent, Facebook, Google, Alibaba, DiDi y Amazon.

## ECOSISTEMAS ORIENTADOS AL MERCADO IMPULSADOS POR LA CREATIVIDAD

En este grupo se encuadran las compañías que desarrollan los juegos más vendidos y las películas de gran éxito; verdaderos esfuerzos creativos. Este tipo de MOE exige personas fuertes y creativas en las células que impulsen acciones innovadoras y marquen la diferencia. Esta dinámica de las celdas creativas no solo es difícil de estandarizar, sino que no tendría sentido hacerlo: la magia proviene de favorecer esta unicidad una y otra vez; solo personas especiales, con libertad de actuación y respaldadas por una plataforma que suministra un número limitado de recursos esenciales (talento, infraestructura y soporte de marketing) pueden ser realmente creativas. ¿Habría creado Netflix alguna vez su serie tremendamente popular *Stranger Things* si la compañía hubiera encadenado a los creadores, Matt y Ross Duffer? ¡Claro que no! Asimismo, Supercell, el estudio de juegos de Tencent's Interactive Entertainment Group (IEG) y el contenido digital de Amazon también son excelentes ejemplos de éxito basados en equipos maravillosos y talentosos con libertad de actuación y que están respaldados en sus necesidades básicas por la plataforma. Como resultado, los clientes acogen con alegría sus propuestas únicas, los equipos buscan o crean la información que necesitan, la innovación se dispara y todo sucede muy rápido y con agilidad. El cuadro 5.5 muestra el ecosistema de Supercell (a la izquierda) y algunos detalles del funcionamiento de cada célula (a la derecha)[15].

**Cuadro 5.5 Estructura impulsora de creatividad de un ecosistema orientado al mercado en Supercell**

Todas las funciones de soporte de la plataforma están diseñadas para: (1) permitir que las células (equipos) de investigación y desarrollo se centren más en los productos; (2) asegurar la efectividad de las funciones de apoyo, se recluta personal en los servicios de apoyo para ciertas características (por ejemplo, un sentido de servicio en lugar de un deseo de autorrealización); (3) controlar el tamaño de la empresa, pues todas las responsabilidades laborales son elecciones enfocadas en el negocio, cautelosas y centradas; y (4) usar preferiblemente los recursos del socio.

Las células tienen estas características: (1) cada célula tiene de cinco a ocho miembros que tienen responsabilidades superpuestas y que cooperan estrechamente;

(2) cada célula opera de manera independiente y, en la medida de lo posible, mantiene el control sobre sus productos (ideas creativas, cuándo lanzar, cuándo terminar, actividades de operación, etc.); y (3) las células siguen un modelo de deporte profesional, en el que no se requiere un nivel jerárquico y todo el personal puede hacer su trabajo y tomar decisiones rápidas.

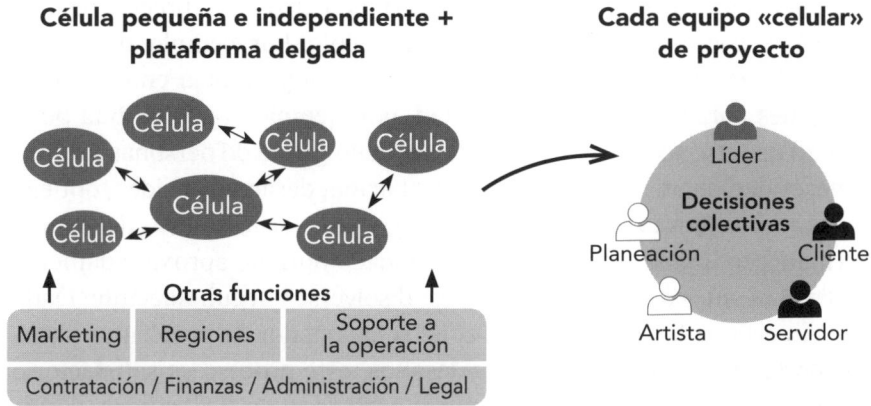

## ECOSISTEMAS ORIENTADOS AL MERCADO BASADOS EN NUEVAS TECNOLOGÍAS O PRODUCTOS

Google, Facebook, Huawei, Tencent's WeChat y Amazon AWS deben gran parte de su éxito a ecosistemas basados en tecnología o productos, donde la mayoría de las actividades diarias ocurren dentro de los equipos, que son independientes, por lo que el contacto entre unidades es casi nulo. Los líderes de equipo y de plataforma son importantes y exigentes en sus áreas de especialización.

Facebook, por ejemplo, tiene tres tipos de equipos: equipos jerárquicos, equipos de proyectos multifuncionales y equipos *flash*. El equipo *flash* es el más fluido, formado por personas con un desafío específico. Del mismo modo, existen tres tipos de plataformas: plataformas tecnológicas, para compartir código, datos y herramientas; plataformas de negocios, para publicidad dirigida y ventas; y plataformas funcionales, para recursos humanos y finanzas. Para sus aliados o socios, Facebook coopera con los proveedores de datos Epsilon, Data logix, Acxiom y BlueKai con el fin de mejorar la precisión de su publicidad dirigida[16].

Los equipos de Facebook tienen límites organizativos débiles por diseño: no hay una estructura organizativa formal en la empresa, todo el personal está gestionado por funciones y se trabaja en proyectos interdisciplinarios. Estos pequeños equipos trabajan constantemente en nuevos productos y características, en procesos de experimentación continua. Los equipos, que suelen incluir seis o siete personas (ingenieros y un director de producto), se conforman alrededor de un concepto. Por ejemplo, dentro del gran equipo de Facebook Messenger, cada célula trabaja en diferentes funciones para mejorar su efectividad, por ejemplo, agregando la posibilidad de transacción de pago. Este pequeño grupo de personas localiza la necesidad de un cliente, obtiene aprobación, desarrolla la idea, obtiene otra aprobación y la implementa. Por lo general, los miembros del equipo permanecen juntos como un grupo dedicado durante aproximadamente seis meses antes de completar la tarea, disolverse y seguir adelante. Dado que el perfil de los ingenieros es el de solucionador de problemas y persiguen la exposición a diferentes desafíos, este proceso es satisfactorio personal y profesionalmente. También participan en *hackathons*, donde se resuelven los problemas existentes de manera más radical.

El ecosistema basado en productos de Facebook ofrece tres formas de soporte técnico para sus equipos (cuadro 5.6)[17].

- Se trata de una plataforma de infraestructura, donde las herramientas utilizadas de forma continua por los diferentes equipos se comparten abiertamente. Estas herramientas cubren todas las áreas, incluida la búsqueda, el soporte del sitio y la administración diaria.

- La base de datos o plataforma de código se actualiza semanalmente y es abierta, por lo que cualquiera puede realizar cambios en el código, que luego son revisados por los ingenieros de evaluación y los líderes principales. Se alienta a todos los ingenieros a informar activamente y a corregir errores de código.

- Las tecnologías para el futuro son lideradas por los mejores científicos en su campo y su objetivo es crear un mundo más conectado. Estas tecnologías se enfocan en inteligencia artificial, realidad virtual y conectividad.

CAPÍTULO 5. MORFOLOGÍA: ORGANIZARSE PARA REUNIR LAS CAPACIDADES... 145

**Cuadro 5.6 Límites organizacionales débiles con organización jerárquica basada en la línea de reporte**

| Límites organizacionales débiles con organización jerárquica basada en la línea de reporte | Plataforma de infraestructura |
|---|---|
| | Los hábitos repetitivos se convierten en herramientas. |
| | Estas herramientas cubren todas las áreas, incluida la búsqueda, el soporte del sitio y la administración diaria. |
| | Las herramientas para los equipos se forman con los ingenieros con más talento. |
| Facebook Chris Cox / Messenger David Marcus / WhatsApp Jan Koum / Instagram Kevin Systrom / Oculus Brindan Iribe | **Plataforma de datos** |
| **Infraestructura tecnológica** (tecnología, seguridad, datos, etc.) Mike Schroepf | La base de datos de códigos se actualiza semanalmente y está abierta a cualquier persona para realizar cambios. |
| | Mark Zuckerberg revisará los cambios de código personalmente si están relacionados con News Feed. |
| Producto publicitario Andrew Bosworth | Todos los principales códigos actualizados serán evaluados por ingenieros de evaluación. Se alienta a todos los ingenieros a informar errores activamente. |
| Ventas David Fischer | |
| Otras funciones de apoyo (marketing, recursos humanos, finanzas, legal, etc.) Sheryl Sandberg | Establece herramientas de evaluación especiales para advertir sobre los riesgos de la actualización del código. |
| | **Tecnología para el futuro** |
| | Todas las tecnologías futuras se invierten para conectar mejor el mundo. Esos proyectos están dirigidos por los mejores científicos en cada campo. |
| | El enfoque abarca la inteligencia artificial, la realidad virtual o realidad aumentada y la tecnología de conectividad. |

## ECOSISTEMAS ORIENTADOS AL MERCADO IMPULSADOS POR LA EFICIENCIA

Los ecosistemas orientados al mercado impulsados por la eficiencia se centran en la relación de conversión del tráfico en ventas efectivas, en la eficiencia de costes a través de los servicios compartidos y en la rápida escalabilidad del negocio. Amazon, Alibaba, JD.com y DiDi se centran en ofrecer recomendaciones altamente precisas a los clientes correctos en el momento adecuado, lo que requiere un fuerte soporte tecnológico y de datos por parte de la plataforma central, que generalmente está encabezada por líderes técnicamente capaces con un profundo conocimiento de las necesidades del negocio. Los sistemas basados en la eficiencia tienen la capacidad y estructura de plataforma más fuerte de entre los tres arquetipos de ecosistemas orientados al mercado, pues establecen estándares para datos, herramientas, uso y colaboración, con el fin de que su soporte se pueda utilizar en todos los equipos y los líderes del equipo posteriormente se centren en explotar estos recursos y competencias para hacer crecer su propio negocio. Las plataformas se centran de manera significativa en el cliente, a través de conjuntos de datos ricos en información y de algoritmos que les permiten identificar y anticipar las necesidades de los clientes en nanosegundos.

También Alibaba cumple con esta lógica de la eficiencia (cuadro 5.7)[18]. En el *front-end*, el ecosistema incluya alrededor de treinta equipos de negocios autónomos que ofrecen diferentes productos y servicios a los usuarios de Alibaba. Por ejemplo, Taobao se centra en la venta de productos de pequeñas empresas, mientras que Tmall ofrece productos de compañías de marcas más establecidas, como Procter & Gamble o reconocidos diseñadores de moda. Analizando las necesidades del cliente y sus comportamientos de compra, estos equipos personalizan los productos o las marcas y generan recomendaciones adecuadas a los usuarios. Gracias a grandes volúmenes de datos y a algoritmos sofisticados, los equipos de Alibaba pueden mostrar en sus páginas web productos completamente adaptados a los diferentes usuarios.

# CAPÍTULO 5. MORFOLOGÍA: ORGANIZARSE PARA REUNIR LAS CAPACIDADES... 147

## Cuadro 5.7 El ecosistema orientado al mercado impulsado por la eficiencia en Alibaba

**Front end**
Requerimientos
Transformación:
especialización

- Taobao | Tmall | B2B | Entretenimiento
- Operaciones en diferentes dispositivos (PC, móviles, televisores, etc.)

Enfocarse en entender la demanda y la lógica del negocio y creando productos y servicios basados en el cliente

El límite entre el *front-end* y la especialización es el determinar si servir directamente a clientes externos o no.

**Medio**
Requerimiento para transformación: transparencia y fácil de compartir

- Miembro Plataforma | Comerciante Plataforma | Contenido Plataforma | Mercancía Plataforma | ......

Nivel de plataforma de soporte empresarial: abstracción de la lógica empresarial compartida

- Software intermedio tecnología | Algoritmos: búsqueda motores, etc. | ......

Nivel de servicio: crear una plataforma de sistema abstracto hecha para niveles superiores

- Nube de Alibaba

Nivel informático: entorno operativo informático y de software intermedio, incluido el sistema Apsaras

**Tecnología back end**

- Departamento de soporte técnico: centro de datos, red construcción, desarrollo de herramientas, gestión de proyectos, operaciones en la nube

Tecnología de fondo: operaciones e infraestructura del disco duro.

Existen cuatro capas en la plataforma intermedia de Alibaba.

- **Primera capa.** Recursos de soporte comercial que son críticos para las operaciones comerciales de la mayoría de las células, incluyendo una plataforma para miembros (cómo administrar la membresía y las cuentas de usuario y cómo interactuar con los usuarios), una plataforma para proveedores (cómo apoyar a los proveedores que hacen negocios en Alibaba), una plataforma de contenido (cómo producir y mostrar materiales de marketing de productos) y una plataforma de productos (cómo organizar productos y mercancías). Estas herramientas básicas deben personalizarse en diferentes equipos de negocios.

- **Segunda y tercera capa.** Servicio y capacidades computacionales a través del *software* de aplicación y de Alibaba Cloud, con numerosos módulos de microservicios, inteligencia artificial y perfiles de usuario.

- **Cuarta capa.** Infraestructura de TI básica, como servidores, redes, seguridad y centros de datos.

Así, la plataforma intermedia es una de las iniciativas críticas de Alibaba para superar los silos de negocios altamente descentralizados que no compartían datos y herramientas en el pasado. Esta falta de centralización resultó en un soporte tecnológico ineficiente e inferior durante la etapa previa a la aparición de la plataforma; sin embargo, desde que se puso en funcionamiento en 2016, el crecimiento de las ventas y la rentabilidad de Alibaba han despegado, con mejores tasas de conversión y recomendaciones más personalizadas.

Como con la mayoría de las empresas, la plataforma de *back-end* en Alibaba incluye funciones típicas, como recursos humanos, finanzas, estrategia, relaciones gubernamentales y relaciones públicas, que ofrecen pautas y apoyo profesional a los equipos de negocios de Alibaba. Aunque no está estrechamente entrelazada con las operaciones diarias de las células, estas funciones las capacitan con su experiencia funcional y facilitan el aprendizaje cruzado de las mejores prácticas entre los equipos.

# 8. RESUMEN DE LOS ARQUETIPOS Y DE SUS ESTRUCTURAS

**Cuadro 5.8 Resumen de ecosistemas orientados al mercado: prioridades estratégicas, plataformas, células y resultados**

| Prioridades estratégicas | Lo que hace la plataforma | Lo que ofrecen las células | Resultados |
|---|---|---|---|
| **Supercell (impulsado por la creatividad)** Aplica el lema de la empresa: «Los mejores equipos hacen los mejores juegos». | Permite al equipo concentrarse en la creación del juego. Proporciona un apoyo esencial en marketing, en la generación de tráfico en mercados clave y con recursos humanos, finanzas y soporte legal. | Se centran en el desarrollo de juegos de alta calidad. | Cinco juegos aparecen una vez en la lista global de los diez juegos más populares. Una de las mejores y más valiosas empresas de juegos móviles del mundo. |
| **Google (impulsado por la tecnología)** Misión: organizar la información mundial y hacerla universalmente accesible y útil. Comienza con la búsqueda en sitios web de contenidos (libros, noticias, mapas, vídeos, etc.) para generar tráfico de usuarios, lo que proporciona oportunidades de publicidad. Crea nuevas herramientas y plataformas (como Gmail, Chrome, tiendas de aplicaciones de Android) para crear tráfico nuevo de usuarios. Google X incuba innovaciones impulsadas por la tecnología en inteligencia artificial, conducción autónoma, medicina, energía, etc. | Infraestructura de IT muy sólida a través de códigos compartidos, herramientas y tecnologías clave, como TensorFlow. Plataforma compartida para proporcionar soporte a través de publicidad PA, ventas, marketing y Gtech (para gestionar asociaciones estratégicas). Plataformas internas para recursos humanos, finanzas, legal, etc. | Se organizan por áreas de producto, como búsqueda, anuncios, mapas, Android, YouTube, Cloud, etc. Uso frecuente de equipos de proyecto flexibles y autónomos (alrededor de 7 personas con experiencia diferente) en diferentes áreas de producto para trabajar en proyectos OKR (objetivos y resultados clave, por sus siglas en inglés) o mejoras de características. | Una de las empresas más valiosas del mundo, que supera los 800 000 millones de dólares. Seleccionado constantemente como «Mejor empleador» por la revista *Fortune*. |

| Prioridades estratégicas | Lo que hace la plataforma | Lo que ofrecen las células | Resultados |
|---|---|---|---|
| **Facebook (impulsado por el producto)**<br><br>Aplica el lema de la empresa, «conectar el Mundo». El crecimiento es impulsado por el incremento de usuarios en diferentes aplicaciones alrededor del mundo, alargando el tiempo de uso y mejorando otras formas de monetización. | Proporciona una sólida plataforma técnica, herramientas y datos compartidos para facilitar el trabajo de todos; proporciona una plataforma compartida de publicidad y ventas para respaldar la monetización del tráfico de usuarios en diferentes aplicaciones | Facebook, Messenger, Instagram, WhatsApp y Oculus para alcanzar a diferentes usuarios. | Con más de mil millones de usuarios, la compañía de redes sociales más grande del mundo. |
| **Tencent (impulsado por el producto)**<br><br>La conexión y el contenido digital son los negocios principales. Trabaja con socios de su ecosistema para usar dos plataformas de redes sociales (WeChat y QQ) y ofrecer más productos y servicios en diferentes dominios verticales. | Usa dos plataformas de redes sociales (WeChat y QQ) para generar tráfico de usuarios.<br><br>Crea una plataforma tecnológica y de ingeniería para proporcionar computación, algoritmos y otro soporte técnico para ayudar a la protección de datos del usuario y el intercambio de análisis de datos, lo que beneficia la toma de decisiones. | Docenas de equipos de productos para mejorar la experiencia de usuario en diferentes ofertas (juegos, música, pago móvil, libros digitales, noticias, vídeos). | Crecimiento de más del 50 % en los últimos dos años.<br><br>Usuarios generalizados: WeChat y QQ atiende a más de 1000 millones y 800 millones de usuarios activos mensuales, respectivamente.<br><br>Una de las diez empresas más valiosas del mundo. |

| Prioridades estratégicas | Lo que hace la plataforma | Lo que ofrecen las células | Resultados |
|---|---|---|---|
| **Huawei (impulsado por el producto)**<br><br>Comienza como un proveedor de equipos de telecomunicaciones en China (desde conmutadores digitales hasta soluciones integrales).<br><br>Se expande en el extranjero en el negocio de proveedores de equipos de telecomunicaciones (Asia, África, Europa y Canadá).<br><br>Amplía sus productos a servicios empresariales (B2B) y dispositivos de consumo (B2C). | Desarrolla plataformas regionales que ofrecen el producto clave y las competencias técnicas a equipos de negocios en diferentes países.<br><br>Desarrolla una plataforma HQ como proveedor de servicios que permite la transformación continua en investigación básica, cadena de suministro, prestación de servicios y servicios financieros; mejora la capacidad de los equipos de proyecto para crear valor para los clientes. | El equipo de atención al cliente del triángulo de hierro consta de un administrador de cuentas, un experto en soluciones y un experto en entregas.<br><br>La nominación del director y gerente del proyecto se basa en la importancia del proyecto.<br><br>Los miembros del equipo de proyecto provienen del grupo de recursos nacionales y regionales. | Ocupa el puesto 72 en *Fortune* Global 500 Companies en 2017.<br><br>Principal proveedor de equipos de telecomunicaciones en todo el mundo según su cuota de mercado y los ingresos por ventas en 2018.<br><br>Segundo proveedor de telefonía móvil del mundo, en base a sus envíos y participación de mercado en 2018. |
| **Alibaba (impulsado por la eficiencia)**<br><br>Predice y acepta los cambios para cumplir la misión.<br><br>Desarrolla cinco nuevas estrategias en comercio minorista, finanzas, manufactura y energía. Crece en negocios adyacentes y disruptivos. | Crea una plataforma intermedia sólida para soporte tecnológico y de datos compartidos.<br><br>Ofrece infraestructura de IT, algoritmos, base de datos y soporte computacional, gestión unificada de cuentas de usuario y reglas de creación de perfiles y codificación.<br><br>Permite que los equipos y socios estratégicos tomen decisiones comerciales más específicas e innoven. | Más de treinta equipos empresariales autónomos y capacitados que atienden a clientes para diferentes productos o servicios. | Recomendaciones personalizadas sustancialmente más precisas de perfiles de usuario integrados en todos los equipos.<br><br>Mejor índice de conversión de tráfico de Internet, lo que lleva a clientes potenciales de ventas más eficaces y un crecimiento de ventas más rápido.<br><br>Fuerte apoyo a nuevos negocios dentro de China como el servicio de entrega de alimentos frescos (He Ma Sheng Xian) o en el extranjero, como Lazada en Indonesia. Crecimiento de más del 50 % en 2017 y 2018. |

| Prioridades estratégicas | Lo que hace la plataforma | Lo que ofrecen las células | Resultados |
|---|---|---|---|
| **Amazon (impulsado por la eficiencia)**<br><br>Se convierte en la compañía más centrada en el cliente del mundo, mediante la innovación continua para servir necesidades no satisfechas. Comienza con negocios minoristas básicos y se expande a empresas y consumidores adyacentes. | A través de AWS, proporciona microservicios (tanto internos como externos) para ampliar los negocios centrales existentes y permitir a los equipos de dos *pizzas* crear rápidamente nuevas empresas. | Diferentes equipos para construir negocios en comercio electrónico, AWS, contenido y dispositivos digitales, así como venta minorista fuera de línea. Selección más amplia, precios más bajos y mayor comodidad para los clientes. | Puesto número uno en innovación por *Fast Company*.<br><br>Entre las tres empresas más valiosas del mundo. |
| **DiDi (impulsado por la eficiencia)**<br><br>Ofrece transporte inteligente a través de servicios compartidos de vehículos y conducción autónoma.<br><br>Expande el servicio de taxi a múltiples tipos de servicios de viajes compartidos, desde la prestación servicios a pasajeros hasta propietarios de automóviles (tales como arrendamiento, seguro…) y conductores (tales como gasolina y mantenimiento). No solo sirve a usuarios individuales, sino también a corporativos y gobiernos municipales (por ejemplo, en una ciudad inteligente). | Integra la gestión de productos y las tecnologías centrales en la plataforma intermedia.<br><br>Almacena datos de usuarios en tiempo real de millones de vehículos en red en el camino, analiza el *big data* a través de IA y predice las demandas de pasajeros y el flujo de tráfico para mejorar los servicios. | Se organiza en diferentes equipos de servicio autónomos, como servicio de taxi, servicio de automóvil privado, chófer, autobús, minibús, servicio de lujo. | Se convirtió en la mayor plataforma de transporte del planeta en función del número de viajes atendidos.<br><br>Su valor de mercado supera los 50 000 millones de dólares. |

Los ocho ecosistemas orientados al mercado que estudiamos utilizan plataformas, células y aliados para gestionar sus resultados (creatividad, nuevos productos y eficiencia) que son críticos para el éxito empresarial en sus industrias. Si bien estos componentes estructurales básicos son los mismos en todos los ecosistemas, la forma en que se implementan depende de los objetivos estratégicos de cada empresa (cuadro 5.8); en cada uno, la forma organizativa ha permitido un rápido despliegue de los recursos necesarios para capturar las oportunidades del mercado, reducir el tiempo de ciclo de la idea a la acción y despertar la pasión en los empleados, que tienen libertad de actuación, lo que favorece que encuentren un significado personal a su trabajo. Estas configuraciones han creado diferentes fortalezas en cuatro capacidades del ecosistema (cuadro 4.5) que son esenciales para el éxito sostenible en sus respectivas industrias.

## 9. IMPLICACIONES GERENCIALES

Tradicionalmente, las opciones de diseño organizacional se han basado en roles, responsabilidades, procesos, estructura jerárquica, alineación..., conduciendo hacia modelos modelos jerárquicos, *holdings* o empresas multidivisionales, entre otros.

En la cambiante actualidad, donde la agilidad estratégica reemplaza la planificación estratégica, las opciones emergentes giran en torno a plataformas, células y alianzas y a cómo diseñarlas para crear y mantener las capacidades del ecosistema. Esta forma organizativa emergente avanza tanto en la firma multidivisional tradicional como en los *holdings*. Los ecosistemas orientados al mercado que realmente pueden dominar los desafíos ofrecidos por la plataforma y la forma en que las células y los socios estratégicos se apoyan y refuerzan entre sí, tendrán una ventaja competitiva con la que otros solo pueden soñar.

Los ecosistemas que estudiamos comenzaron de nuevo al tomar estas nuevas decisiones organizacionales. Si lideras una *start-up*, empieza con una hoja en blanco para crear la plataforma, las células, los aliados correctos y las capacidades integradas que anticipan y aprovechan las oportunidades del mercado. En cambio, si lideras una organización más tradicional, la transición a un ecosistema orientado al mercado a menudo es difícil debido a patrones y cultura integrados. En el capítulo 13, presentamos tres casos de estudio detallados de empresas que han realizado o están realizando esta transición. Mientras tanto, puedes reflexionar sobre las opciones que conducen a una mayor agilidad.

- **Agenda general de un ecosistema orientado al mercado**

    - ¿Qué diferenciadores competitivos (creatividad, productos nuevos o eficacia) son críticos para tu negocio?

    - ¿Cuál de estos tres diferenciadores llevaría a un mejor crecimiento y al éxito dentro de la industria?

- **Plataforma**

    - ¿Qué trabajo se debe compartir en una plataforma y qué se debe asignar a las células o aliados?

    - ¿Cómo se puede organizar el trabajo de la plataforma en opciones de menú a las que puede acceder un líder de célula, para moverse rápidamente a un nuevo mercado?

    - ¿Cómo podemos asegurarnos de que la plataforma se adapte correctamente a las necesidades de los equipos comerciales y socios estratégicos, mantenga una experiencia superior y responda con rapidez a las necesidades de los clientes internos?

- **Células o equipos**

    - ¿Qué trabajo debe mantenerse dentro de las células para garantizar la agilidad y la innovación?

    - ¿Cómo se forman rápidamente equipos que pueden explorar y explotar nuevas oportunidades?

    - ¿Cómo podemos alentar a los equipos individuales a innovar, así como a adaptar las ideas de otros para crear nuevos mercados?

- **Aliados y socios estratégicos**

    - ¿Qué negocios deberían mantenerse mejor dentro de tu empresa y cuáles deberían ser gestionados por aliados o socios estratégicos?

    - ¿Cómo podemos estructurar alianzas de beneficio mutuo con socios estratégicos (por ejemplo, a través de honorarios, comisiones, participaciones minoritarias o gestión de la participación de socios adecuada)?

    - ¿Cómo podemos cocrear con socios y clientes para usar y acceder a sus recursos, capacidades e información con el fin de destacar en el mercado?

- **Capacidades del ecosistema**

    - ¿Cómo podemos diseñar y combinar plataformas, células y socios de manera que fortalezcan o amplíen las capacidades críticas del ecosistema (detección externa, obsesión por el cliente, innovación y agilidad) que son críticas para el éxito sostenible de su negocio?

    - ¿Qué tipo de ecosistema (impulsado por la creatividad, el producto, la tecnología o la eficiencia) se adapta mejor a tu empresa o grupo empresarial?

Al preguntar y responder estas preguntas, podrás adaptar algunas de las opciones de diseño organizacional para reinventar tu organización.

# PARTE 3

# GOBERNANZA: FUNCIONAMIENTO DE UN ECOSISTEMA ORIENTADO AL MERCADO

Si deseas adaptar los principios del ecosistema orientado al mercado para reinventar tu organización, debes comprender el contexto del negocio (parte I), crear la anatomía correcta de la organización (parte II) y administrar el día a día de las operaciones. En esta parte, exploramos cómo funciona el ecosistema orientado al mercado a través de seis mecanismos de gobernanza aplicables a tu organización (cuadro III.1).

En el pasado, la gobernanza organizacional implicaba, en una palabra, control. Los comités de supervisión establecían reglas y regulaciones internas a un alto nivel que, con frecuencia, establecían procesos de aprobación dispendiosos y complejos, así como controles no solo de malversación potencial de recursos, sino también de lo que no se debía hacer.

En cambio, en un ecosistema orientado al mercado, la gobernanza trata más sobre lo que se debe hacer para lograr agilidad de cara a las oportunidades del mercado. Esta gobernanza también ayuda con la coordinación de creencias y prioridades compartidas; la alineación de acciones y resultados a través de responsabilidad por resultados e incentivos de desempeño; la generación de nuevas ideas; el movimiento fluido del talento; el intercambio rápido de conocimientos, datos e ideas; y la colaboración de unidades en todo el ecosistema. Por tanto, bajo las condiciones extremas de hoy, apoya la consecución del éxito, sin limitarse a evitar que la organización falle. Como dice el refrán, un ecosistema orientado al mercado se preocupa menos por hacer lo correcto y más por hacer las cosas bien al dar vida a la percepción externa, la obsesión por el cliente, la innovación y la agilidad.

**Cuadro III.1 Un marco de seis partes para reinventar la organización como un ecosistema orientado al mercado (MOE)**

| Entorno | Estrategia | Capacidad |
|---|---|---|
| ¿Entendemos y anticipamos las condiciones ambientales cambiantes que darán forma al futuro? | ¿Tenemos una estrategia clara para el crecimiento y una hoja de ruta para ponerla en práctica? | ¿Hemos articulado e implementado las capacidades que favorece el MOE? |
| **Apreciar y anticipar** | **Clarificar y facilitar** | **Diagnosticar e integrar** |

| Morfología | Gobernanza | Liderazgo |
|---|---|---|
| ¿Hemos diseñado la forma o estructura organizacional adecuada para poner en marcha nuestra estrategia de crecimiento? | ¿Hemos diseñado y llevado a cabo las prácticas de los seis mecanismos de gobernanza que favorece el MOE? | ¿Tenemos líderes en el nivel superior y una marca de liderazgo compartida a lo largo de toda la organización que nos asegure el éxito? |
| **Diseñar y entregar** | **Diseñar e implementar** | **Ser, enseñar y construir** |

La parte III discute en seis capítulos específicos cómo los ocho ecosistemas orientados al mercado que estudiamos guían sus acciones no tanto a través de edictos, sino de elecciones de gobernanza. Cuando estos mecanismos están bien diseñados, las personas y las organizaciones están inclinadas a hacer lo correcto, porque el sistema los apoya y los alienta. Sin los obstáculos de la burocracia, la organización y las personas que la integran tienen una línea de visión clara, así como margen para maniobrar y encontrar enfoques alternativos para los clientes y actuar, internamente, como colaboradores y colegas. La gobernanza tiene más que ver con orientación que con reglas.

En este sentido, nuestra investigación identificó seis atributos clave de gobernanza que tienen un impacto significativo en cómo las empresas de éxito cumplen con las cuatro capacidades clave (cuadro III.2). Veamos una breve explicación de estas seis influencias:

**Cuadro III.2 Seis mecanismos de gobernanza en ecosistemas orientados al mercado**

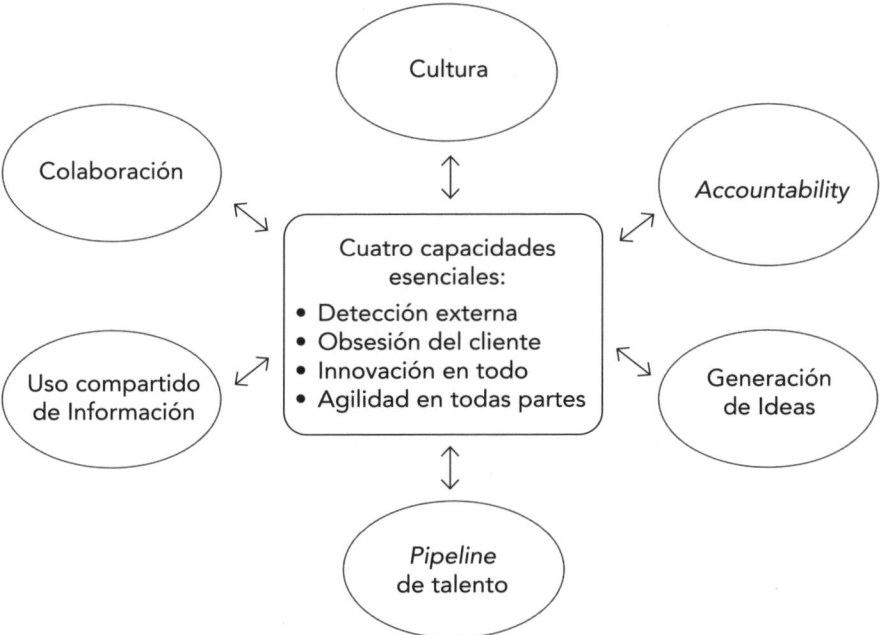

- **Cultura.** Como se describe en el capítulo 6, la cultura tiene lugar en tres niveles: (1) símbolos, rituales, historias y otros eventos organizacionales; (2) pensamientos, sentimientos y comportamientos expresados en los valores y normas de la organización y en las respuestas emocionales de las personas sobre cómo se hacen las cosas en una empresa; y (3) la identidad de una empresa tal como la perciben sus mejores clientes de afuera hacia adentro. La cultura define las prioridades y los comportamientos clave que las personas deben perseguir colectivamente en un ecosistema.

- **Responsabilidad frente al desempeño.** Este atributo, al que dedicamos el capítulo 7, vincula los planes de negocios con acciones individuales y con resultados concretos. En un mundo de extrema velocidad, cambio, incertidumbre y experimentación, la responsabilidad y el compromiso son más importantes que nunca. No obstante, esta noción no se trabaja en los complejos procesos tradicionales de gestión del desempeño, sino en conversaciones diarias entre el líder y los empleados.

- **Generación de ideas.** Los ecosistemas orientados al mercado enfocan sus capacidades ganadoras en la obsesión por el cliente, la innovación y la agilidad al alentar la generación de nuevas ideas en todas partes y convertirlas rápidamente en experimentos (capítulo 8). Este flujo de ideas comienza a fluir cuando la curiosidad personal se convierte en creatividad organizacional.

- *Pipeline* de talento. Obviamente, las organizaciones que reúnen más talento cuentan con una clara ventaja sobre aquellas con menos. Como muestra el capítulo 9, el flujo de talento implica atraer a las personas adecuadas y ayudarlas a tener éxito: establecer los estándares correctos y buscar, seleccionar, asegurar y orientar el talento. A través del *pipeline* (en español, «mapa de talento»), las organizaciones desarrollan, movilizan, involucran y retienen el talento adecuado para que estas personas puedan apoyar la experimentación con nuevas ideas y ejecutar de manera flexible proyectos probados. Las personas inspiradas producen resultados excepcionales.

- **Intercambio de información.** Todos los ecosistemas orientados al mercado destacan por su detección externa. En el capítulo 10, explicamos que el intercambio de información como mecanismo de gobernanza se ocupa de qué información y datos capturar y luego compartir, con quién compartirlo, cuándo compartirlo y cómo compartirlo. Además, estos ecosistemas se caracterizan por una transparencia radical: como norma, cuanta más información se comparta, mejor, y esto es así a todos los niveles. Del mismo modo, los datos valiosos fluyen entre las unidades.

- **Colaboración.** El capítulo 11 explica que la colaboración aborda el desafío de hacer que el todo sea más que las partes. Una colaboración de éxito ocurre cuando los equipos combinan las habilidades de los individuos para lograr un mejor desempeño o cuando diferentes equipos individuales en una red trabajan entre sí para hacer que la red sea mejor que cualquier equipo solo. En lugar de confiar en el enfoque de comando y control que prevalece en las jerarquías tradicionales, estos ecosistemas utilizan mecanismos de mercado para facilitar la colaboración de beneficio mutuo.

Cada una de las ocho empresas que estudiamos diseña y utiliza mecanismos de gobernanza de formas ligeramente diferentes. En los seis capítulos de la parte III, revisamos brevemente las últimas ideas en estos mecanismos, compartimos ejemplos de cómo las empresas los están utilizando y ofrecemos herramientas que se pueden adaptar a cualquier organización. Cada uno de estos seis mecanismos constituye un tema de amplia investigación y práctica. A medida que destilemos estas ideas a través de la lente de un ecosistema orientado al mercado, proporcionaremos una serie de prácticas y herramientas que te ayudarán a adaptarlos a tu organización. El cuadro III.3 proporciona una visión general de los seis mecanismos de gobernanza de las ocho empresas que estudiamos.

**Cuadro III.3 Mecanismos de gobernanza de los ecosistemas orientados al mercado (MOE) estudiados**

| Capacidades organizacionales clave del MOE | Cultura (capítulo 6) | *Accountability* (capítulo 7) |
|---|---|---|
| **MOE impulsado por la creatividad** | | |
| **Supercell: detección externa, innovación y agilidad** | • Establecer estándares altos<br>• Experimentación audaz<br>• Admitir errores<br>• Celebrar fracasos | • Sin calificación formal. Evaluación del riesgo basada en discusiones de calibración para comparar el rendimiento entre empleados de los diferentes equipos.<br>• Énfasis en la empresa primero y en los equipos después, en términos de incentivos al talento. |
| **MOE impulsado por tecnología o producto** | | |
| **Facebook: detección externa, innovación y agilidad** | Cultura *hacker* + cinco valores fundamentales:<br>• Ser audaz<br>• Centrarse en el impacto<br>• Moverse rápido<br>• Ser abiertos<br>• Construir valor social | • Centrado en el valor y el impacto, no solo el resultado<br>• Revisión por pares y calibración<br>• Recompensa: pago alto y buenas condiciones de trabajo, así como beneficios de empleado (almuerzos gratis, snacks gratis, etc.) |

## PARTE 3. GOBERNANZA: FUNCIONAMIENTO DE UN ECOSISTEMA ORIENTADO...

| Generación de ideas (capítulo 8) | *Pipeline* de talento (capítulo 9) | Intercambio de información (capítulo 10) | Colaboración (capítulo 11) |
|---|---|---|---|
| Innovación de abajo-arriba, celebración de fracasos | • Contratación con estándares extremadamente altos<br>• Facilidad de movilidad | Transparencia interna de datos (cada día se comparte el número de usuarios en cada juego). | Cada célula se establece y opera de manera autónoma, pero todas las decisiones son basadas en los intereses de la empresa. |
| • *Hackathon*: generación de ideas y experimentación<br>• Revisión mensual por Zuckerberg o Boz: todos tienen la oportunidad de proponer ideas y de obtener retroalimentación y recursos | • Altos estándares de reclutamiento<br>• Conservar la lógica del «imbécil brillante»<br>• Libre circulación de talento según equipos de proyecto y mercado laboral interno | Se comparte información de manera transparente (base de código unificada, datos, herramientas técnicas información y soporte) | • Plataforma tecnológica muy sólida para hacer el trabajo de todos más fácil<br>• Facebook@work para facilitar la colaboración |

| Capacidades organizacionales clave del MOE | Cultura (capítulo 6) | *Accountability* (capítulo 7) |
|---|---|---|
| **Google: detección externa, innovación y agilidad** | Diez principios en una cultura de ingeniería fuerte:<br>• Respeto por los ingenieros: innovación basada en conocimiento tecnológico<br>• Respeto por los individuos: transparencia, movilidad interna<br>• No hacer el mal | OKR + reunión de calibración:<br>• Pago «injusto», es decir, recompensar a la gente de manera diferente en base al rendimiento<br>• Alto salario fijo, buenas condiciones de trabajo y beneficios a empleados |
| **Huawei: detección externa, atención al cliente e innovación** | Valores fundamentales:<br>• El cliente es lo primero<br>• Dedicación<br>• Trabajo duro a largo plazo | • Gestión rigurosa del desempeño y sus consecuencias<br>• Ascensos, despidos y separación claramente vinculados a los resultados |

| Generación de ideas (capítulo 8) | *Pipeline* de talento (capítulo 9) | Intercambio de información (capítulo 10) | Colaboración (capítulo 11) |
|---|---|---|---|
| • Pensamiento grande 10X para alentar la innovación destructiva<br>• Cumbres estratégicas<br>• Concepto del «20 % del tiempo» usado en lo que emociona a los miembros del equipo | • Altos estándares de contratación<br>• Comité de reclutamiento que calibra o compara nuevas contrataciones entre equipos<br>• Fácil movimiento de talento en virtud de los equipos de proyecto y el mercado laboral interno | • Reuniones semanales<br>• Transparencia en la mayoría de los informes y datos dentro del empresa | Equipos interdisciplinarios que trabajan juntos en área de producto |
| Aprendiendo de referentes de talla mundial, firmas de consultoría y asociados externos para impulsar la transformación en nuevos desarrollos de producto, cadenas de abastecimiento, entregas de servicios y finanzas | • Reclutamiento de recién graduados de las mejores universidades<br>• Rotación de personal entre distintas funciones y regiones | • Plataforma regional como forma de compartir conocimiento y competencias<br>• Plataformas HQ como proveedores y habilitadores de servicios | Colaboración entre equipos de proyecto y basado en la plataforma de establecimiento del mercado interno. (El proyecto tiene responsabilidad por sus pérdidas y ganancias, que se pagan a través de servicios internos). |

| Capacidades organizacionales clave del MOE | Cultura (capítulo 6) | *Accountability* (capítulo 7) |
|---|---|---|
| **Tencent: detección externa, atención al cliente, innovación y agilidad** | • Prioridades de la compañía<br>• Valor del usuario<br>• Crecimiento de los empleados<br>• Integridad<br>• Proactividad<br>• Colaboración<br>• Innovación | • Bono de empleado vinculado directamente al rendimiento del desarrollo del juego<br>• Salón de la fama para productos clasificados en primer lugar en su industria (cada equipo obtiene una bonificación generosa) |

### MOE impulsado por la eficiencia

| | | |
|---|---|---|
| **Alibaba: detección externa, atención al cliente, innovación y agilidad** | Valores centrales de la empresa:<br>• El cliente es lo primero<br>• Trabajo en equipo<br>• Aceptar los cambios<br>• Integridad<br>• Pasión<br>• Compromiso | Sistema dual de evaluación de los empleados, integrando rendimiento y los seis valores centrales |

# PARTE 3. GOBERNANZA: FUNCIONAMIENTO DE UN ECOSISTEMA ORIENTADO...

| Generación de ideas (capítulo 8) | *Pipeline* de talento (capítulo 9) | Intercambio de información (capítulo 10) | Colaboración (capítulo 11) |
|---|---|---|---|
| Proceso de incubación en el grupo de internet móvil para motivar una innovación ascendente durante el período de 2014-2018 | • Altos estándares de reclutamiento: basados en el trabajo y el ajuste cultural<br>• Mecanismo interno que permite empleados para la aplicación de nuevos trabajos internos | Grupo de ingeniería que habilita un equipo de negocios con soporte técnico (por ejemplo, *big data*, seguridad e inteligencia artificial) | • Colaboración en el negocio de juegos basada en la relación comercial<br>• El «mecanismo de carrera interna» permite a múltiples equipos trabajar en áreas similares para asegurar el éxito en el mercado |
| Ideas innovadoras de clientes y de personas de primera línea, impulsadas por la misión, de cara a la innovación del negocio desde los niveles altos | Rotación proactiva de personal por la empresa para nutrir talento integral y líderes | La plataforma intermedia proporciona a los equipos de negocios y aliados datos integrados y tecnología | Equipos de negocios en el *front-end* y la plataforma intermedia: relación con el cliente con mentalidad de servicio |

| Capacidades organizacionales clave del MOE | Cultura (capítulo 6) | *Accountability* (capítulo 7) |
|---|---|---|
| **Amazon (negocio de ventas principal): detección externa, obsesión por el cliente, innovación y agilidad** | Principios de liderazgo centrados en el cliente:<br>• Obsesión por el cliente<br>• Invención y simplicidad<br>• Corrección (con frecuencia en las decisiones)<br>• Contratación y desarrollo de las mejores personas<br>• Estándares altos<br>• Pensar en grande<br>• Sesgo hacia actuar<br>• Frugalidad<br>• Aprendizaje y curiosidad<br>• Ganarse la confianza<br>• Inmersión profunda<br>• Voluntad de no estar de acuerdo y comprometerse<br>• Entregar resultados | • Principios de liderazgo: constituyen el 50 % de la evaluación<br>• Calibración para comparar el desempeño de los empleados en los diferentes equipos<br>• Tolerancia al fracaso en base a decisiones basadas en la compañía |
| **DiDi: detección externa, innovación y agilidad** | Valores fundamentales:<br>• Escuchar a los clientes<br>• Seguridad, experiencia y eficiencia<br>• Comunicación frecuente<br>• Tecnología líder<br>• Diversidad<br>• Atención al crecimiento | • La revisión por pares constituye el 10 % de la evaluación<br>• La compensación para el mejor talento técnico es mucho más alta que para otras áreas. |

| Generación de ideas (capítulo 8) | *Pipeline* de talento (capítulo 9) | Intercambio de información (capítulo 10) | Colaboración (capítulo 11) |
|---|---|---|---|
| • Embudo de innovación<br>• Comunicados de prensa y preguntas frecuentes como herramienta PR&FAQs<br>• Sugerir nuevas ideas de todo nivel en cualquier momento<br>• Proceso de planificación formal a tres años, buscando grandes ideas | • Altos estándares de contratación: principios de liderazgo + habilidades especiales adecuadas al trabajo<br>• Estándares altos y adaptación cultural<br>• Flujo interno de talento | AWS ofrece varios microservicios y herramientas compartidas | • Equipos autónomos con líderes de un solo hilo<br>• Fácil acceso a los servicios existentes de AWS a través de la plataforma |
| • Basado principalmente en innovación de arriba hacia abajo | • Estrategia de talento de alta gama | Construir una plataforma tecnológica compartida como forma de integrar datos y herramientas | • Relación orientada al soporte entre la plataforma y los equipos de negocio<br>• Mecanismo de mercado interno para administrar esta relación en base al precio de transferencia |

Nota: OKR, objetivos y resultados clave; P&G, pérdidas y ganancias.

Fuente: compilado por Arthur Yeung y el equipo de investigación de Tencent, en base a los estudios de caso de Supercell, Facebook, Google, Huawei, Tencent, Alibaba y DiDi; y empleados y exempleados de estas mismas compañías, así como entrevistas con el equipo de investigación de Tencent.

# 6. CULTURA: MOLDEAR LAS PRIORIDADES Y COMPORTAMIENTOS CORRECTOS EN EL ECOSISTEMA

La literatura empresarial está repleta de formas concisas de decir que la cultura supera a la estrategia. Por ejemplo, hay un dicho bien conocido, a menudo y erróneamente atribuido a Peter Drucker: «La cultura se desayuna a la estrategia»[1]. En resumen, pocos líderes negarían hoy la importancia de la cultura organizacional, pues da forma y sustenta el bienestar y la productividad de los empleados, los resultados comerciales, la reputación del cliente y la confianza de los inversores. Es más difícil copiar la cultura que acceder al capital financiero, implementar un nuevo sistema tecnológico, hacer promesas a los clientes o incluso crear un plan estratégico. Por estas razones, la cultura es fundamental para la competitividad; asegura la sostenibilidad, que por definición sobrevive a cualquier individuo, y revaloriza la organización, logrando que el todo trascienda las partes individuales, es decir, que el ecosistema sea más valioso que las células por separado.

Como mecanismo de gobernanza, la cultura da forma al comportamiento personal, pasando de un enfoque en incentivos (mercados) y reglas (jerarquía) a uno en normas y valores[2]. El comportamiento de los empleados es correcto, debido a que las normas culturales dictan cómo deben actuar.

Los empleados pertenecen a una cultura cuando abrazan su esencia; cuando las personas aman su cultura, cumplen con las expectativas escritas y no escritas, porque anhelan ser miembros valiosos de la tribu.

Como dijo Eric Schmidt, antiguo CEO y presidente de Google: «Google está dirigido por su cultura y no por mí... Google es probablemente el mejor ejemplo de una organización basada en la red. Muy plano, no jerárquico, muy informal en cultura e ideas: las ideas provienen de todas partes... Parte del trabajo de ser CEO en una empresa como Google es crear un entorno en el que las personas te ofrezcan de forma constante sus mejores ideas, sin miedo a hablar contigo»[3].

Si bien la cultura es importante para el éxito de un ecosistema, ya que los directivos intentan transformar sus organizaciones e incluso los auditores procuran documentar esta cultura, a menudo es ambigua y difícil de definir[4]. Para que puedas, como líder, utilizar la cultura como herramienta de gobernanza, deberás definir la cultura correcta e identificar cómo encaja en el proceso de gobernanza; aprender a integrar cultura en la toma de decisiones, utilizando los ejemplos presentados en este libro; y aplicar herramientas específicas para generar la cultura correcta.

## 1. DEFINIR LA CULTURA ADECUADA

Conoces una cultura cuando la experimentas y la sientes. Así, es diferente entrar en un McDonald's que en el Tour d'Argent; asistir a un concierto de Lady Gaga que a una representación de *La Traviata*; visitar Boston que Berlín, Bangkok, Beirut o Pekín... ¿Te gusta dónde estás? ¿Sientes que encajas? ¿Encaja esto contigo? Las familias tienen culturas, las regiones tienen culturas, los países tienen culturas y las organizaciones también. La cultura es más que comida, música, idioma, arquitectura, ropa...; es todo lo que sucede en un lugar, y genera un sentimiento distintivo entre los miembros que la componen y un conjunto de expectativas, a veces conscientes y otras no, sobre qué hacer, cómo hacerlo y qué va a suceder.

## CAPÍTULO 6. CULTURA: MOLDEAR LAS PRIORIDADES Y COMPORTAMIENTOS...

Toda organización tiene una cultura. El desafío radica en definirla correctamente, para permitir que rija tanto los procesos organizacionales como las acciones de los empleados. Aunque muchos visualizan la cultura como las raíces de un árbol, nosotros discrepamos —las raíces refuerzan el pasado y ofrecen una visión fija de la cultura—; la cultura es como las hojas del árbol, que generan energía mediante la luz del sol y crecen hacia el futuro.

Ahora bien, definir la cultura adecuada requiere aclarar cuatro conceptos: propósito, valores, marca y cultura. Satya Nadella, CEO de Microsoft, dijo recientemente: «La semana pasada, en mi correo electrónico, sinteticé nuestra dirección estratégica como una empresa de productividad y plataforma. Tener un enfoque claro es el comienzo del viaje, no el final. El paso más difícil es crear la organización y la cultura para hacer realidad nuestras ambiciones»[5]. Con las palabras de Nadella en mente, describiremos los cuatro conceptos:

- Propósito: como mencionamos, es la base de las empresas estratégicamente ágiles, pues representa la aspiración de lo que podemos llegar a ser. Suele incluir una visión idealizada del futuro y una declaración de su misión —por qué existe, sus estrategias y objetivos, dónde y cuándo debe invertir para lograrlos...—; a menudo, se expresa en un eslogan. El propósito de tu organización crea un futuro que inspira a las personas y ofrece dirección, y es una característica común a todos los ecosistemas orientados al mercado. Como se mencionó anteriormente, la misión de Google es «organizar la información del mundo y hacerla universalmente accesible y útil», mientras que la misión de Alibaba es «facilitar el hacer negocios en cualquier lugar» y la de Amazon, aunque más larga, es «ser la empresa más centrada en el cliente de la Tierra, donde los clientes puedan venir a buscar y encontrar cualquier cosa, todo lo que quieran comprar en línea», y se esfuerza por ofrecer a sus clientes los precios más bajos posibles.

- Valores: representan las creencias centrales de una empresa, lo que defiende y lo que define cómo hace su trabajo. En la metáfora del árbol, los valores son las raíces, generalmente están articulados por el fundador, se expresan en una declaración de valor y permanecen estables en el tiempo. Además, determinan los comportamientos aceptables de los empleados, suelen ser genéricos y consistentes en todas las empresas e incluyen valores nobles, como integridad, empoderamiento, excelencia, responsabilidad, servicio y pasión. En Tencent, los cuatro valores centrales son integridad, proactividad, colaboración e innovación, mientras que Amazon describe los principios de liderazgo que destacan comportamientos y mentalidades deseadas que los líderes deberían demostrar.

- Marca: representa lo que caracteriza a la empresa en el mercado y las promesas hechas a los clientes sobre un producto específico, así como la interacción entre clientes y empresa.

- Cultura: representa la identidad de la empresa en la mente de sus clientes clave y como realidad para sus empleados. Esta definición mueve el foco de valor interno a uno externo, al cliente, porque conecta la cultura con el mercado. Esta visión también asegura que la marca y las promesas a sus clientes constituyan consideraciones importantes en las acciones internas de la empresa. Por ejemplo, esta visión externa de la cultura representa cómo los empleados entienden la impresión de los clientes clave de la identidad de su empresa.

Tomados en conjunto, estos cuatro conceptos capturan el proceso clave para definir la cultura como algo más que un conjunto genérico de valores integrados y que un puñado de promesas de clientes a medida y aislado. Como se muestra en el cuadro 6.1, una vez definida la cultura adecuada, se establecen las expectativas de gobernanza que conducen a procesos de organización correctos y acciones personales que aumentan el bienestar de los empleados, la cohesión del ecosistema y el desempeño organizacional. Por tanto, no olvides reflexionar sobre el estado de tu empresa en estas cuatro dimensiones.

**Cuadro 6.1 Definir una cultura organizacional adecuada**

## LA NATURALEZA MULTIFACÉTICA DE LA CULTURA

Con la cultura como identidad de la empresa en la mente de los clientes y en la realidad de los empleados, esta visión se convierte en un poderoso mecanismo de gobernanza para dar forma a cómo piensan y se comportan las personas en plataformas, equipos de negocios e incluso organizaciones asociadas. A través de una cultura adecuada, todos en el ecosistema comparten las mismas prioridades, como el enfoque centrado en el cliente de Amazon y Huawei, el enfoque impulsado por la misión de Alibaba y la experiencia de usuario de Tencent. Debido a la complejidad del pensamiento y el comportamiento humano, la cultura tiene muchas facetas. Sin embargo, podemos agrupar estos numerosos elementos en tres grandes categorías de cultura.

## HISTORIAS Y OTRAS COSTUMBRES ORGANIZACIONALES

Los símbolos, los rituales, las historias y otros eventos organizacionales son los primeros artefactos culturales que experimentamos cuando nos unimos o visitamos una organización, ya que son los más visibles. Del mismo modo, los ecosistemas orientados al mercado necesitan contar historias e incorporar rituales que apoyen su cultura. Durante la incorporación como nuevo empleado en Huawei, por ejemplo, se cuentan muchas historias sobre cómo la compañía vive su enfoque centrado en el cliente. Por ejemplo, es típica una sobre el terremoto en Japón de 2011, que provocó un tsunami y grandes problemas en la central nuclear de Fukushima. Debido al desastre, muchas de las torres de transmisión fueron derribadas y la comunicación fue interrumpida. En lugar de huir por razones de seguridad, Huawei decidió enviar aún más personas para ayudar a su cliente, la empresa de comunicaciones SoftBank con sede en Tokio, a restaurar los servicios de telecomunicaciones, gracias a lo cual se ganó la confianza de Masayoshi Son, el CEO de SoftBank, quien entonces estableció una estrecha alianza con Huawei.

## CRITERIOS DEFINIDOS INTERNAMENTE

Una parte más sutil pero muy poderosa de la cultura es cómo piensan, se comportan y se sienten las personas de una organización, de acuerdo con criterios definidos internamente. La cultura aparece en los valores, las normas y las reglas escritas, así como en las respuestas emocionales a cómo se hacen las cosas. Los ecosistemas orientados al mercado deben explicitar lo máximo posible su cultura y proporcionar circuitos de retroalimentación para ayudar a las personas a aprender. Por ejemplo, en Amazon, todos saben que Jeff Bezos prioriza el enfoque al cliente en lugar del enfoque a la competencia. Como recordaba un exvicepresidente en una entrevista con nosotros, en una ocasión en que se reunió con varios vicepresidentes sénior y Bezos, un participante mencionó lo que Walmart había hecho recientemente para ganar participación de mercado y, cuando Bezos escuchó este comentario, se puso en pie de inmediato, interrumpió la reunión y reforzó la creencia de Amazon. Aunque el ejecutivo que había intervenido se sorprendió ante la reacción de Bezos, no así el resto de participantes, porque trabajaban en la empresa desde hacía muchos años y habían presenciado respuestas similares. Bezos nunca desaprovecha la oportunidad de reforzar su creencia central, que subyace a toda la toma de decisiones[6].

## REPUTACIÓN EXTERNA

La reputación de mercado de una empresa constituye su identidad externa, la imagen por la que es percibida por sus mejores clientes. En este sentido, Amazon desea ser conocido por su obsesión por el cliente, Google por su innovación tecnológica, Facebook por su producto y Supercell por sus juegos sobresalientes que perduran en el tiempo. Para que estas reputaciones sean reales, cada miembro del ecosistema necesita pensar, actuar y sentir a través de la cultura deseada, pues esta es la mejor manera de movilizar la marca de la compañía y se expresa en cada interacción con el cliente.

Con esta última categoría de cultura en mente, podemos comenzar a definir la cultura ideal o correcta de una empresa mediante la siguiente pregunta: ¿por qué queremos que nuestros mejores clientes nos conozcan? Esta pregunta equilibra los valores o comportamientos internos de la empresa, así como sus promesas e identidad externas. Asegúrate de que los clientes y los empleados comparten la misma mentalidad sobre este aspecto deseado de la cultura. Como mencionamos, Tencent quiere ser conocido por sus excelentes experiencias de usuario; Huawei por su increíble enfoque y servicio al cliente; y Amazon desea posicionarse como «la empresa más centrada en el cliente en el mundo», por vender casi cualquier cosa en línea (y también fuera de línea) y entregar los pedidos extremadamente rápido. Cuando estas aspiraciones externas se integran en los comportamientos de los empleados y en las acciones de la organización, la cultura gana un impacto real en el negocio.

## 2. DEFINIR LA CULTURA ADECUADA EN UN ECOSISTEMA ORIENTADO AL MERCADO

Una vez articulada la cultura correcta, veamos el rol que desempeña en la gobernanza de un ecosistema orientado al mercado. De acuerdo con su misión de «facilitar los negocios en cualquier lugar», Alibaba mantiene un ojo en el exterior (desarrollo tecnológico en evolución y necesidades de clientes desatendidas o «puntos de dolor») y otro ojo en nuevas oportunidades de negocio para accionar correctamente su misión. La compañía comenzó con un modelo B2B que conectaba a las empresas chinas con compradores extranjeros; luego, se desarrollaron Taobao, que conecta a pequeñas y medianas empresas dentro de China con compradores chinos, y Alipay, que resuelve el problema del pago. Después, se crearon Alimama, para crear tráfico de usuarios a través de publicidad social dirigida, y Cainiao, como soporte logístico[7]. La cultura de Alibaba se basa en explorar constantemente el mundo externo para desvelar potenciales conexiones y necesidades desatendidas, así como para tomar la decisión correcta que enriquezca el ecosistema de Alibaba. En resumen, la cultura guía las decisiones clave de negocio.

Amazon sostiene que gran parte de su éxito se debe a que toda la organización está estrechamente conectada con el cliente, una cultura que permite una rápida y continua evolución de la organización, siempre al servicio del cliente. Según Bezos: «Hemos tenido tres grandes ideas en Amazon con las que nos hemos mantenido durante dieciocho años, y son la razón por la que tenemos éxito: poner al cliente primero, inventar y ser pacientes»[8]. Y repite esta afirmación muy a menudo.

El caso de Huawei es incluso más ilustrativo: cuando los empleados se unen a la empresa, comprenden que deberán centrarse en el cliente a nivel olímpico, priorizando las necesidades de los clientes por encima de cualquier otro elemento, incluidos los inversores o los oficiales del Gobierno, que son partes interesadas críticas en China. Por ejemplo, el CEO, Ren Zhengfei, dedica su tiempo a clientes, empleados y socios, no a inversores o funcionarios. De hecho, es conocido internamente que Ren se negó a ver a un equipo de inversión encabezado por Stephen Roach, Morgan Stanley, que administra un valor total de 3000 millones de dólares, ya que invertir en esta relación no era su prioridad[9]. Si bien esa historia tiene mucho peso, la respuesta de Huawei después del terremoto en Japón de 2011, como se mencionó anteriormente, también fue impresionante. El dividendo de lealtad del cliente que se derivó de esta acción fue descomunal, especialmente con SoftBank, una importante compañía japonesa de telecomunicaciones.

Supercell centra su cultura en la innovación, no solo a través de sus cinco juegos móviles de primer nivel, sino también en muchas otras áreas.

## CAPÍTULO 6. CULTURA: MOLDEAR LAS PRIORIDADES Y COMPORTAMIENTOS...

En 2015, apostaron por exponer la publicidad de Clash of Clans en el Super Bowl con un anuncio en el que Liam Neeson —reconocido por sus papeles en *La guerra de las galaxias* y *Venganza*—, bajo el nombre AngryNeeson52, decide jugar una revancha contra BigBuffetBoy85 y trata de ganarse el oro desde una cafetería. Supercell decidió pagar por un minuto completo que se retransmitió durante el partido, lo que costó alrededor de 9 millones de dólares. Entonces, Clash of Clash no solo se convirtió en el primer juego de *smartphone* anunciado durante el Super Bowl, sino que llegó a ser en YouTube la retransmisión más popular de la Super Bowl en 2015, según un recuento de visitas. De hecho, tuvo tanto éxito que Machine Zone, una empresa tecnológica con sede en California, pronto siguió su ejemplo[10].

Facebook mantiene su cultura de innovación en flujo constante a través de su fuerte preferencia por la acción sobre la perfección. La compañía atribuye gran parte de su éxito a una capacidad clara en torno a la innovación, debido a las fortalezas culturales de Facebook para probar nuevas ideas y lograr mejoras, siempre al servicio de la innovación. «La acción es mejor que la perfección», afirmó un ejecutivo. En este sentido, la cultura del *hackathon* alienta a los empleados a moverse rápido, disrumpir lo establecido y causar impacto. Del mismo modo, su norma cultural implica un desarrollo fácil, un fracaso rápido y el aprendizaje ágil; no se trata de buscar ventaja personal o una microgestión de oportunidades potenciales hasta mantenerse en un estado de inercia.

DiDi sostiene que todas las partes del ecosistema deberían funcionar con la misma rapidez porque, al igual que una cadena es tan fuerte como su eslabón más débil, un ecosistema es tan ágil como su parte más lenta. Así, el equipo de gestión central de DiDi tiene una reunión fuera de su sede con el personal cada mes que se transmite en vivo y donde el CEO y otros ejecutivos comunican sus pensamientos, avances y posiciones sobre temas clave. Entonces, se hacen votaciones en línea y se discuten abiertamente los diez temas principales del día. En su correspondencia de pasajeros y conductores, DiDi también explota grandes volúmenes de inteligencia artificial, no solo para responder rápidamente a las peticiones de los clientes, sino también para anticipar dónde será alta la demanda y minimizar así el tiempo de espera de los pasajeros[11].

Google establece su cultura ideal de agilidad al traducir sus valores en comportamientos adecuados para clientes y empleados. El valor del respeto por el individuo se refleja en la gran transparencia entre los empleados sobre lo que sucede: qué decisiones y qué acciones se toman para servir a los clientes. Debido a que Google cree en el derecho del individuo al conocimiento, comparte lo que sucede en la empresa en la medida de lo posible, una apertura que fomenta un terreno común y generalizado de comprensión y un clima de cooperación. Desde este terreno fértil, se ha desarrollado una cultura marcada por la alta energía y la voluntad de ir más allá de la descripción del trabajo, en busca de un bien común[12].

Para reinventar su organización en torno a un conjunto de capacidades críticas, pregúntate si tienes la cultura adecuada para dar forma a las prioridades y los comportamientos de las personas en tu ecosistema. ¿Qué escribiría o diría alguien sobre tu cultura? ¿Reúne los valores internos y su marca externa? ¿Conviertes el propósito, la misión, la visión o la estrategia en acciones concretas? ¿Tu empresa ha evolucionado hasta centrarse en los problemas que resultan importantes para los futuros clientes?

## 3. IMPLICACIONES GERENCIALES

Obtener la cultura adecuada en cada uno de los ecosistemas orientados al mercado se debe a todo menos a la suerte, pues requiere herramientas y prácticas muy deliberadas. Veamos ahora algunos de los enfoques de éxito de nuestro estudio para que puedas adaptarlos a tu organización y exponer este concepto de cultura a todas las partes interesadas.

### HERRAMIENTAS DE PROCESO

Las herramientas de proceso dan forma a una cultura ganadora al garantizar que las personas sientan, piensen y actúen de manera consistente con las promesas que hicieron a los clientes y otros grupos de interés clave. Por tanto, las culturas más sólidas no están centradas internamente en quiénes son o quiénes quieren ser, sino externamente en quién las necesita y quién se debe ser para satisfacer las necesidades y expectativas de los demás.

**Traducir la cultura a comportamientos.** Define tus principios y dalos a conocer. En este sentido, recordemos las palabras del sitio web de empleos de Amazon: «Si te encanta construir, inventar, ser pionero y formar parte de un equipo de alto rendimiento apasionado por la excelencia operativa, esto te encantará»[13]. ¿Qué mejor señal para que los empleados y clientes potenciales sepan qué esperar de Amazon? Una encuesta reciente a 350 clientes de Amazon reveló que a ninguno le importaba tanto su experiencia emocional como la ejecución oportuna de sus órdenes. Estas expectativas del cliente (promesas de la marca) configuran el comportamiento de los empleados en torno a la excelencia operativa. Para ser la empresa más centrada en el cliente del mundo, Amazon también traduce esta visión en catorce principios básicos de liderazgo que guían el pensamiento, la toma de decisiones y el comportamiento de sus empleados. Dicho esto, ¿cómo se traducen las promesas de la marca a acciones y comportamientos? ¿Los empleados definen e inician acciones fundadas en la cultura organizacional?

**Formas de diseño para apoyar estos comportamientos de los empleados.** Aunque entraremos en detalle más adelante, estas son algunas pinceladas de lo que se requiere para institucionalizar la cultura.

- **Aplicar lo que se predica.** La cultura está activa cuando los líderes viven de acuerdo con sus creencias y recurren a ellas para tomar decisiones en la organización, utilizar su tiempo y compartir información con el resto. Por ejemplo, Amazon solo invierte en nuevos negocios u ofertas de servicios si esto satisface unas necesidades claras de los clientes. Desde la venta minorista en línea de libros, CD, DVD, moda y electrodomésticos hasta Amazon Marketplace, AWS, Amazon Prime, Amazon Go y otros negocios, todas las decisiones del ecosistema se basan en un criterio simple: ¿es lo que necesitan los clientes? Amazon institucionaliza tal pensamiento en su ejercicio de comunicado de prensa y preguntas frecuentes (PR&FAQ). Las personas desarrollan una propuesta de negocio pensando en retrospectiva cómo un producto o servicio podría ser de valor para el cliente. Entonces, resumen este pensamiento en un comunicado de prensa simulado, idealmente en menos de seis páginas, seguido de preguntas frecuentes que responden a si el producto o servicio será sostenible, cómo se diferencia de sus competidores y cómo encaja en la oferta de Amazon[14]. Los líderes empresariales construyen la cultura de la empresa no solo a través de diferentes formas de comunicación, sino también en sus decisiones empresariales y de gestión.

- **Inculcan la cultura deseada mediante procesos de gestión y de organización.** Estos elementos incluyen contratación de personal, capacitación, ascensos, medición del desempeño, premios e incentivos, estructura organizativa, diseño del trabajo, gestión de la información, planta física y desarrollo de liderazgo. A través de estos procesos, los gestores refuerzan las acciones de sus empleados para alinearlas con las expectativas del cliente. De hecho, los clientes pueden participar en prácticas tradicionalmente internas; por ejemplo, pueden tener una voz en el establecimiento de criterios para la contratación, participar en actividades de capacitación como asistentes o participantes y ayudar a asignar recompensas. Cuando los clientes aconsejan o participan en estas prácticas, están más comprometidos con la empresa.

- **Elegir, desarrollar y motivar a líderes que reflejen la cultura deseada en todos los niveles.** Por ejemplo, sin definir una cultura adecuada, los líderes de Amazon o Alibaba no pueden avanzar, porque el 50 % de la evaluación del desempeño de un líder está vinculada a los valores fundamentales. Como líder, eres un proveedor de cultura que ejemplifica y refuerza sus valores dentro y fuera; debes contar las historias y reforzar los rituales que permiten que la cultura sea tangible para los demás. Del mismo modo, es esencial fortalecer los comportamientos que reflejan la cultura de manera más práctica: en la forma en que interactúas con el resto del ecosistema, como si fueran colegas y clientes.

## PRÁCTICAS O RITUALES

Los rituales representan un elemento cultural crucial para el éxito que se busca mediante este ecosistema. Por ejemplo, Ren, el CEO de Huawei, tiene talento para escribir cartas y contar historias, por lo que recurre a un lenguaje evocador para describir los desafíos de marketing de su empresa —«el invierno más frío que enfrenta Huawei»— y para generar un sentido de urgencia y dedicación constante al trabajo duro. También escribe cartas públicas a ciertos empleados para potenciar comportamientos positivos o negativos que quiere abordar. Sin duda, todos los líderes deben ser excelentes comunicadores y deben encontrar el medio que más se adapte a ellos. Ya sea a través de seminarios web interactivos, una serie de pódcast o una ronda relámpago de foros interactivos, la clave es no olvidar que cualquier cultura requiere de cuidado y nutrición, para lo cual resulta esencial un uso deliberado de los rituales que funcionan para el líder y el ecosistema.

Veamos algunas prácticas particularmente convincentes, aunque el cuadro III.3 contiene muchas más sugerencias. No hay duda de que valdrá la pena adaptar algunas de estas ideas a tu situación particular. Además, esperamos que la gran cantidad de rituales que otros han encontrado efectivos resultarán inspiradores y fomentarán un pensamiento creativo entre tu equipo. ¿Qué puedes hacer en una hora, un día, una semana o en más tiempo para integrar y apoyar la cultura que necesitas?

- ***Storytelling:*** en Huawei, el CEO, Ren Zhengfei, escribe cartas, cuenta historias y comparte fotos. Para llevar a casa el mensaje de complacer a los clientes, no al jefe, Ren comparte una foto de sí mismo esperando en la cola de un taxi en el aeropuerto de Shanghai Hongqiao. ¿Cuál es el mensaje? En Huawei, los empleados no deben desperdiciar energía ni esfuerzos para servir a sus jefes, incluido él mismo.

- **Uso del tiempo:** Jeff Bezos, presidente de Amazon, asigna el 70 % de su tiempo a nuevos negocios[15]; Zuckerberg (Facebook) se enfoca principalmente en nuevos productos mientras que todo lo operativo, los asuntos comerciales y de gestión conciernen a Sheryl Sandberg (directora de operaciones). Por su parte, Ren solo pasa tiempo con clientes, empleados y socios.

- **Denominación de instalaciones o edificios:** el nombre de una sala u otras estructuras transmite quién o qué es valorado en la empresa. Mientras que algunas nombran sus salas de reuniones en honor a diferentes científicos o actores famosos, Bezos le puso el nombre de «Día 1» a su nueva sede, por un término usado a menudo para asegurar que Amazon aún tiene muchas oportunidades de emprendimiento y de crecimiento por delante[16]. (También hay un edificio Día 1 en el campus sur y otro edificio Día 1 en el campus norte).

- **Configuración física de oficinas:** las diferentes configuraciones de las oficinas de los ejecutivos sénior. Para algunas compañías, son de esquina y en el piso superior; en otras, los CEO o ejecutivos sénior simplemente se sientan junto a los empleados en un espacio abierto, sin despachos privados. Estos arreglos transmiten el tipo de cultura que la empresa desea promover y en qué medida valoran la transparencia, la igualdad y la colaboración.

- **Frugalidad:** en Amazon, la restricción de recursos se ve como una fuente de creatividad. Para citar a un ejecutivo sénior: «Creo que la frugalidad impulsa la innovación, al igual que otras limitaciones. Una de las únicas formas de salir de una caja cerrada es inventar tu propia salida»[17].

- **Establecer estándares altos:** en Supercell, el equipo de desarrollo decide de antemano qué tasas de retención y participación debe alcanzar su nuevo producto para pasar al siguiente nivel de desarrollo. Estos puntos de referencia se anuncian en toda la compañía, y los juegos que no cumplen con los estándares se abandonan, con todos los equipos como testigos, pero no hay de qué avergonzarse[18].

- **Perspectiva a largo plazo:** Google es famoso por practicar esta filosofía día tras día, una táctica que promueve la cultura de propiedad, en la que las personas actúan no tanto por el rendimiento trimestral, sino más bien por la salud a largo plazo de la compañía[19]. Google cree que este mecanismo cultural fomenta una toma de decisiones más sabia y otorga a los líderes y empleados la licencia para abandonar malas ideas.

- **Reuniones diarias:** en JD.com, casi todos los equipos tienen una reunión todas las mañanas para discutir qué decisiones deben tomarse ese día y qué decisiones se tomaron el día anterior (o recientemente), así como los resultados conocidos. Este nivel de transparencia, combinado con un alto grado de responsabilidad, mantiene a todos honestos y ayuda a que todos aprendan juntos en el grupo. También proporciona una retroalimentación significativa antes de la toma de decisiones, no después[20].

¿Cuál de las herramientas de proceso, prácticas o rituales anteriores puedes adaptar para hacer realidad la cultura de tu empresa? ¿Cómo puedes asegurarte de que todos estén realmente preocupados por los clientes, entusiasmados con la innovación y comprometidos con una estrategia ágil? Reinventar la organización es un ejercicio inútil si no se permite que los empleados piensen, sientan y actúen de manera diferente.

## 4. CONCLUSIÓN

No podemos exagerar la importancia de la cultura en la creación de expectativas comunes para todo el ecosistema y de medios para lograrlo. La cultura forma parte del aire que respiramos y se ve reforzada o debilitada por innumerables decisiones, prácticas y sistemas establecidos. Por encima de todo, los líderes deben definir la cultura adecuada, pues conecta las promesas externas con las acciones internas de los empleados. Una cultura adecuada respalda conscientemente las cuatro capacidades centrales del ecosistema orientado al mercado —detección externa, obsesión por el cliente, innovación constante y agilidad en todas partes—, así como el comportamiento personal y las prácticas de los empleados cuando se implementan buenas prácticas.

# 7. *ACCOUNTABILITY*: EMPLEADOS COMPROMETIDOS CON EL DESEMPEÑO Y MOTIVADOS PARA MEJORARLO

Las expectativas sin responsabilidad y compromiso están vacías. Los deseos personales de perder peso, hacer más ejercicio, ahorrar dinero, dormir más, leer más, hacer nuevos amigos o aprender una nueva habilidad se convierten en falsas esperanzas y resoluciones de Año Nuevo descartadas si no se tiene responsabilidad y compromiso[1], del mismo modo que es poco probable que los políticos que hacen promesas electorales sin cumplirlas sean reelegidos.

Los países que progresan económica, social o políticamente inculcan un espíritu de responsabilidad y compromiso entre sus ciudadanos. Por ejemplo, el mandato de treinta y un años de Lee Kuan Yew como primer ministro de Singapur se ha visto como un milagro económico. Como líder de una isla sin recursos naturales, ayudó a convertir a Singapur en una economía global líder, con un aeropuerto de clase mundial, rascacielos y un clima comercial favorable[2]; sin duda, gran parte de su éxito puede atribuirse al espíritu de responsabilidad que inculcó en todo el país, puesto que las promesas de los líderes de su Gobierno se cumplieron y se establecieron regulaciones para los negocios. Por tanto, se contaba también con que los ciudadanos cumplieran con las normas culturales[3]. Del mismo modo, las organizaciones deben garantizar un espíritu de responsabilidad para cumplir sus propósitos, vivir sus valores, establecer una cultura e inculcar su marca (capítulo 6). Los ecosistemas orientados al mercado gobiernan con un compromiso muy claro. En este capítulo, examinamos tres aspectos de dicha responsabilidad: qué la hace funcionar, cuáles son las herramientas que se pueden aplicar para garantizarla y cómo se ejecuta en los ecosistemas que estudiamos.

## 1. FOMENTAR EL COMPROMISO MEDIANTE CONVERSACIONES POSITIVAS

En los últimos años, casi todo lo relacionado con los sistemas de gestión del rendimiento ha sido criticado. Tanto líderes como empleados están disgustados ante una retroalimentación poco frecuente y torpe, el reduccionismo numérico, la competitividad y la actitud defensiva que se genera entre los empleados, clasificándolos por medio de una aparente caja negra. Otros problemas incluyen la falta de conexión con los resultados de la compañía y una carga abrumadora del papeleo, tanto para gerentes como para recursos humanos.

En la actualidad, la lista de empresas que ha disuelto las evaluaciones de desempeño tradicionales continúa creciendo. Ya en 2015, el 6 % de las empresas de Fortune 500 habían eliminado el *ranking* de desempeño competitivo, el 95 % de los directivos no estaban satisfechos con la forma en que sus compañías realizaban las revisiones de desempeño y casi el 90 % de los líderes de Recursos Humanos dijeron que el proceso fallaba al proporcionar información precisa. Medtronic, con sede en Minneapolis, «abandonó por completo el viejo estilo de gestión del desempeño», según palabras directas de Caroline Stockdale, exdirectora de talento de la compañía de tecnología médica valorada en 29 000 millones de dólares. Como resultado, Medtronic abandonó todas las partes del proceso: calificaciones numéricas, curvas de campana forzadas y papeleo. «Las calificaciones restan valor a la conversación —afirmó Stockdale—. Si un empleado está sentado esperando a que baje el número, en el mejor de los casos, no está involucrado en la conversación. En el peor de los casos, puede enojarlos y generarles descontento por un período de hasta un año»[4].

Pero también escucha con atención; en las críticas a los sistemas actuales, todavía escuchamos fuerte y claro que la responsabilidad importa. Es la naturaleza humana; si no nos responsabilizamos con nuestro compromiso, entonces... [completa el espacio en blanco]: no hacemos la cama, no vamos a clase, no trabajamos o no cumplimos con una fecha límite. ¿Por qué las agencias de alquiler de automóviles cobran tanto por llenar el depósito de gasolina? Simplemente, no les interesa el negocio de la gasolina, así que te hacen responsable. ¿Quién limpia voluntariamente un coche de alquiler antes de devolverlo? Casi nadie, porque nadie nos ha responsabilizado de ello. ¿Te esforzarías tú por mejorar tu puntuación a los bolos si nunca cayeran y nadie llevase la cuenta? Seguramente no.

En treinta años de enseñanza, nunca hemos visto a un estudiante completar un curso como oyente. No importa cuán sincera sea la intención original, los estudiantes no se esfuerzan por aprender si no tienen tareas y calificaciones. Como mínimo, estos mecanismos centran su tiempo y su atención, otorgando un grado razonable de prioridad al trabajo, por lo que la obligación y el reconocimiento siguen siendo herramientas muy poderosas para moldear el comportamiento y las decisiones de las personas. La cuestión no es deshacerse de esta responsabilidad, sino de diseñarla y utilizarla adecuadamente para construir, de la mejor manera posible, las capacidades que necesita una empresa o un ecosistema.

Los sistemas de evaluación tradicionales suelen fallar, porque se centran erróneamente en procesos rígidos (establecer objetivos, medir logros y asignar recompensas), en lugar de centrarse en conversaciones positivas. El tipo de sistema de evaluación es mucho menos relevante que la capacidad de establecer una conversación positiva. Estas no son solo un evento en el calendario; funcionan mejor como proceso continuo, cuando los líderes interactúan regularmente con los empleados. Imagina tener una sola revisión anual con tus hijos en lugar de conversaciones diarias —o incluso cada hora— sobre su comportamiento. Mediante un enfoque en conversaciones positivas, casi cualquier sistema de desempeño puede funcionar de manera efectiva. Lo más importante es lo que gerentes y otros líderes pueden hacer para mejorar esta responsabilidad ante el desempeño, mediante un diálogo sincero entre ellos y sus empleados[5]. Al tener estas conversaciones, los líderes muestran cómo ser transparentes ante problemas de responsabilidad y compromiso sin tener que cargar con procesos complejos.

Estas conversaciones positivas ayudan a las personas a obtener lo que se llama una «mentalidad de crecimiento», concentrándose en lo que se puede mejorar[6]; al centrarse en el futuro, fomentan la resiliencia y la perseverancia. Abordan el problema de comportamiento sin juzgar a la persona y, por lo tanto, ofrecen al individuo una validación de sus acciones y de su potencial. Cuando los líderes se centran en ayudar a las personas a aprender tanto de los éxitos como de los fracasos, en lugar de solo criticar, pueden ofrecer oportunidades de carrera que coincidan con las habilidades y compromisos de los empleados. El *locus* de control para la mejora pasa del líder al empleado. Como resultado, la conversación no se basa en formas, herramientas o procesos, sino en crear una relación positiva entre líder y empleado.

Si quieres liderar, deberás responsabilizar a todos con quienes trabajes; evitar o delegar la responsabilidad (por ejemplo, en alguien en Recursos Humanos) amenaza la credibilidad de tu liderazgo y obstaculiza el desempeño de los empleados.

## 2. EJEMPLOS CONCRETOS EN VARIAS EMPRESAS

Google recurre a menudo a los llamados «objetivos y resultados clave» (OKR, por sus siglas en inglés) para fomentar la disrupción de esquemas hacia la innovación, estableciendo objetivos ambiciosos y un seguimiento del progreso[7]. Los OKR se definen muy específicamente:

- Los objetivos son ambiciosos y pueden llegar a ser algo incómodos.

- Los resultados clave son medibles y deberían ser fáciles de calificar con un número (Google usa una escala de 0 a 10).

- Los OKR son públicos, para que todos en la organización puedan ver en lo que otros están trabajando.

- El punto óptimo para una calificación OKR es del 60 al 70 %; si alguien logra sus objetivos de manera consistente, los OKR no son lo suficientemente ambiciosos y la persona necesita pensar en otros más ambiciosos.

- Las calificaciones bajas deben verse como datos para refinar los próximos OKR.

- Los OKR no son sinónimos de evaluaciones de los empleados.

- Los OKR no son una lista compartida de tareas por hacer.

En la práctica, el uso de OKR es diferente de otras técnicas de fijación de objetivos, como indicadores clave de rendimiento o cuadros de mando, debido a lo ambiciosos que suelen ser los OKR. Así, permiten que los equipos se concentren en las grandes apuestas y logren más de lo que creían posible, incluso si no cumplen plenamente con el objetivo establecido. Los OKR pueden ayudar a equipos y personas a salir de sus zonas de confort, priorizar el trabajo y aprender tanto del éxito como del fracaso.

Los OKR anuales de Google suelen incluir un proyecto llamado «disparo a la Luna» u «oportunidad 10X»[8]. Los empleados deben pensar en llegar a la Luna, es decir, en oportunidades innovadoras que puedan conducir a una diferencia de diez veces en el crecimiento del negocio. Para identificar estas oportunidades, se debe exigir a los empleados que se aventuren de forma radical hacia nuevos espacios de desarrollo. Ciertas ideas innovadoras de Google, como Google Fiber, los coches autónomos, las gafas inteligentes y Project Loon (globos transmisores de internet) fueron disparos a la Luna[9].

Alibaba hace responsables a los empleados de demostrar seis valores fundamentales en su trabajo y desempeño cotidiano, y «el cliente primero» es el número uno entre todos los valores fundamentales[10]. La responsabilidad de Alibaba por el éxito del cliente ha provocado numerosos modelos de negocio exitosos.

Por otra parte, el sistema fundamental de desempeño de incentivos de Huawei está diseñado para mantener a los empleados mirando hacia arriba y hacia afuera: Huawei no es una empresa pública y, de hecho, es propiedad de los empleados. Por supuesto, esta participación interna mantiene a los empleados con el foco en la imagen general. De hecho, las acciones del CEO Ren constituyen solo el 1.2 % del total de la compañía, puesto que más de 140 000 empleados poseen el resto, un sistema de participación accionaria que, a nivel interno, se conoce como las «esposas de plata». Además, Ren señala implacablemente su profunda creencia en la obsesión por el cliente como la clave para la supervivencia de la empresa. Los equipos de negocios que no logran servir a los clientes de la forma adecuada se reorganizan de inmediato y se reemplaza a sus líderes[11]. Aquellos ejecutivos que no atienden a los clientes o no hacen crecer el negocio son degradados o transferidos a otros puestos.

Amazon, Google, Facebook, Tencent, Alibaba, DiDi, Huawei y Supercell se basan en gran medida en las métricas de los clientes como parte central de su responsabilidad y observan atentamente el crecimiento del número de usuarios (usuarios activos diarios o usuarios activos mensuales), el tiempo que los clientes pasan con los productos, el dinero que gastan los clientes (por ejemplo, ingresos promedio por usuario), su tasa de deserción y su tasa de conversión, que resulta especialmente importante, ya que indica la proporción de oportunidades de ventas efectivas y el crecimiento de los ingresos derivados de campañas de marketing. Esta relación mide el éxito de la empresa en la búsqueda de nuevos clientes y la actualización de las relaciones existentes.

Además de los resultados, las empresas orientadas al mercado responsabilizan a las personas de cómo su comportamiento afecta al ecosistema general. En Amazon, otro principio clave después de la obsesión por el cliente es pensar y actuar como propietarios: «Los líderes son propietarios», proclama el sitio de trabajo de Amazon. «Piensan a largo plazo y no sacrifican el valor a largo plazo por resultados a corto plazo. Actúan en nombre de toda la empresa, más allá de su propio equipo. Nunca dicen "ese no es mi trabajo"»[12]. Los comportamientos especificados en los principios de liderazgo se miden periódicamente y representan el 50 % del desempeño de los empleados.

En Facebook, se espera que los empleados construyan comunidad dentro y fuera del trabajo utilizando sus propias herramientas. Se espera que tomen la iniciativa y «personalicen su comunidad a escala». Este aspecto de responsabilización por el servicio que proporciona Facebook se considera clave para la participación de los empleados[13].

¿Hasta dónde responsabilizas a tus empleados por los resultados y el comportamiento? ¿Estableces objetivos, realizas un seguimiento de las métricas de datos, mides su comportamiento o utilizas alguna combinación de estos métodos? ¿Tus empleados alinean su responsabilidad personal con los objetivos de la empresa?

## 3. IMPLICACIONES GERENCIALES

El proceso de establecimiento de expectativas es tan importante o incluso más que los criterios establecidos. De hecho, los líderes que imponen estándares estrictos fomentan la conformidad, lo que reduce el esfuerzo, la flexibilidad y el compromiso de los empleados. Tener una conversación positiva para involucrar activamente a los empleados en la definición de sus expectativas ayuda a hacer realidad los resultados esperados. Cuanto más apropiados se sientan los empleados, más creativos y llenos de energía estarán. Del mismo modo, si la situación cambia, algo común en nuestros días, los empleados comprometidos lograrán adaptarse con más facilidad. Las siguientes herramientas y prácticas refuerzan esta noción fundamental. Adaptar estas herramientas a una conversación positiva sobre responsabilidad garantiza que se cumplan las promesas.

### COMPRENDER LA MOTIVACIÓN HUMANA

Se ha aprendido mucho en los últimos años acerca de cómo mejorar las prácticas de responsabilidad interna existentes, incluso de forma incremental, con vistas a forzar un gran cambio en las expectativas. Comenzar por comprender en profundidad la motivación humana para mantener mejores conversaciones facilitará la tarea de cambiar los flujos de energía y de comportamiento tanto por parte de los líderes como de los empleados hacia horizontes más positivos. El cuadro 7.1 comparte algunas prácticas emergentes destacables.

## Cuadro 7.1 Prácticas emergentes para el desempeño y el diálogo del desarrollo

| Práctica actual | Práctica emergente |
|---|---|
| Tener las conversaciones sobre el rendimiento en un momento determinado. | Tener conversaciones de rendimiento en tiempo real (continuamente) y en torno a eventos (celebración anual, promoción, salario…). |
| Concentrarse en la habilidad («Eres inteligente») que cree una mentalidad fija. | Concentrarse en el esfuerzo («Trabajas muy duro») para crear una mentalidad de crecimiento. Elogiar los esfuerzos y los resultados. |
| Mirar hacia atrás para enfatizar el rendimiento («Eres bueno en…»). | Mirar hacia adelante para ver oportunidades y motivar el aprendizaje («¿Qué has aprendido que puedas aplicar en el futuro?»). |
| Enfatizar lo que está mal. | Concentrarse en lo que está bien (por cada cosa negativa, buscar cinco positivas). |
| El rol del líder es mandar y controlar, y el líder no está cerca del proceso de cambio. | El papel del líder es entrenar y comunicarse modelando tanto el cambio como la mejora personal. |
| Centrarse en la acción. | Centrar el foco en la sostenibilidad de las acciones. |
| Hablar sobre lo que sucedió y lo que debería suceder. | Escuchar y entablar una conversación positiva sobre lo que podría pasar después. |
| Prepararse para una evaluación de desempeño haciendo papeleo y completando formularios. | Prepararse para una evaluación de desempeño pensando en cómo ayudar a la persona. |

## SUGERENCIAS GERENCIALES ADICIONALES

Podemos ampliar el cuadro 7.1 con las siguientes sugerencias más detalladas para fomentar la responsabilidad de forma efectiva:

- Enfocarse en el empleado dentro del rol que desempeña, evitando clasificarlos o comparar su rendimiento, sino, por el contrario, considerando a cada empleado de acuerdo con su propio progreso.

- Proporcionar una retroalimentación más frecuente. En lugar de realizar una revisión una vez al año, los nuevos sistemas tienden a proporcionar comentarios con mayor frecuencia, por ejemplo, al final de cada proyecto importante o cada trimestre. De hecho, Deloitte también ha implementado controles semanales con los líderes del equipo para ayudar a impulsar el rendimiento. Las conversaciones ocurren en tiempo real, no durante los tiempos prescritos.

- Acorta tus revisiones. La simplicidad de la revisión es crítica: cuanto más complicado es el proceso, más distrae de la conversación personal. Por ejemplo, Deloitte solo usa cuatro preguntas en sus revisiones, y dos se responden afirmativa o negativamente.

- Pasar de centrarse en el pasado a centrarse en el futuro. En lugar de revisar el rendimiento de todo un año de una vez, estas revisiones más cortas y frecuentes están diseñadas para ayudar a los empleados a avanzar con sus carreras en lugar de mirar hacia atrás en los logros o fracasos pasados.

- Elimina, en la medida de lo posible, la subjetividad del proceso. Un problema importante con las revisiones de desempeño estándar es que la evaluación de un revisor puede decir más sobre este que sobre el empleado. Para combatir esta tendencia, Deloitte ha cambiado sus preguntas hacia qué haría un gerente con una persona (ascenderla, incentivarla, etc.), en lugar de preguntar sobre lo que el líder piensa de esa persona.

- Cambia de un enfoque de administración de empleados a un enfoque basado en el desempeño de los empleados. Mediante conversaciones y revisiones más frecuentes, el líder puede lograr orientar a un empleado hacia su mejor desempeño.

- Usa una visión de gran impacto en vez de un enfoque simple en el desempeño. Muchos sistemas de revisión tradicionales fueron diseñados para reducir la medida del rendimiento de los empleados a un número, una calificación o clasificación. Esta nueva generación de métodos de evaluación busca generar una visión más rica y matizada de cada empleado para fomentar un mejor desempeño. Las preguntas que sugerimos anteriormente pueden promover una conversación interesante sobre diversos temas clave.

## RESULTADO VERSUS COMPORTAMIENTO

En cualquier conversación positiva, debes dejar claras las expectativas en términos de resultados (lo que se ha logrado) y comportamientos (cómo se realizó el trabajo). El cuadro 7.2 presenta una matriz resultado-comportamiento que permite observar ambos aspectos a la vez. La claridad sobre estos temas fomenta la innovación en empresas como Alibaba, Amazon, Facebook y Google. Examinemos cada cuadrante.

**Cuadro 7.2 Matriz resultado-comportamiento**

| | | Resultado (lo que se consigue) | |
|---|---|---|---|
| | | **Malo** | **Bueno** |
| **Comportamiento (cómo se realiza el trabajo)** | Correcto | 2<br>Mal resultado, pero comportamiento correcto | 4<br>Buen resultado y comportamiento correcto |
| | Incorrecto | 1<br>Mal resultado y comportamiento incorrecto | 3<br>Buen resultado, pero comportamiento incorrecto |

- **Cuadrante 4 (buen resultado, comportamiento correcto):** este es el cuadrante ideal. Cuando se logran buenos resultados de la manera correcta, los empleados deben ser recompensados generosamente.

- **Cuadrante 3 (buen resultado, comportamiento incorrecto):** son eventos aislados que no son sostenibles o predecibles. Aunque los reconocimientos a menudo se basan más en los resultados que en el proceso, un líder también debe considerar seriamente el comportamiento de los empleados, por el bien de su futuro desarrollo. Si su comportamiento es tan negativo que perjudica a la cultura de la empresa, el problema debe abordarse rápidamente mediante medidas correctivas, advertencias o, en casos extremos, un despido.

- **Cuadrante 2 (mal resultado, comportamiento correcto):** es el cuadrante donde se corren riesgos, pues los empleados están comprometidos de la forma adecuada, pero no logran inmediatamente los resultados esperados. El fracaso debe ser tolerado y tratado como una oportunidad para aprender. Por ejemplo, en Facebook, las personas pueden ser ascendidas si fallan de manera convincente y ayudan a otros a aprender de ello.

- **Cuadrante 1 (mal resultado, mal comportamiento):** este cuadrante abre dos opciones posibles, que los empleados cambien sus patrones de trabajo o que abandonen la empresa. Una conversación sincera ayuda al empleado a ser consciente de su desempeño antes de que su comportamiento llegue a este nivel.

En Facebook, tales métricas de resultados y comportamiento se identifican a través de revisiones por pares y se traducen de manera transparente en su bonificación a través de una fórmula acordada. De hecho, los jefes de proyecto no pueden cambiar los bonos de sus subordinados, porque están predeterminados por una fórmula[14].

## REFUERZO VERSUS CONSECUENCIAS

¿Trabajarías duro para recibir un 1 % de salario por encima del promedio de la compañía? Si tu rendimiento fue bajo, ¿estarías motivado a mejorar si tu penalización fuera solo un 1 % por no alcanzar tus objetivos? Supongamos que la penalización fuera una carta recriminatoria de la alta gerencia; ¿toda la compensación queda intacta? Hemos visto estas situaciones muchas veces y nunca conducen al éxito. Un CEO recién nombrado le pidió al equipo ejecutivo existente que calificara su éxito; entonces, todos se concedieron una buena nota. En la siguiente reunión de equipo, el CEO compartió sus autoevaluaciones y formuló la pregunta obvia: «Si todos estáis cumpliendo vuestros objetivos, ¿por qué perdimos 1000 millones de dólares el año pasado?». O las metas eran incorrectas o engañosas, o realmente no se cumplieron o no estaban vinculadas a los resultados de la organización. El consenso y la transparencia en el establecimiento y la presentación de informes de los objetivos, vinculándolos con las consecuencias, son la base de la responsabilidad[15].

**Cuadro 7.3 Matriz refuerzo-consecuencias**

| | | Consecuencias | |
|---|---|---|---|
| | | Financieras | No financieras* |
| Refuerzo | Positivo | Incremento salarial, bonus, capital de riesgo | • Reconocimiento<br>• Trabajo en sí mismo<br>• Oportunidad de trabajo o profesional |
| | Negativo | Incremento salarial limitado o inexistente, bonus, capital de riesgo | • Reprimenda<br>• Evaluación negativa<br>• Oportunidad de trabajo o profesional reducida<br>• Menos opciones de trabajo |

*Existen numerosas listas muy útiles con incentivos no financieros. Por ejemplo, ver Nelson, B. (2012) *1501 Ways to Reward Employees*. Nueva York: Workman Publishing; y Nelson, B. y Morris, B. (1997) *1001 Ways to Energize Employees*. Nueva York: Workman Publishing.

Cada desempeño implica, por tanto, consecuencias distintas, que pueden ser positivas o negativas, financieras o no financieras (cuadro 7.3). Las empresas con una responsabilidad de alto rendimiento utilizan las cuatro cuadrículas de la figura, dependiendo de la forma en que los empleados cumplan con los estándares de la empresa.

Al manejar una conversación positiva, pon el foco en lo positivo, no en lo negativo; de hecho, se sugiere una relación de 5:1 en refuerzo positivo y negativo, respectivamente, para obtener la respuesta adecuada[16]. Los resultados financieros positivos tienen el beneficio de ser precisos, medibles y comparables entre puestos y personas, e incluso algunas organizaciones publican sus aumentos salariales para indicar el desempeño de los empleados en el último año. A su vez, los trabajadores pueden observar quiénes reciben los mayores aumentos y discernir la relevancia financiera de un buen desempeño. Dicho esto, un incentivo no financiero es, a veces, más importante; el reconocimiento, un proyecto interesante y las oportunidades de trabajo únicas envían señales aún más fuertes y a menudo más públicas del desempeño ejemplar de un empleado.

En Tencent, el bono otorgado a cada estudio de juego varía, ya que está vinculado a una fórmula preestablecida de ingresos, ganancias y crecimiento del juego. Esta conexión hace que cada estudio trabaje muy duro para lanzar juegos exitosos, como Honor of Kings, porque el bono de fin de año para los productores o desarrolladores de juegos puede variar sustancialmente de un estudio a otro[17].

Del mismo modo, los equipos de plataforma también deben recibir incentivos adaptados. Pueden basarse en un modelo de reparto de ingresos (cuando una plataforma sirve como canal de distribución para juegos) o en una forma de asignación de bonificaciones en función de aquellos equipos de desarrollo que hayan identificado en el *front-end*. Este incentivo positivo asegura que los equipos de la plataforma se esfuercen por apoyar a los equipos de desarrollo a ser exitosos en el mercado.

## 4. CONCLUSIÓN

Con una filosofía de responsabilidad ante el desempeño (resultados y comportamientos) y de gestión de resultados (incentivos y consecuencias), se puede mejorar la gobernanza del ecosistema, pues queda garantizado un comportamiento correcto, el compromiso y los resultados deseados de las personas en diferentes unidades del ecosistema. No importa cuántas herramientas y prácticas compartamos, la responsabilidad es tanto un arte como una ciencia; debe practicarse con coraje, consideración y creatividad, y mantiene un equilibrio entre la motivación humana y el resultado deseado.

Los líderes que inculcan una responsabilidad efectiva en sus ecosistemas entienden el corazón humano, la mente y la cartera. Por lo tanto, deben reunir una gran habilidad y discernimiento para encontrar las formas correctas de responsabilidad y compromiso en situaciones en las que se exige tanto a personas altamente educadas y cualificadas bajo condiciones de muy alto estrés. Hay muchas palancas para mover: salario, bonificación, participación en los beneficios, promoción, asignación especial, formación, rotación laboral...

Las grandes compañías y sus líderes tienen en cuenta todas estas opciones, combinando responsabilidad e incentivos en las vidas de los individuos con la cultura a gran escala, multiplicando así los efectos de cada uno.

# 8. IDEAS: EL IMPACTO DE LA GENERACIÓN Y LA GENERALIZACIÓN DE IDEAS EN EL ECOSISTEMA

*Sir* James Dyson se abrió camino a través de 5126 prototipos fallidos antes de dar con un diseño que transformaría la limpieza del hogar (una aspiradora sin bolsa)[1]; y los equipos de Pixar crean, en promedio, 125 000 guiones gráficos para hacer un largometraje de noventa minutos, reduciéndolos a los 12 000 que constituyen la película final. Edwin Catmull, presidente de Pixar, lo resume así: «Al principio, todas nuestras películas apestan [...]. Nuestro trabajo es hacer que pasen [...] de apestar a no apestar. Creemos verdaderamente en el proceso iterativo: reelaboración, reelaboración y reelaboración nuevamente, hasta que una historia defectuosa encuentra su línea final o un personaje hueco encuentra su alma»[2].

Y lo cierto es que la creatividad rara vez aparece como un rayo. Con más frecuencia, es resultado de mucho trabajo, de una montaña de descubrimientos y descartes dentro de un proceso que entrega lo que se necesita para un fin que se tiene en mente. Un artista puede convertir su curiosidad en creación artística (música, pintura, escritura u otros medios), mientras que una organización repleta de mentes cuya curiosidad los ayuda a sondear, escarbar y hacer preguntas, puede crear el iPad, AWS y Honor of Kings.

La generación de ideas requiere tanto curiosidad personal como creatividad organizacional. Y mientras que la curiosidad es un hecho fijo, la creatividad constituye un patrón sostenido. Mientras que la curiosidad proporciona el combustible, la creatividad es el motor que convierte el combustible en energía. Asimismo, la curiosidad proviene de los intereses de las personas, mientras que la creatividad está integrada en los procesos organizacionales. Cuanto más replicables sean el proceso y las estructuras que respaldan un interés verdadero, mayor será la expectativa de que se generen nuevas ideas y la organización evolucione. En una compañía, la creatividad requiere patrones organizacionales que alienten a las personas a seguir emprendiendo, año tras año, producto tras producto y servicio tras servicio. Sin un flujo constante de nuevas ideas, las organizaciones languidecen y terminan por intentar resolver los problemas de hoy y de mañana con las soluciones de ayer. Tu trabajo como líder es convertir la curiosidad personal en creatividad organizacional sostenida.

## 1. EJEMPLOS DE GENERACIÓN DE IDEAS

El legado de generación de ideas de Amazon abarca tres reglas fundamentales: poner al cliente primero, inventar y ser paciente. Así, acumula la siguiente cascada de triunfos creativos, aunque no se trata de una lista exhaustiva:

**1994:** Se funda Amazon como una librería *online* autogestionada que capitaliza un amplio inventario de referencias disponibles.

**1998:** Amazon se expande más allá de los libros (su primer paso hacia una estrategia de integración horizontal), pasando a cedés, zapatos, moda, artículos para el hogar y otros productos de consumo, y se convierte en la «tienda para todo» o *everything store*.

**2001:** Amazon Marketplace invita a vendedores externos a que amplíen las categorías y la cantidad de productos para mejorar sus precios y la selección para los clientes, incluso a riesgo de canibalizar su propio negocio minorista directo.

**2002:** Se introduce el envío Super Saver, que facilita la compra para los clientes.

**2003:** Amazon adquiere CDNow, una tienda de música en línea.

**2005:** Se presenta Amazon Prime, creada para los mejores clientes de la compañía, con el fin de anticiparse a sus necesidades y ofrecerles descuentos.

**2006:** Se lanza AWS, que permite a los vendedores externos operar de manera más eficiente tanto *online* como *offline*.

**2006:** Se introduce la gestión de órdenes por Amazon, que permite a terceros externos utilizar la red de gestión de órdenes de Amazon.

**2007:** Se presenta Kindle, que mueve a Amazon de los productos físicos a productos digitales y al contenido tipo *e-books*. Kindle y otros dispositivos inteligentes permiten un acceso sencillo a este contenido digital.

**2007:** Se lanza Amazon Music, continuando con la tendencia al contenido digital.

**2008:** Amazon adquiere Zappos, un vendedor de zapatos en línea con quien crea una integración inmediata.

**2010:** Se lanza Amazon Studios, que ofrece contenido digital en forma de series de televisión y películas; parte del contenido, incluidos los cómics, se compila a través de envíos *online* y de comentarios colaborativos. Estos productos se distribuyen a través de Amazon Video.

**2011:** Amazon Video se posiciona como un competidor para Netflix y Hulu.

**2011:** Se presenta Amazon Appstore como plataforma de venta de aplicaciones para sistemas operativos Android.

**2011:** Amazon adquiere Yap, una empresa de tecnología de reconocimiento de voz.

**2012:** Amazon adquiere Kiva Systems (renombrada como Amazon Robotics) para apoyar el sistema robótico móvil de sus almacenes.

**2012:** Se lanza Amazon Game Studios para entrar en el mercado de desarrollo de juegos.

**2013:** Amazon comienza a vender en India, reinventando su enfoque para tener éxito en el ecosistema indio. Después de un fracaso inicial, la compañía se sintoniza mejor con las realidades de la infraestructura india y alcanza el éxito.

**2013:** Se lanza Amazon Fire, una tableta (competidora del iPad de Apple) que incluye acceso a la tienda de aplicaciones de Amazon para Android, *streaming* de películas y programas de TV y la tienda Kindle para libros electrónicos.

**2014:** Se presenta el dispositivo de comando de voz Amazon Echo, seguido de su versión más barata, Echo Dot, de Echo Show con pantalla táctil y del asistente de estilo y moda Echo Look.

**2014:** Amazon presenta Alexa, el servicio de voz basado en la nube disponible en dispositivos de Amazon y de otros fabricantes de dispositivos.

**2014:** Amazon adquiere Twitch, que permite a los jugadores retransmitir sus videojuegos (Xbox, PlayStation, PC y plataformas de juegos móviles) en línea.

**2014:** Se lanza Amazon Dash, un servicio de pedido de bienes de consumo que utiliza un dispositivo patentado para ordenar productos en línea.

**2014:** Se lanza Amazon Fresh, un servicio de pedidos de comestibles en línea disponible en algunas ciudades de Estados Unidos y Europa.

**2014:** Amazon presenta Prime Now, un servicio de entrega en una hora para productos esenciales. El servicio es exclusivo para miembros de Amazon Prime.

**2015:** Se presenta StoryWriter, una aplicación de escritura de guiones gratuita basada en la nube que admite guionistas independientes.

**2016:** Se lanza Lumberyard, un juego gratuito, multiplataforma y con un motor de juego excepcional desarrollado por Amazon, integrado con AWS y que permite a los desarrolladores construir o alojar sus juegos en los servidores de Amazon y permitir una retransmisión a través de Twitch.

**2016:** Amazon presenta el teléfono móvil BLU G, con precios asequibles, para competir con otros dispositivos (incluido el iPhone).

**2017:** La adquisición de Whole Foods Market catapulta a Amazon en cientos de tiendas físicas y proporciona a la empresa matriz enormes cantidades de datos de clientes. Amazon comienza a integrar el negocio minorista en línea con el negocio minorista fuera de línea para mejorar la experiencia de cliente y la eficiencia operativa.

**2017:** Amazon adquiere Souq.com, una empresa de comercio electrónico de Oriente Medio.

**2018:** Amazon adquiere Ring, una empresa de seguridad domótica para el hogar.

**2018:** Se lanza Amazon Go. La primera tienda de comestibles automatizada que promete que no habrá «ni colas, ni pagos, ni máquinas registradoras y pretende ser una tecnología que propone un gran cambio en el juego de la industria de comestibles y minoristas».

El cuadro 8.1 muestra el plan de crecimiento de Amazon en integraciones adyacentes a lo largo de los años, basado en la pasión de la compañía por generar nuevas ideas para cubrir las necesidades no satisfechas de los clientes a menor coste, mejor selección y más conveniencia.

**Cuadro 8.1 Innovaciones empresariales de Amazon para cubrir las necesidades de sus clientes**

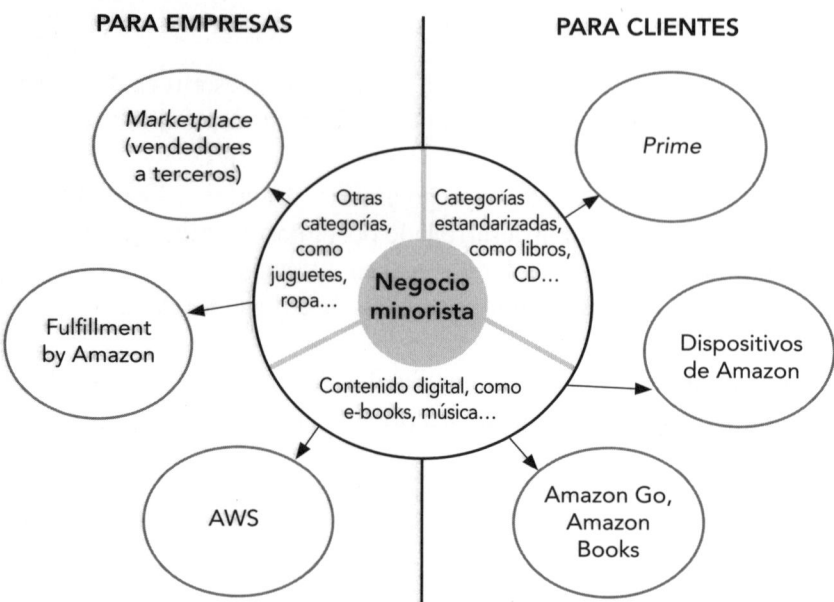

Fuente: Arthur Yeung y el equipo de investigación de Tencent para ecosistemas orientados al mercado, en base al caso de estudio de Amazon, sus empleados y exempleados, así como a entrevistas.

La innovación sostenible de Amazon durante dos décadas no es resultado de la suerte, sino del diseño. La compañía ha refinado su motor de innovación durante años y convierte la curiosidad personal en creatividad sostenida mediante el uso de un *pipeline* de ideas. Mediante herramientas establecidas de comunicados de prensa y preguntas frecuentes (PR&FAQ) de Amazon y la lógica del equipo de dos *pizzas* (para mantener a los equipos de resolución de problemas ligeros y ágiles), los empleados cuyas propuestas son aprobadas reciben la oportunidad de trabajar en un prototipo de producto o servicio con su enfoque particular durante un período de seis meses. Conectándose a una plataforma de Amazon armada con datos y herramientas, los pequeños equipos operan con gran autonomía. Entonces, cuando se acerca la fecha límite, deben presentar sus prototipos y la retroalimentación de los clientes para su revisión. A la luz de los datos y resultados, los equipos pueden escalar su innovación para obtener recursos adicionales o disolverla y pasar a otros proyectos. El cuadro 8.2 representa el *pipeline* de innovación de Amazon. Cada año, Amazon apuesta por cincuenta grandes ideas y, de entre estas, entre quince y veinte se convierten en proyectos. Entonces, quizá cuatro o cinco de estos proyectos llegan a la etapa de producto. En última instancia, solo dos o tres se convierten en grandes negocios, como Prime, Echo y AWS, tras una extensa experimentación[3].

**Cuadro 8.2 *Pipeline* de innovación**

Filosofía de innovación:

- Centrarse en los clientes.
- Dos tipos de decisiones (irreversible y reversible).
- Experimentos frecuentes y celebración de fracasos.

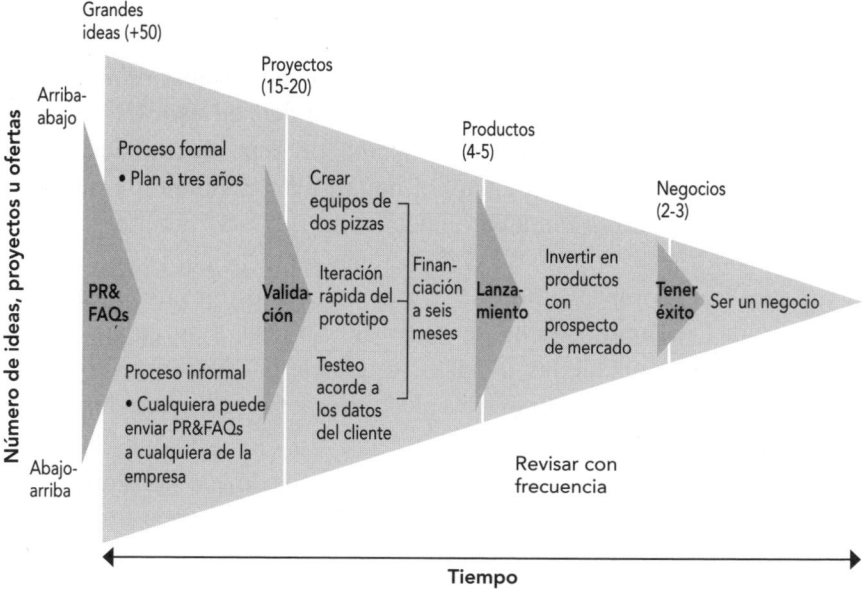

Fuente: Arthur Yeung y el equipo de investigación de Tencent, en base al estudio de caso de Amazon.

El modelo de generación de ideas de Amazon sigue los principios de pensar a lo grande, probar en pequeño, fallar rápido y aprender siempre, e integra las siguientes características en sus procesos[4]:

- **Abrasión creativa:** capacidad de generar ideas a través del discurso y el debate. Amazon fomenta la abrasión creativa a través de su herramienta de comunicados de prensa y preguntas frecuentes (PR&FAQ). Quien tenga una idea debe debatir con otros colegas su utilidad de cara a los clientes y cómo difiere de los servicios o productos existentes, estableciendo una discusión intensa y basada en hechos.

- **Agilidad creativa:** capacidad de experimentar mediante búsqueda, reflexión y ajuste rápidos. Una vez aprobado el PR & FAQ, se puede formar un equipo de dos *pizzas* para construir un prototipo y probar la idea a nivel interno durante seis meses.

- **Resolución creativa:** capacidad de tomar decisiones integradas que combinen ideas dispares o incluso opuestas. A lo largo del proceso, la innovación necesita satisfacer y probar exigencias que compitan unas con otras, como funcionalidad versus facilidad de uso. Un ejemplo es desarrollo de Echo, que nació como un reproductor de música por reconocimiento de voz para el hogar, pero también fue puesto a prueba como herramienta para hacer compras. Sin embargo, el reconocimiento de voz terminó siendo demasiado torpe para esta función, porque ir de compras implica muchas más decisiones que elegir una canción. En cambio, Echo se desarrolló gracias a su capacidad de proporcionar búsquedas simples (el clima, la ubicación, el precio de las acciones) y su acceso a los electrodomésticos conectados.

Como muestran estas características, no cabe duda de que Amazon genera ideas para anticiparse a las necesidades de los clientes, crear innovación y cambiar rápidamente.

El modelo de Google para la generación de ideas cumple el objetivo de la empresa de explorar tecnología punta para resolver problemas humanos complejos mediante el avance de campos de aprendizaje profundo e inteligencia artificial. Google comenzó con fondos de la National Science Foundation y ha mantenido vínculos estrechamente colaborativos (ecosistemas) con la comunidad científica y académica en general, así como con el cambiante mundo de las *start-ups* tecnológicas a través de su capital de riesgo. Google financia más de 250 proyectos académicos al año, publica los resultados en bases de datos públicas, así como en su propio sitio de investigación, e invita a los mejores académicos a pasar años sabáticos en sus oficinas todos los años. Con frecuencia, estos investigadores se integran en la compañía, motivados por el atractivo entorno de investigación único de Google, por conjuntos de datos incomparables y por la compañía de algunos de los mejores compañeros de investigación.

En Google, la generación de ideas para la innovación funciona como un ciclo, con investigadores y equipos de productos que trabajan en estrecha colaboración para crear nuevos productos e identificar nuevas áreas de investigación y estudio. «Acercarse a los datos y las necesidades reales de los usuarios nos ofrece la oportunidad de innovar más», dice Greg Corrado, director de investigación de inteligencia aumentada en Google. Él y su equipo trabajan activamente no solo en equipos de producto, sino también con otros *googlers* que trabajan en los llamados proyectos del 20 % —Google alienta a los empleados a pasar el 20 % de su tiempo en proyectos que les interesen—. «En lugar de un grupo de científicos locos que trabajan en el monstruo de Frankenstein en las entrañas de la organización, son colaboradores activos»[5].

La Figura 8.3 resume el mecanismo de innovación de Google, que utiliza enfoques de abajo hacia arriba (*bottom up*, como los proyectos del 20 %) y de arriba hacia abajo (*top down*, como los proyectos de disparo a la Luna, que pueden generar un aumento de diez veces en el crecimiento) y su instalación semisecreta de I+D, Google X, para generar ideas innovadoras. Facilitando la configuración de equipos interdisciplinarios a través de la publicación interna de ideas y brindando el sólido respaldo de su infraestructura tecnológica, Google les permite experimentar. Google practica el mantra de la innovación de pensar en grande (las oportunidades 10X), probar en pequeño, fracasar rápido y aprender siempre.

El escritor de negocios Greg Satell describe el éxito de los esfuerzos de integración de Google:

> Lo que hace que Google sea especial es la forma en que ha podido integrar un porfolio completo de estrategias de innovación en un todo. Los gerentes de producto se centran en las necesidades del cliente. Los investigadores van a donde la ciencia los lleve. Los ingenieros que trabajan en proyectos al 20 % de tiempo siguen sus pasiones. Cualquiera que quiera puede adoptar uno o más de estos enfoques.
> 
> Por ello, se requiere más que una filosofía de gestión o una operación optimizada: un espíritu de descubrimiento profundamente arraigado en el ADN de la organización[6].

**Cuadro 8.3 Mecanismo de innovación de Google**

| | Concepto de innovación | CONOCIMIENTO TECNOLÓGICO Resolver problemas serios con métodos innovadores basados en conocimientos tecnológicos. | | OPORTUNIDAD 10X: PIENSA EN GRANDE Moonshot o disparo a la Luna: creatividad y el coraje de explorar. |
|---|---|---|---|---|
| | | 1998-2010 | 2011-2015 | 2015-presente |
| Gestión de la innovación | | Mecanismo «20 % del tiempo» para animar a la plantilla a crear innovación de abajo a arriba. | Productos racionalizados, invertir más recursos en direcciones importantes: convertir a un proceso de abajo a arriba, democratizado y transformado en uno de arriba a abajo centrado en las estrategias. | Gastos controlados; mantener la visión a largo plazo y mantener el estilo subversivo de innovación mientras se enfatiza en la recuperación. |

# CAPÍTULO 8. IDEAS: EL IMPACTO DE LA GENERACIÓN Y LA GENERALIZACIÓN... 213

| Concepto de innovación | CONOCIMIENTO TECNOLÓGICO<br>Resolver problemas serios con métodos innovadores basados en conocimientos tecnológicos. | OPORTUNIDAD 10X: PIENSA EN GRANDE<br>*Moonshot* o disparo a la Luna: creatividad y el coraje de explorar. | |
|---|---|---|---|
| | **1998-2010** | **2011-2015** | **2015-presente** |
| Resultado de la innovación | Productos innovadores (abajo-arriba) que animan al enriquecimiento de productos y la variedad, así como la creatividad y una sensación de iniciativa en los empleados. Ejemplos de resultados: Gmail, Google Adsense, Google News... | (Arriba-abajo) Inversiones centradas, dirigiendo el rápido desarrollo de nuevos productos en direcciones estratégicas y soluciones de producto con inversiones importantes de recurso. Ejemplos de resultados: Google Plus, Google Cloud... | Google: el desarrollo de la compañía es dirigido por decisiones de arriba a abajo en la innovación de productos en campos de estrategia de negocio, así como innovación de abajo a arriba para mejorar el rendimiento. Todos son igualmente importantes. Otras apuestas: el desarrollo e incubación de negocios o tecnologías de abajo a arriba, revolucionarios e innovadores. Ejemplos de resultados: Waymo, Calico, Verily... |

Fuente: Arthur Yeung y el equipo de investigación de Tencent, en base al caso de estudio de Google.

Igual que Amazon y Google cuentan con personas inquisitivas que trabajan en procesos creativos establecidos para generar ideas, otras empresas orientadas al mercado se centran en la creatividad y la velocidad. Por ejemplo, Facebook tiene un *pipeline* que se mueve con rapidez, dependiendo de revisiones frecuentes y decisiones rápidas basado en la práctica de «agruparse alrededor del problema» de los *hackathons* (Figura 8.4); Alibaba recurre a perfiles integrados de clientes que desarrollan herramientas para ofrecer información dirigida (publicidad) a usuarios específicos en una fracción de segundo; DiDi ha desarrollado nuevas herramientas y aplicaciones para anticipar y relacionar el tráfico de usuarios con conductores que utilizan las mejores rutas, con el objetivo de que el coche esté en la puerta del cliente en menos de tres minutos, más rápido que lo que le lleva llegar a su propio automóvil; y, a partir de comentarios y sugerencias diarias de los usuarios, WeChat puede lanzar nuevas versiones casi semanalmente, a diferencia de hacerlo mensual o anualmente, como hacía en sus primeros días.

Si bien las fases presentadas en los *pipelines* de ideas de los ecosistemas orientados al mercado resultan familiares para muchas empresas, en la práctica, son radicalmente diferentes, tanto en energía como en los resultados del proceso típico que siguen las compañías más tradicionales. En nuestro estudio, cuando hablamos con una empresa sobre la construcción de una organización moderna que fomente la innovación, los líderes repiten, una y otra vez: «Esto ya lo hemos hecho». Tras investigar, descubrimos que la empresa tiene una serie de puertas escénicas que le permiten crear este *pipeline* de ideas, un embudo en el que se generan miles de ideas que, más tarde, se reducen mediante pruebas iterativas. Este enfoque funciona, por ejemplo, con productos farmacéuticos, donde las pruebas validan su eficacia del medicamento y permiten su aprobación. Sin embargo, no funciona para ecosistemas orientados al mercado. En lugar de un proceso que se extiende de dieciocho a veinticuatro meses desde las ideas hasta la comercialización, la cartera de ideas de un ecosistema orientado al mercado debe tener iteraciones mucho más rápidas, un *pipeline* ágil y rápido, en gracias a la disponibilidad de retroalimentación y a la presión de tiempo competitiva que permite ganar en un marco de tiempo acelerado.

**Cuadro 8.4** *Pipeline* de ideas de Facebook

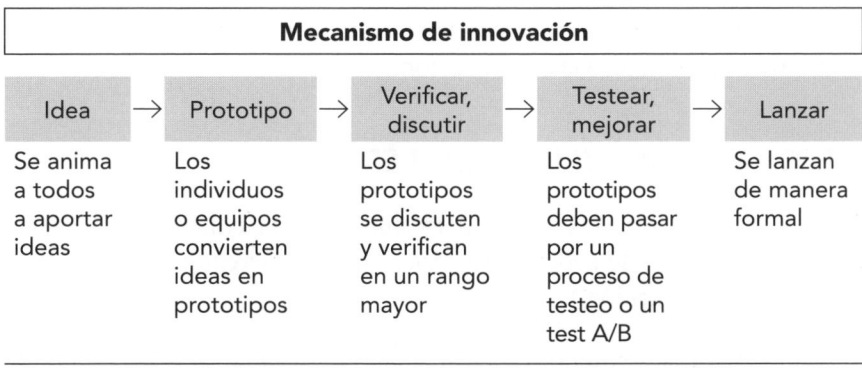

| Hackathon | Revisión XX (revisión rápida por ejecutivos) |
|---|---|
| • Se realiza cada cuatrimestre (o con menor frecuencia).<br>• La plantilla se divide en equipos y propone ideas en 24 horas.<br>• La propuesta será revisada por un comité; los equipos que ganan tienen la oportunidad de presentar sus ideas a Zuckerberg.<br>• Resultado del *hackathon*: mensajería instantánea, vídeo, arquitectura de desarrollo móvil, HipHop, Timeline… | • Revisión de Zuckerberg, revisión de Boz…<br>• Frecuencia: mensual.<br>• Todo el mundo tiene la oportunidad de proponer ideas a un socio sénior.<br>• Intención de la revisión: *feedback* constructivo y soporte de recursos.<br>• Los socios toman la responsabilidad de ayudar a sus empleados a modificar los planes y a coordinar los recursos. |

Fuente: Arthur Yeung y el equipo de investigación de Tencent, en base al caso de estudio de Facebook.

## 2. IMPLICACIONES GERENCIALES

Ser curioso significa tener una mentalidad de crecimiento en lugar de una fija, y la creatividad ocurre cuando los individuos convierten su curiosidad personal en algo nuevo, de manera que un artista curioso puede convertir esa curiosidad en una obra artística (música, pintura, escritura u otros medios). Como observamos al comienzo de este capítulo, la curiosidad es un acontecimiento y la creatividad es un proceso sostenido; la curiosidad conduce a la creatividad, que conduce a la innovación. Con esto en mente, veamos cómo mejorar la curiosidad personal de los empleados y fomentar la creatividad dentro de la organización.

## MEJORA DE LA CURIOSIDAD PERSONAL

Hemos identificado seis pasos para aumentar la curiosidad personal que los empleados de ecosistemas orientados al mercado pueden seguir rápidamente (capítulo 9).

1. Comienza el fenómeno. La curiosidad empieza en la observación de ideas, experiencias o problemas de los clientes. Los empleados se convierten en antropólogos que exploran constantemente el entorno (capítulo 2) y escuchan con atención los problemas que los clientes no pueden resolver. A menudo, estos pensamientos o desafíos desorganizados se convierten en la base de la curiosidad.

2. Nombra las dimensiones y elementos del fenómeno. Las palabras importan y, al nombrar lo que se observa, se vuelve real y toma forma. Las ideas aleatorias se vuelven más ordenadas cuando se nombran y definen.

3. Alinea la forma en que las partes encajan en un todo. Mediante un modelo de propuestas, es más probable alinear las ideas en un sistema central. Cuando los empleados curiosos detectan patrones replicables, la observación única deja de ser hecho aislado; combinada con otras observaciones, se convierte en creatividad organizacional sostenida.

4. Experimenta. Para descubrir qué funciona y qué no funciona, comienza con algo pequeño y aprende de cada experiencia, como una incubadora experimental.

5. Expande los experimentos a configuraciones más complejas. A medida que se acumulan los resultados, los equipos deben ampliar su experimentación y probar los resultados en situaciones cada vez más complejas. Aprender de ello aumenta la creatividad y, en última instancia, la experimentación permite que se acceda, analice y genere acción con información externa, institucionalizando así las capacidades clave.

6. Escala y replica las ideas autosuficientes. Finalmente, la curiosidad se vuelve autosuficiente cuando una segunda generación se apropia de las ideas. Dejar que la próxima generación se haga cargo del proceso creativo permite que el proceso crezca y evolucione más allá del fundador. El verdadero poder de las ideas viene cuando logran empoderar a otros.

Aquellos empleados que sigan estos seis pasos aumentarán su curiosidad personal y se comprometerán a trabajar en ecosistemas orientados al mercado. También encontrarán significado en la oportunidad de explorar nuevas ideas.

## IMPLEMENTA LA CREATIVIDAD ORGANIZACIONAL

Los ecosistemas orientados al mercado fomentan la curiosidad personal, lo que conduce a la creatividad de la organización y a un flujo constante de ideas. Puedes alentar la generación de ideas de abajo hacia arriba de muchas maneras, pero aquí te ofrecemos tres enfoques principales:

**Cuadro 8.5 Diferentes enfoques para motivar la generación de ideas por parte de los empleados**

|  | Esfuerzos programados | Esfuerzos a medida |
|---|---|---|
| **Voluntarios** | Facebook: *hackathon* (trimestral). | Amazon: PR&FAQs. |
|  | Google: cumbre de estrategia para el área de producto. | Facebook: equipo *flash*. |
|  | Alibaba: reunión de producto. | Supercell: concepto de juego. |
| **Obligatorios** | Amazon: nuevas ideas basadas en un plan de estrategia de tres años. |  |
|  | Google: objetivo de disparo a la Luna o *moonshot*. |  |

*Nota: PR&FAQs es un ejercicio de Amazon que consiste en hacer que los empleados escriban comunicados de prensa simulados y documentos de preguntas frecuentes para ayudar al equipo a tener claro el valor del cliente en cualquier innovación.

Fuente: compilado por Arthur Yeung y el equipo de investigación de Tencent, en base a los estudios de caso de Alibaba, Amazon, Facebook, Google y Supercell.

- **Construir.** Las compañías encuentran formas de alentar a los empleados para generar nuevas ideas de forma voluntaria versus obligatoria, de manera programada o *ad hoc*. El cuadro 8.5 ilustra cómo los ecosistemas orientados al mercado que estudiamos alientan y capturan las ideas de sus empleados: una vez generadas, las empresas utilizan un canal de innovación como el del cuadro 8.2 para asignar recursos a la construcción del prototipo y una rápida experimentación. O sigue escalando en el proceso o se muere.

- **Comprar.** Las empresas, especialmente las más grandes y mejor establecidas, pueden complementar la generación de ideas con la adquisición de empresas con talento y productos innovadores. Por ejemplo, Google adquirió YouTube y Android; Facebook adquirió WhatsApp, Instagram y Oculus para realidad virtual; AWS adquirió muchas *start-ups* con base tecnológica... En estas adquisiciones, no solo se compra el producto, servicio o tecnología, sino que a menudo también se busca su talento, ya que la atracción y retención de empleados curiosos es crucial para la creatividad organizacional. La estructura de un ecosistema orientada al mercado permite a los empleados más comprometidos trabajar en células donde sus ideas puedan convertirse en oportunidades de negocio.

- **Tomar prestado.** Las empresas también pueden forjar alianzas para generar nuevas ideas. Puedes invertir en empresas innovadoras en diferentes áreas, como tecnología biomédica, imágenes satelitales, internet de las cosas y tecnología financiera para complementar tus ofertas de servicios o puedes asociarte con líderes en dominios específicos para presentar aplicaciones innovadoras en diferentes industrias. Tanto Alibaba como Tencent se han vuelto muy activos en lo que respecta a asociarse con empresas minoristas de moda, alimentos frescos, electrodomésticos y otras ofertas, ya que, mediante inteligencia artificial y *big data*, logran crear nuevas soluciones a partir de industrias tradicionales. Finalmente, puedes crear laboratorios o proyectos conjuntos con instituciones académicas para explorar tecnología punta, como IA, biotecnología y ciencias de los materiales, es decir, disciplinas que se encuentran aún en las primeras etapas exploratorias.

Como muestran las sugerencias anteriores, las ideas se generan y generalizan al convertir la curiosidad personal en creatividad.

## 3. CONCLUSIÓN

Existe una tensión entre la creación interminable y el enfoque disciplinado. Steve Jobs, de Apple, aconsejó al cofundador de Google, Larry Page, sobre los beneficios del enfoque: «Lo más importante que promoví fue el enfoque —dijo Jobs—. Averigua qué quiere ser Google cuando crezca. Ahora está por todo el mapa. ¿Cuáles son los cinco productos en los que desea centrarse? Deshazte del resto, porque lo está arrastrando hacia abajo. Lo está convirtiendo en Microsoft. Está causando que produzca productos que son adecuados, pero no excelentes»[7].

Michael Schrage, experto en innovación e investigador del Instituto de Tecnología de Massachusetts, señala cómo Apple utilizó un enfoque de arriba hacia abajo para estimular la innovación: «La claridad de visión de Apple y su incansable dedicación a la experiencia de usuario y al diseño aseguraban que el talento de la compañía centraría de manera abrumadora sus esfuerzos en la entrega, no en la novedad. La cultura de innovación de Apple fue más una alineación de talento de arriba hacia abajo que un empoderamiento de abajo hacia arriba. Pero presentar esa visión con éxito en busca de la abrumadora aprobación del mercado resultó intoxicante y adictivo para gran parte del mejor talento técnico de la compañía»[8].

Sin embargo, la innovación también puede surgir de varios lugares dentro de la organización, por ejemplo, de personas que pertenecen a equipos que interactúan con el cliente, las plataformas o los aliados comerciales. Así, se puede generar de arriba hacia abajo, de abajo hacia arriba o de afuera hacia adentro, mediante la compra o el préstamo de talento. Muchos ecosistemas orientados al mercado utilizan una combinación de todos estos enfoques para mantener sus nuevas ideas en movimiento.

Para mantener una organización innovadora, debes evaluar lo efectiva que es para generar, identificar, probar, descartar y escalar nuevas ideas. Sin un *pipeline* de innovación bien ajustado, es posible que no puedas mantenerte al día de las necesidades cambiantes de tus clientes o de la interrupción radical creada por el avance tecnológico.

# 9. TALENTO: ATRAER A LAS PERSONAS ADECUADAS Y MOVILIZARLAS DENTRO DEL ECOSISTEMA

El siguiente relato es parte de la historia estadounidense, pero se ha reproducido y repetido en muchas culturas y países de todo el mundo. ¿Por qué decimos esto? Sin duda, podemos encontrar personas aventureras, curiosas, inteligentes y con visión de futuro, de gran energía y naturaleza emprendedora en cualquier parte del mundo, pero, puesto que esta es una historia bien documentada, la tomaremos como referencia.

Cuando Thomas Jefferson asumió la presidencia en 1801, la mayoría de la población de Estados Unidos vivía en un radio de 50 millas desde el océano Atlántico, puesto que el conocimiento de la parte occidental del continente se limitaba a lo que se había aprendido de los comerciantes franceses, los cazadores de pieles y los exploradores españoles y británicos. Jefferson quería establecer un comercio con los nativos americanos del oeste y encontrar una ruta acuática hacia el Pacífico, y le fascinaban las posibilidades y el conocimiento del oeste, las vidas y los idiomas de los nativos americanos, las plantas y los animales, el suelo, las rocas y el clima, así como todos los aspectos que lo diferenciaban del este.

Entonces, eligió a Meriwether Lewis, exsecretario y coterráneo del condado de Albemarle, Virginia, que había alcanzado el rango de capitán en el ejército, por lo que poseía una disciplina militar y una experiencia que resultarían de gran valor. De hecho, Lewis había servido en una compañía de fusileros dirigida por William Clark, que fue el elegido para acompañarlo en la expedición comúnmente conocida como Cuerpo de Descubrimiento. El 28 de febrero de 1803, el Congreso asignó fondos para la expedición, volviendo posible el sueño de Jefferson.

Para Lewis era importante adquirir ciertas habilidades científicas y comprar el equipo necesario para el viaje, por lo que, en la primavera de 1803, viajó a Filadelfia para estudiar con los principales científicos de la época: Andrew Ellicott le enseñó a hacer mapas y topografía; Benjamin Smith Barton fue su tutor de botánica; Robert Patterson de matemáticas; Caspar Wi de anatomía y fósiles; y Benjamin Rush de medicina.

En Filadelfia, Lewis compró muchos de los artículos necesarios para el viaje: instrumentos científicos, como un cronómetro y un sextante; un rifle de aire comprimido, armas y municiones; medicinas; tinta y otros materiales para llevar un diario; y una gran variedad de artículos, incluyendo 90 kilos de sopa enlatada, un molino de maíz, mosquiteras, mantas, tela aceitada para tiendas, velas, herramientas y libros de referencia[1].

Imagina que envías a alguien a un desierto vasto y desconocido sin que cuente con la experiencia, el conocimiento, las habilidades, los comportamientos y el coraje básicos para sobrevivir, sin la formación necesaria para crear un equipo a partir de un grupo aleatorio de extraños y sin una disposición constante a aprender para mantenerse a la vanguardia del peligro y aprovechar las oportunidades inesperadas. Cuando Thomas Jefferson seleccionó a Meriwether Lewis para liderar el Cuerpo de Descubrimiento, el presidente tomó la decisión más importante de todo el proyecto. Sin Lewis, la expedición nunca habría tenido lugar. Jefferson vio en este joven el raro talento que podría conducir a un equipo a través de un continente lleno de misterios, maravillas y peligros inesperados, y regresar con sus tropas para contarlo. La expedición de Lewis y Clark es comparable en Estados Unidos a la llegada a la Luna; Lewis fue Houston, el Centro Espacial Kennedy y Neil Armstrong, todo en uno. Tenía un talento extraordinario.

## 1. COMPETENCIA, COMPROMISO Y CONTRIBUCIÓN

Cada día, los ecosistemas orientados al mercado operan al borde del mundo conocido, es decir, se esfuerzan por empujar hacia lo desconocido. Su misión es crear nuevas ideas, nuevas tecnologías, nuevas experiencias de los clientes, nuevos diseños y nuevas formas de resolver problemas. No solo piensan en las oportunidades, sino que también repiensan las posibilidades. Mantener esta perspectiva apasionada e inquisitiva requiere de personas extraordinarias al timón y en el equipo para avanzar hacia lo desconocido. No hay duda de que las organizaciones con el mejor talento tienen más probabilidades de éxito que aquellas con un talento inferior. ¿Y esto a qué se debe? Pues bien, las organizaciones no piensan, pero la gente sí.

Pero el talento individual por sí solo no genera la historia completa, sino que las organizaciones moldean la forma en que las personas piensan, actúan y sienten. Administrar el talento consiste en asegurarse de que personas adecuadas en lugares adecuados piensan y actúan correctamente. El rumor de «ganar la guerra por el talento» sugiere que solo con talento las empresas pueden ser exitosas, pero este no es más que parte de la historia completa. El talento adecuado debe estar en el lugar y el momento adecuados, conociendo la misión al dedillo y armado con las mejores herramientas para alcanzar el éxito. Estos requisitos para optimizar el talento en su organización son tan fundamentales que incluso tenemos una broma al respecto:

Pregunta: ¿Cuál es la acción estratégica más importante que puede llevar a cabo un líder?

Respuesta: Sitúa a tus empleados de menor rendimiento con su competidor y aliéntalos a seguir haciendo exactamente lo que están haciendo... durante mucho tiempo.

El talento tiene muchas definiciones y focos. Para los principales líderes de una empresa, se centra en habilidades visionarias, planificación de su sucesión y desempeño como equipo. Para la próxima generación de líderes (a menudo la raíz cuadrada de la cantidad de empleados), el talento requiere una marca de liderazgo que conecte las acciones del líder con las expectativas del cliente (capítulo 6). En lo que respecta a empleados de alto potencial (a menudo del 5 al 15 % de la fuerza laboral), los líderes administran el talento identificando los mejores perfiles e invirtiendo en ellos para prepararlos para el futuro. Entonces, deben comenzar a dedicar entre un 5 y un 15 % de su tiempo a oportunidades de aprendizaje y a administrar el talento para todos sus empleados, ayudándolos a ser competentes y comprometidos con su trabajo y a encontrarle significado.

En respuesta a estas demandas, las empresas han probado una gran cantidad de programas e inversiones para atraer, retener y localizar el talento. Sin embargo, a veces, a sabiendas de la importancia que tiene, las empresas pueden perderse en una infinidad de esfuerzos y perder de vista lo básico. A riesgo de simplificar demasiado, proponemos una fórmula engañosamente simple para el talento:

$$Talento = Competencia \times Compromiso \times Contribución$$

Una competencia implica el conocimiento, las habilidades y los valores requeridos para hacer los trabajos de hoy y de mañana, por lo que es esencial atraer a las personas adecuadas a la organización, movilizarlas internamente y, según su desempeño, retirarlas o retenerlas con el tiempo. En el mundo actual del trabajo de agentes libres, se puede acceder a competencias sin que sea necesario ningún tipo de propiedad, porque los trabajadores temporales pueden constituir una parte importante de la fuerza laboral total. En materia de competencias, también se refiere a cómo las conexiones entre las personas, la robótica y otras tecnologías serán una fuente de talento futuro. Las competencias dentro de la organización también están vinculadas a las expectativas del cliente fuera de la organización. No es suficiente ser el empleador elegido, sino ser el elegido que nuestros clientes elegirían. Contratación, capacitación y pago de empleados deberán aumentar su capacidad de servir a los clientes. A veces, se los puede involucrar en estas prácticas tradicionales, pues pueden ayudar a establecer criterios de contratación, asistir y brindar capacitación y colaborar para determinar el desempeño y la compensación.

Las competencias son vitales, claro, pero, sin compromiso, pierden su impacto. Los empleados comprometidos trabajan duro, son dedicados y hacen lo que se les pide, pero el compromiso es el elemento diferencial: los empleados que dan valor a su organización (a través de ideas, trabajo duro y rendimiento) reciben valor personal a cambio, por lo que el compromiso está vinculado al logro de objetivos estratégicos y al cliente. En la última década, compromiso y competencia han destacado como los componentes del talento.

No obstante, a pesar de la competencia y del compromiso de la próxima generación de empleados, hemos descubierto que, a menos que esté haciendo una contribución real a través del trabajo (encontrando significado y propósito en él), su interés disminuye y su talento tiende a agotarse. La contribución llega cuando los empleados se mueven del compromiso de comportamiento a la conexión emocional, porque creen en que el propósito de la organización los ayudará a expresar sus valores personales. Cuando se establece esta conexión, los empleados mejoran al adquirir nuevas habilidades a partir de su trabajo y al ser parte de un grupo de personas de ideas afines.

En pocas palabras, la competencia se relaciona con la cabeza (ser capaz), el compromiso con las manos y los pies (estar) y la contribución al corazón (simplemente ser). En esta ecuación del talento, los tres términos se multiplican, no se suman. Como mecanismo de gobernanza, el talento adecuado reduce el riesgo y aumenta las posibilidades de éxito de su ecosistema. Un CEO nos dijo una vez que su estrategia principal era el talento y que, si colocas a la persona adecuada en el trabajo adecuado, con las habilidades y el compromiso adecuados y en el momento adecuado, el ejecutivo no tendrá que preocuparse por la estrategia, porque esta se encargará de sí misma. Una vez que Jefferson hubo elegido a las personas adecuadas para dirigir su expedición, pudo confiar en que la expedición tendría éxito. Del mismo modo, el talento (empleados competentes, comprometidos y que hacen contribuciones) es el combustible que alimenta a los ecosistemas orientados al mercado.

## 2. EJEMPLOS DE IMPLEMENTACIÓN Y MEJORA DE TALENTO

En Tencent, todos los talentos y líderes son seleccionados y evaluados de acuerdo con el modelo de liderazgo de la compañía, particularmente su enfoque en la experiencia de usuario. Siguiendo el léxico de la compañía, centrarse en el cliente implica prestar atención constante a los detalles de los productos y servicios desde la perspectiva del usuario o del cliente. Todos en la empresa se esfuerzan por comprender las necesidades y preocupaciones más críticas del usuario a través de la observación, la revisión de los comentarios de los usuarios, la intuición y el análisis sistemático de datos para identificar los problemas subyacentes en productos que satisfacen las necesidades cotidianas de sus clientes principales. Una vez puesto el foco donde debe ser, los empleados de Tencent podrán crear productos ejemplares, como WeChat Pay, que, como se describió anteriormente, está basado en la costumbre china de intercambiar paquetes rojos durante el Año Nuevo chino; Honor of Kings, un juego móvil interactivo inmensamente popular; y WeSing, que ofrece a los clientes la experiencia de karaoke en cualquier momento y en cualquier lugar. Esta orientación centrada en el usuario es una de las cualidades más importantes y de mayor valor cuando Tencent revisa, capacita y promueve el talento; el enfoque en el cliente se ha convertido en la actitud dominante para todos los equipos comerciales de Tencent.

El equipo de QQ Mail en Tencent es un excelente estudio de caso del enfoque del cliente en la elección de talento. Esta aplicación de correo electrónico —número uno en China— supera a muchas otras plataformas de *e-mail* del país. ¿Cómo se logra este nivel de éxito? El cuadro 9.1 describe los principios clave que impulsan las acciones y decisiones del equipo, cuyo enfoque es asegurarse de que el tiempo y la atención de todos estén centrados en una comprensión y un servicio al cliente de clase mundial[2].

Cuando Amazon contrata personas, utiliza sus catorce principios de liderazgo como base para evaluarlos, comenzando siempre por la obsesión por el cliente. Las personas deben avanzar por un riguroso ciclo de tres a cinco entrevistas, donde la mitad están centradas en el ajuste cultural, en particular, el enfoque al cliente, puesto que Amazon basa todas sus decisiones en hechos y datos de clientes. Así, la compañía afirma: «Si tiene datos para respaldar tu caso, ganas. De lo contrario, gana Jeff Bezos»[3].

## Cuadro 9.1 Equipo de correo QQ de Tencent y la obsesión por el cliente

| Principios clave | Implicaciones |
|---|---|
| **La demanda viene de los usuarios** | El principio «1000-100-10»:<br>• Subyacente a este principio está la advertencia de no ignorar los comentarios de los clientes. Los miembros del equipo siempre deben trabajar duro y de manera inteligente para satisfacer las necesidades fundamentales de los usuarios en cada proceso. Ser mejor significa innovar.<br>• Todo el personal debe estudiar a los usuarios. Por ejemplo, cada mes, los miembros del equipo deben responder a mil mensajes en el foro de usuarios, revisar cien artículos de comentarios de la red y hablar o entrevistar a diez usuarios externos.<br>• Como resultado, el equipo de QQ Mail ha realizado más de mil mejoras en las características o funciones de la aplicación. |
| **Sé un usuario primero** | Durante media hora todos los días, cada miembro del equipo debe pretender ser un nuevo usuario y usar su propio buzón para experimentar los detalles de la aplicación y descubrir las necesidades de los usuarios. |
| **No resistas el cambio** | El equipo se adapta activamente a los nuevos cambios que surgen de la demanda de usuarios u otros cambios en el entorno externo y desarrolla el producto con flexibilidad. |

Alibaba también contrata personas con un claro enfoque en el cliente. Y, nuevamente, el cliente se posiciona como el valor principal de Alibaba. El director de estrategia de la empresa, Zeng Ming, ha centrado el talento en un proceso de creación de clientes[4], para lo cual debes seguir cuatro pasos. Primero, asegúrate de que las personas adecuadas (con predisposición al cliente) están asignadas a proyectos de creación. En segundo lugar, trabaja con clientes específicos para descubrir tanto lo que quieren como lo que necesitan. Tercero, crea planes de acción para entregar valor al cliente. Finalmente, mejora continuamente sus interacciones con los clientes. El famoso festival de compras del Día del Soltero (celebrado el 11 de noviembre debido a los cuatro unos del 11/11) es un resultado muy exitoso de tales procesos.

Huawei es inusualmente intenso respecto a formar a las personas en un enfoque al cliente después de ser contratados. Los nuevos empleados reciben un programa de orientación inmersiva de una semana de duración, con ejercicios marciales por la mañana y sesiones profundas sobre la cultura de la empresa por la tarde. Los recién llegados escuchan historia tras historia, como la del Huawei y sus ingenieros, que se movilizaron rápidamente para ayudar a los clientes japoneses de telecomunicaciones después del terremoto y tsunami de 2011 que causó el desastre de la planta de energía nuclear. Historias como estas hacen que la máxima «poner a los clientes primero» cobre vida.

Los valores culturales de Facebook enfatizan el impacto individual de los empleados, mientras que sus esfuerzos para reclutar y retener el talento fomentan este impacto. Facebook contrata a desarrolladores y emprendedores capaces de *hackear* prototipos, probarlos rápidamente y crear negocios a través de equipos multifuncionales o equipos *flash*. Los ingenieros recién contratados de Facebook no son encasillados en roles o incluso departamentos. Se unen a Facebook, punto. Desde el principio, operan en todo el campo de juego de Facebook: el proceso de incorporación los expone al marco técnico general, las herramientas y los patrones de trabajo. Después de este campamento de entrenamiento inicial, tienen un gran número de oportunidades disponibles por las que se pueden mover, dependiendo de sus intereses. El cuadro 9.2 muestra las experiencias laborales de un ingeniero tipo en Facebook.

Esta actitud de flexibilidad se expresa con mayor fuerza en el *hackathon* trimestral (o más frecuentes), donde los ingenieros abordan nuevos desafíos en sesiones de trabajo altamente concentradas de cuarenta y ocho horas, formando equipo libremente con cualquiera cuyo objetivo específico sea generar ideas innovadoras. Una increíble cantidad de productos ganadores, que incluyen arquitectura de chat, vídeo y desarrollo móvil, el compilador HipHop y Timeline han salido de este proceso.

De hecho, Zuckerberg revisa personalmente los productos e ideas ganadoras y Facebook ha desarrollado la práctica del Hack-a-Month, donde los ingenieros pueden participar en proyectos de otros equipos durante un mes completo. A fin de mes, los ingenieros y los líderes de ambos lados pueden negociar para cambiar los equipos. Este modelo es tan fundamental para el crecimiento del ingeniero como para la innovación de la organización, ya que cada líder ayuda a los subordinados a encontrar oportunidades y apoya el movimiento como parte de su responsabilidad como líder[5].

**Cuadro 9.2 Un vistazo a la experiencia de trabajo en un proyecto para un ingeniero de Facebook**

| Posición (duración en meses) | Herramientas (9) | Grupos (9) | Preguntas (4) | Eventos (8) | Lugares (3) | Fotos (4) | Messenger (3) | Fotos (14) |
|---|---|---|---|---|---|---|---|---|
| Fecha comienzo | Jun. de 2009 | Mar. de 2010 | Dic. de 2010 | Abr. de 2011 | Dic. de 2011 | Mar. de 2012 | Jul. de 2012 | Oct. de 2012 |
| Motivo de transferencia | • Cierre del proyecto anterior. <br>• El supervisor pregunta las intenciones. <br>• Llevó la iniciativa de solicitarla. | | • Cierre del proyecto anterior. <br>• Lleva la iniciativa de buscar otras oportunidades. <br>• Encuentra otras oportunidades a través del hackathon. | | • Transferencia del líder a otros niveles. <br>• Acepta un consejo para comenzar un nuevo proyecto. <br>• Cierre del proyecto anterior. | | • Deseo personal de mejorar y aplicar habilidades relevantes. | |
| | | El proyecto anterior estaba online. Es invitado por otros proyectos a unirse. | | Cooperación entre proyectos. De soporte informal a tiempo completo. | | Traslado entre proyectos. | | |

Para apoyar aún más estos esfuerzos, existe hay una página de inicio interna en la que todos pueden ver las vacantes y oportunidades del Hack-a-Month. Para ser apto, necesitas al menos un año de permanencia y una buena calificación en tu puesto actual, porque muchos empleados participan en Hack-a-Month para aumentar su experiencia personal (especialmente la experiencia de trabajo en equipo relacionada con su propio trabajo), aunque luego vuelvan a su equipo original después del ejercicio temporal. Este mecanismo alienta a los empleados a participar en un programa de intercambio, pero no es obligatorio. También es positivo que permanezcan en el mismo puesto para ganar experiencia. Los supervisores están obligados a apoyar las oportunidades de Hack-a-Month, pero no se requiere que ningún empleado participe. Tampoco se penaliza a las personas, abierta o encubiertamente, por no hacerlo.

Supercell, por su parte, expande su personal con cautela, porque se requieren muy pocas personas de gran talento para alcanzar el éxito en el negocio de los juegos. Sorprendentemente, solo veinte nuevos empleados fueron contratados en Finlandia en 2016 (de aproximadamente 4000 currículums). Los criterios de contratación son, obviamente, rigurosos: el personal nuevo tiene, en promedio, más de diez años de experiencia en la industria del juego y una excelente trayectoria. Muchos miembros del personal pueden trabajar de múltiples maneras, como artistas, planificadores, programadores y demás. Esta posibilidad no solo los hace flexibles, sino que también les ofrece múltiples perspectivas sobre los juegos que están creando. Al igual que en Facebook, el ajuste cultural en Supercell constituye un elemento crucial, ya que sus equipos son pequeños y creativos, pero se rigen por una fuerte pasión por hacer grandes juegos (versus ganar dinero), por la disposición para aceptar la responsabilidad, por el entusiasmo por expresar opiniones y ejercer influencia y compatibilidad con el equipo son factores clave. Una vez que se contrata a un empleado y el trabajo está en marcha, Supercell permite que individuos e incluso equipos completos se unan a otra célula de desarrollo si su trabajo parece más prometedor que el juego que están desarrollando, haciendo de la movilidad interna su sello distintivo. De hecho, surgen nuevos proyectos desde los propios grupos a medida que los líderes del juego atraen a personal interno y externo a través de sus ideas y son libres de elegir proyectos de acuerdo con su interés y capacidad. Sin embargo, aunque el establecimiento y las operaciones de los equipos son altamente autónomos, todas las decisiones deben basarse en el refuerzo de los intereses de la empresa[6].

Si no se logra que los equipos se formen y se disuelvan sin fricciones, es muy difícil para las empresas gestionar nuevas ideas a través del *pipeline* de la innovación. Esto se debe a dos razones principales: primero, con equipos rígidos, no es fácil traspasar el talento adecuado a diferentes unidades al aceptar la propuesta; y, segundo, si la idea resulta inviable, los equipos que no puedan encontrar oportunidades de trabajo internas tendrán más dificultades para disolverse y seguirán fracasando. Los *pipelines* de ideas y talento deben trabajar de la mano, como lo demuestran los ecosistemas innovadores orientados al mercado de Amazon, Supercell, Facebook y Google.

## 3. IMPLICACIONES GERENCIALES

Para reinventar tu organización, analiza la eficacia con la que se obtiene, desarrolla, mueve, retiene y retira el talento. Gracias a las experiencias antes mencionadas y a nuestro resumen de la investigación, te ofrecemos en el cuadro 9.3 una lista de verificación para auditar tus prácticas de talento e identificar áreas de mejora, sugiriendo acciones que reforzarán la calidad del talento.

## 4. CONCLUSIÓN

Sin lugar a duda, un talento ganador genera organizaciones de éxito, pero también implica ciertos compromisos, pues, aunque los empleados talentosos no trabajan gratis, sí necesitan recibir el trato de voluntarios —cuidado y gratitud—, porque podrían trabajar en casi cualquier organización. Las organizaciones que manejan el talento con inteligencia ofrecen a sus empleados tres ventajas emocionales importantes:

- Creencia: un empleado encuentra valor personal en una organización cuando sus propios valores se derivan y se alinean con los valores y el propósito de la organización.

- Desarrollo: un empleado aprende y crece participando en las actividades de una organización, pues le permiten perseguir nuevos talentos a través de oportunidades.

- Pertenencia: un empleado tiene identidad personal y desarrolla nuevas relaciones cuando la organización le pone en contacto con otros.

## Cuadro 9.3 Lista de verificación de talentos

| ¿Está involucrada mi organización en las siguientes prácticas? | Evaluación* |
|---|---|
| Se asegura de que los requisitos de trabajo para la contratación sean de afuera hacia adentro (impulsados por las promesas al cliente y las expectativas de los inversionistas). | |
| Establece estándares culturales (valores, estilo, personalidad) para la contratación. | |
| Fomenta la diversidad de orígenes y pensamiento en la búsqueda de nuevos empleados. | |
| Busca referencias de nuestros mejores empleados sobre quiénes contratar. | |
| Crea presencia en redes sociales para construir tu marca como empleador. | |
| Apunta a fuentes prometedoras de talento (universidades, reclutadores, empresas en reestructuración) para atraer a los mejores candidatos de estos lugares. | |
| Utiliza trabajadores eventuales o de contingencia (consultores, proveedores externos, trabajadores temporales, etc.), según corresponda. | |
| Indaga sobre comportamientos específicos (entrevistas sobre comportamiento) para evaluar a los candidatos. | |
| Involucra a múltiples evaluadores, incluidos colegas y gestores de línea, en la selección de candidatos. | |
| Crea una propuesta de valor personalizada (incluyendo salario, oportunidades de trabajo, autonomía y avance profesional) para los principales candidatos, de forma que los mejores se sientan atraídos por la empresa. | |
| Ofrece un programa de tutoría para empleados clave. | |
| Tiene un plan de fuerza laboral que vincula objetivos estratégicos con puestos importantes y requisitos de habilidades para esos puestos. | |
| Alienta a sus mejores empleados a moverse para apoyar la rápida formación y disolución de equipos. | |
| Permite que los empleados aprendan de la experiencia haciendo que asuman tareas extensas o que formen parte de un equipo de proyecto. | |
| Invierte en un programa de desarrollo personalizado para que sus empleados más valiosos conozcan sus oportunidades de desarrollo. | |

| ¿Está involucrada mi organización en las siguientes prácticas? | Evaluación* |
|---|---|
| Asegúrate de que los programas formales de capacitación se centren en habilidades que se puedan aplicar rápidamente a la mejora del trabajo. | |
| Alienta a los empleados a aprender de situaciones fuera de sus experiencias laborales (por ejemplo, grupos de voluntarios y filantropía corporativa). | |
| Ofrece a los empleados una hoja de ruta profesional que les ayuda a ver en qué pueden convertirse. | |
| Hace que los empleados sean los principales responsables de su carrera profesional y personal. | |
| Comienza la planificación de la sucesión con un enfoque en los requisitos del puesto más que en las características de los individuos. | |
| Encuentra formas creativas de retener empleados valiosos. | |
| Elimina de manera rápida y justa a los empleados que no cumplan con los requisitos comerciales. | |
| Ayuda a los empleados a comprender el significado personal de su participación en el trabajo. | |
| Crea una mentalidad de crecimiento con la cual los empleados aprenden continuamente y crecen en el trabajo. | |
| Se asegura de que los gerentes de línea sean los aseguradores y responsables del talento en última instancia. | **Total** _____ |

### Clave de puntuación

**100 a 125:**
- ¡Buenas noticias! Tu empresa es un imán de talento y tiene personas que pueden ayudarte a ser exitoso en el futuro.
- La mala noticia es que otros pueden perseguir a tus empleados.

**75 a 99:**
- Sigues buenas prácticas de talento que te ayudarán a lograr tus objetivos.
- Pero es posible que no consigas los objetivos tan rápido como te gustaría.

**50 a 74:**
- Se debe prestar especial atención a los riesgos que enfrenta el talento de segundo nivel.
- Concéntrate en algunas áreas para mejorar tus procesos de talento.

**Menos de 50:**
- ¡Vaya! Tu empresa tiene un déficit de talento y necesita actualizar sus procesos rápidamente para evitar quedarse atrás.

Las organizaciones orientadas al mercado que estudiamos satisfacen las necesidades de sus empleados de creer, desarrollarse y pertenecer. Al mejorar estos sentimientos en sus empleados, las organizaciones ofrecen un mejor valor a los clientes e inversores. En definitiva, estos ecosistemas crean un entorno que no solo atrae y retiene a los mejores talentos, sino que también permite que crezcan y se muevan fácilmente en sus organizaciones en busca de nuevos desafíos.

Poniendo el foco en el talento, como Jefferson con Lewis y Clark, encontrarás el éxito a medida que tu gente explore nuevas oportunidades. Los líderes de talento exitosos dedican entre el 20 y el 30 % de su tiempo a actividades relacionadas con el talento y se rodean de otros que los complementan. Gestionar el talento no es casual ni fácil. Cuando se implementen las prácticas de talento descritas en este capítulo, tu organización tendrá los ingredientes clave para el éxito.

# 10. INTERCAMBIO: COMPARTIR INFORMACIÓN, DATOS Y HERRAMIENTAS DENTRO DEL ECOSISTEMA

Una de las ironías de vivir en la era de la hiperconectividad y la autodivulgación extrema a través de blogs, tuits, WeChat, WhatsApp, Instagram, Pinterest y, sí, las publicaciones de Facebook es que toda esta transparencia y autoexpresión durante las veinticuatro horas del día no se ha utilizado para cambiar aspectos fundamentales de la cultura corporativa. En la era de #SayHerName, #MeToo, #BlackLivesMatter, #LoveWins, #MuslimAmericanFaces y #codeofsilence, la mayoría de las culturas corporativas siguen siendo lugares de poca exposición, con un posicionamiento cauteloso y de alta complejidad política. La información no se comparte de forma transparente hacia arriba, hacia abajo o hacia los lados; tampoco se comparten datos ni herramientas.

La mentalidad de no compartir información por razones de seguridad o poder aún prevalece a nivel corporativo y, con demasiada frecuencia, los empleados no son sinceros con sus compañeros, sus líderes o, incluso, consigo mismos; tienen miedo de proponer nuevas ideas o de admitir un error. Por diversas razones, sobre todo por miedo, evitan el riesgo de desafiar abiertamente a la autoridad o el *statu quo*, preocupados por que se los vea como empleados ofensivos, incompetentes o simplemente diferentes o desafiantes.

Los psicólogos sostienen que el miedo a la separación nos calla, como el miedo a una carta de despido (*pink slip*), pero, cualquiera que sea la causa, muchas personas no se aventuran a salir de sus cubículos, sino que se conforman con ser jugadores de equipo que no alborotan el avispero. De hecho, se trata de un comportamiento bastante racional. La historia está manchada con la sangre de personas que le levantaron la voz al poder: William Tyndale, Tomás Moro, Martin Luther King, Gandhi, Juana de Arco y un sinfín de periodistas y jueces en las partes más problemáticas del mundo. En cualquier sociedad, país, ciudad, corporación o familia, cuando la estructura de poder no está lista para el cambio, hablar puede ser un asunto peligroso.

Las infraestructuras tecnológicas fragmentadas también pueden impedir el intercambio de información. En muchas compañías, las diferentes unidades de negocio cuentan con sus propias bases de datos de clientes o herramientas técnicas (pago, seguridad y búsqueda) para satisfacer sus necesidades, independientemente de bases de clientes similares o de la funcionalidad técnica de las unidades. Si bien la autosuficiencia permite que se aprovechen las oportunidades de mercado y se responda a las necesidades de los clientes más rápido que los competidores, se crea el problema de los silos aislados, sobre todo cuando estas empresas se vuelven más complejas. Además del sinfín de funciones redundantes de múltiples sistemas y de los límites en la utilización de recursos, la información valiosa se encuentra dispersa, en diferentes lugares y bases de datos. Por tanto, todos ven su pieza del rompecabezas, pero nadie ve la imagen completa. Y, cuando un nuevo negocio requiere datos de múltiples sistemas y plataformas, la eficiencia y la capacidad de respuesta son bajas, si no imposibles.

Afortunadamente, también vemos lo contrario en organizaciones que prosperan al enfrentar desafíos externos, deleitar a sus clientes, innovar sin descanso y desempeñarse con extrema agilidad. El acceso a la información es clave para desarrollar ideas con impacto, pero no mediante un tsunami de información no filtrada, sino del acceso a información que conduzca a mejores decisiones. Se motiva a las personas para que no se callen, sino que hablen, denuncien, se arriesguen y desafíen las ortodoxias existentes en público y no solo en conversaciones privadas o anónimas por internet. También se alienta a los empleados a utilizar todos los medios sociales y técnicos disponibles para investigar un pensamiento, seguir una corazonada, generar una estrategia, probar una idea y crear un equipo. Anuncian sus errores y fracasan en voz alta (como hemos dicho, a veces con champán, si trabajan en Supercell). Cuando un líder publica su evaluación 360°, la probabilidad de mejora aumenta; cuando los empleados comparten sus objetivos y metas de resultados clave (OKR), se genera responsabilidad.

La transparencia de la información no se detiene con la voluntad de compartir buenas y malas noticias; las empresas orientadas al mercado crean transparencia al compartir datos, herramientas y código entre equipos, plataformas y socios estratégicos dentro del ecosistema, desintegran los silos y desmantelan las barreras entre diferentes sistemas y bases de datos, a veces a costa de un crecimiento empresarial más lento a corto plazo, pero logrando una mejora a largo plazo.

Una vez que los ecosistemas orientados al mercado abrazan la transparencia de datos, sus miembros pasan a tener la posibilidad de generar ideas en una parte del MOE y compartirlas con otros equipos o unidades, por lo que la información transparente no solo revaloriza la plataforma, sino que mejora su posición estratégica. Al capturar datos y herramientas de diferentes partes del ecosistema, la plataforma ofrece una visión más integrada de las preferencias del cliente, la situación competitiva y cualquier cambio del mercado. El intercambio de información también evita la necesidad de reinventar la misma rueda en diferentes equipos y aliados cuyo trabajo sea similar.

## 1. EJEMPLOS DE AUMENTO DEL INTERCAMBIO DE INFORMACIÓN

Google lanzó un motor de búsqueda para organizar la masa caótica de material en la web, domesticando esta maraña mediante una clasificación de los resultados según su popularidad. Pero la cosa fue mucho más allá, y los algoritmos dieron luz a información que terminó convirtiéndose en un tesoro, y Google nunca ha perdido su enfoque en la investigación y su compromiso externo con el aprendizaje.

La lógica del motor de búsqueda de Google es paralela a su transparencia a nivel interno; su base de datos unificada, los códigos técnicos, las herramientas y otros componentes se comparten sin reservas para permitir la experimentación. Todos los empleados de Google tienen acceso abierto al código fuente que crea el *software* o una aplicación de Google. La única información interna que no se comparte es aquella que no se puede compartir de acuerdo con la ley de protección de datos y de la privacidad del usuario. Cualquier otra cosa, desde los resultados y los objetivos de desempeño corporativo hasta las métricas y los resultados individuales están a disposición de cualquiera que los busque o que desee aprender. Además, los miembros del personal tienen acceso directo semanal a los fundadores para plantear cualquier pregunta y escuchar noticias corporativas, incluidas las decisiones y preocupaciones del momento[1].

En 2004, Facebook lanzó una red social externa para conectar entre sí a estudiantes universitarios que, mediante una plataforma de código abierto, pasó a convertirse en la plataforma más sofisticada del mundo, poniendo en funcionamiento la lógica de transparencia de la información. Dentro de Facebook, existe una fuerte cultura de intercambio abierto; esto es, cualquier metodología, proceso o herramienta de trabajo de uso constante debe automatizarse y subirse a la plataforma de herramientas. Algunas de ellas, bien conocidas en Facebook, han permitido acelerar los procesos de desarrollo interno[2]. Este compromiso incesante con el mundo exterior es un acto abierto y social, un ejercicio de transparencia que resulta crucial mientras la organización y el ecosistema aprenden juntos.

Amazon pone el foco en las oportunidades que la digitalización y otras nuevas tecnologías presentan, no solo porque la tecnología ofrece nuevas opciones, sino también porque permite a las empresas escalar, y esto es lo que permite un crecimiento exponencial. ¿Quién no ha recibido sugerencias de Amazon que le hayan motivado y ha terminado comprando? Probablemente todo el que lea este libro haya hecho una compra recomendada; ciertamente, ese es nuestro caso. Este conocimiento profundo de las preferencias y comportamientos del cliente no es propiedad exclusiva de los equipos de ventas o marketing, como en tantas otras empresas, sino que impregna toda la empresa y, a su vez, el resto del ecosistema. La razón de la ubicuidad del conocimiento es el intercambio de información, gracias a la recopilación extrema de datos sobre el cliente en múltiples puntos de contacto que se combinan y se hacen accesibles a través de la plataforma. Cualquier persona en su ecosistema, incluidos los ingenieros, pueden acceder a la información que necesitan en cuestión de minutos para probar ideas y proponer nuevos productos y servicios en colaboración abierta con otros.

Ya hemos discutido los famosos equipos de dos *pizzas* de Amazon y el acceso que tienen a los datos, la información y las herramientas en la plataforma. Debido a la naturaleza de autoservicio de la plataforma, estos recursos y capacidades compartidos están disponibles para todos los equipos de innovación y para cualquier persona con una nueva idea dentro de Amazon. Bezos explica: «Estoy enfatizando en la naturaleza de autoservicio de estas plataformas porque es importante por una razón que creo que no es obvia: incluso los "guardianes" bienintencionados pueden retrasar la innovación. Cuando una plataforma es de autoservicio, incluso las ideas más improbables pueden ponerse a prueba, porque no hay un guardián experto listo para decir: "¡Eso nunca funcionará!". Y adivina qué: muchas de esas ideas improbables funcionan, y la sociedad se beneficia de esa diversidad[3]».

Alibaba organizó un mercado chino altamente fragmentado compuesto por millones de consumidores y una gran cantidad de pequeños negocios y estableció interconexiones a través de su plataforma. Aunque no inventó el comercio minorista en línea en China, Alibaba tuvo éxito más allá de cualquier expectativa, ya que creó una plataforma basada en datos con la capacidad de detectar y responder rápidamente a lo que el mercado externo se enfrentaba y lo que las pequeñas empresas y consumidores chinos realmente necesitaban y valorarían (es decir, crédito y logística fiables). Alibaba forjó su propio futuro al habilitar el éxito de otros mediante un intercambio de datos y herramientas.

Desde 2016, la compañía comenzó a construir una plataforma central sólida, una plataforma de servicios tecnológicos que integraba capacidades de datos y tecnología para permitir que sus negocios de *front-end* respondieran a los cambios del mercado. Cuatro unidades conforman la plataforma central de Alibaba:

- Una plataforma comercial compartida que construye los módulos comunes para el negocio de comercio electrónico de Alibaba, como mercancías, marketing, transacción y afianzamiento.

- Una unidad de búsqueda que ofrece algoritmos y aplicaciones de datos para apoyar a las empresas de comercio electrónico de Alibaba con recomendaciones personalizadas.

- Una unidad de tecnología de datos y productos que se centra en el uso de IA y *big data* en comercio electrónico, publicidad, entrega y otras áreas para lograr la operación digital.

- Una comunidad innovadora que prioriza la asignación de recursos para la incubación de nuevos negocios.

Alibaba utiliza la integración de datos y la transparencia para potenciar los servicios a sus clientes (o miembros) en todo su ecosistema. En la creación de su plataforma intermedia, la integración de los datos de usuario de múltiples sistemas fue uno de los desafíos más difíciles, razón por la cual se considera el proyecto prioritario de Alibaba. El proyecto de membresía no solo se enfoca en la integración de la información del usuario a nivel técnico y de datos, sino también en la coordinación y las oportunidades de venta cruzada de cada unidad de negocios cuando interactúa con los usuarios de Alibaba. Después de diez meses de esfuerzo, Alibaba Group lanzó 88VIP, un programa de membresía que cubre casi todos los servicios principales, además de ciertas ventajas, como descuentos en compras para ochenta y ocho marcas seleccionadas, Tmall Supermarket y Tmall International, así como beneficios en una amplia gama de servicios, como Youku VIP (alojamiento de vídeo), Eleme (entrega de alimentos), TaoPiaoPiao (venta de entradas para películas), tarjetas de compras nacionales y Xiami Music. Este programa de supermembresía identifica a los principales usuarios activos y los alienta a experimentar y comprar una amplia gama de ofertas de productos y servicios en el ecosistema de Alibaba, donde se incluyen, por supuesto, sus socios estratégicos[4]. Asimismo, al compartir e integrar sus datos y sistemas de membresía, Alibaba puede profundizar en la comprensión general de sus usuarios, sus necesidades y sus preferencias, y puede proporcionar información crítica para la innovación y optimización de negocios.

Como nuevo negocio de Alibaba, Hema Fresh utiliza un nuevo modelo minorista que integra productos y servicios *online* y *offline*. El negocio requiere una combinación de comestibles frescos, restaurantes, venta minorista en línea y servicios de entrega. Como resultado, los requisitos integrados del comercio electrónico, gestión de tiendas de comestibles y servicios logísticos son enormes. Gracias al apoyo de la sólida plataforma intermedia de Alibaba en gestión de membresía, exposición de mercancías, gestión de carritos de la compra, pago electrónico y recomendaciones personalizadas, Hema Fresh no necesitó reinventarlo; solo tuvo que utilizar los módulos de servicio ofrecidos. Yi Hou, CEO de Hema Fresh, describe este efecto: «Sin la sólida plataforma habilitada por Alibaba, Hema tardaría al menos veinticuatro meses en desarrollar sus capacidades operativas y de servicio. Ahora, pueden hacerlo en nueve meses»[5]. Del mismo modo, para penetrar en nuevos mercados, como Indonesia, la plataforma central de Alibaba ofrece sistemas y servicios *plug-and-play* («enchufar y jugar») para empresas locales de comercio electrónico, incluida la recién adquirida Lazada. La capacidad técnica compartida y la replicación de la experiencia, como las capacidades y recursos que dispararon el festival de compras del Día del Soltero a la estratosfera, también pueden aumentar el negocio de *e-commerce* de Alibaba en Indonesia con más rapidez de lo que normalmente se esperaría[6].

Supercell también insiste en que su conocimiento del mundo exterior sea transparente para su fuerza laboral interna. Si bien su negocio es más simple que el de Facebook, Google, Alibaba o Amazon, la compañía proporciona actualizaciones diarias a toda la compañía sobre cómo reacciona el mundo a sus ofertas: usuarios nuevos, número total de usuarios diarios activos, gastos de jugadores y tasas de retorno de jugadores. Esta transparencia total proporciona a todos sus miembros una comprensión conjunta del entorno en el que Supercell está compitiendo.

El desarrollo de juegos en Supercell no es trabajo de un genio aislado, sino de un conjunto de esfuerzo colectivo. Y es que no hay nada más abierto o transparente que el desarrollo de juegos en esta empresa: en Supercell, cualquier miembro del personal puede proponer ideas para nuevos juegos, y se puede pedir a cualquiera que ayude a ponerlas en práctica. La mitad o más del equipo de desarrollo también está activo en la creación de nuevas ideas para nuevos juegos. Las personas en Supercell entienden muy bien que el objetivo es crear juegos que satisfagan a una audiencia masiva y que cuenten con el potencial necesario para evolucionar junto a la satisfacción de los jugadores en los años venideros. Debido a que estos estándares son tan altos, se eliminan muchos más juegos potenciales de los que se desarrollan. Un gran ejemplo de esta selectividad es un juego llamado Smash Land, que sobrevivió al proceso de desarrollo durante nueve meses antes de ser cerrado. Si bien la gente disfrutaba jugando, el equipo de juego no creía que tuviera el potencial de mantener el interés de los jugadores durante años, una debilidad que constituyó el factor positivo. La decisión de desconectar un juego no es controvertida, porque los criterios de éxito están claramente marcados y porque los comentarios sobre el juego y su desarrollo siempre han sido transparentes. De hecho, detener el desarrollo de un juego no se ve como un fracaso, sino como una experiencia de aprendizaje para celebrar. Cerrar un juego generalmente implica una presentación *post mortem* ante toda la compañía con lecciones compartidas y un brindis con champán; sin duda, ¡no lanzar un producto que iba a fracasar es motivo de celebración![7]

Para reinventar tu organización, pregúntate si muestras la información de forma abierta—descendente, ascendente y lateral— en tu empresa. ¿Con cuánta transparencia compartes tus datos, herramientas, códigos o nuevos conocimientos de las diferentes unidades?

## 2. IMPLICACIONES GERENCIALES

### TRANSPARENCIA E INTERCAMBIO DE INFORMACIÓN A NIVEL ORGANIZACIONAL

Cada compañía recurre a diferentes vehículos para compartir información con el fin de alinear los negocios y establecer herramientas y datos colaborativos para operaciones comerciales. El cuadro 10.1 muestra ejemplos de cómo las ocho compañías que estudiamos siguieron este proceso en sus ecosistemas, pero puedes adaptar estas prácticas para aumentar la transparencia de la información y compartirla en tu propia empresa[8].

# CAPÍTULO 10. INTERCAMBIO: COMPARTIR INFORMACIÓN, DATOS Y...

Para compartir información entre equipos, plataformas y socios comerciales, todos en el ecosistema necesitan un espíritu de apertura, confianza y contribución recíproca. Las organizaciones también deben evitar el síndrome del «no-inventado-aquí», que afecta a muchos grupos. Asimismo, hemos presenciado el llamado «plagio legalizado», donde se alienta a los empleados a «robar» ideas de una unidad o equipo y trasladarlas a otro, y es que es fácil reconocer quiénes son los generadores de ideas, porque estos creativos se encuentran en el corazón del análisis de la red organizacional.

**Cuadro 10.1 Cómo comparten información, herramientas y datos los ecosistemas orientados al mercado**

|  | Compartiendo información hacia arriba, hacia abajo y hacia los lados para lograr transparencia en la empresa | Compartiendo datos, herramientas y conocimientos para alcanzar una efectividad operativa |
|---|---|---|
| **Alibaba** | • Reuniones de negocios trimestrales para solicitar nuevas ideas de primera línea, priorizar y convertirlas en elementos de acción.<br>• Inclusión activa de clientes en la creación conjunta de nuevos productos o servicios. | • Plataforma intermedia con datos integrados y tecnología dentro de equipos de negocios. |
| **Amazon** | • PR&FAQs para compartir ideas innovadoras a todo nivel.<br>• Publica oportunidades laborales internas para facilitar el movimiento del talento en la entrega de la estrategia.<br>• Pone a disposición la plataforma de vídeos que presenta todos los discursos de Jeff Bezos; «Principal Talk» (el intercambio de conocimientos por parte de los principales ingenieros; o alguna capacitación de sistemas. | • A través de AWS, varios servicios y herramientas que apoyan a cada una de las empresas de Amazon.<br>• Plataformas internas de intercambio de conocimientos, como WIKI y Community. |

|  | Compartiendo información hacia arriba, hacia abajo y hacia los lados para lograr transparencia en la empresa | Compartiendo datos, herramientas y conocimientos para alcanzar una efectividad operativa |
|---|---|---|
| **DiDi** | • «En el camino»: reunión mensual para todos los empleados.<br>• Reuniones trimestrales de líderes de negocios. | • Plataforma tecnológica que integra datos y herramientas. |
| **Facebook** | • Reuniones de toda la plantilla u *all-hands* (llamadas Work@FB) para dar forma y compartir una dirección estratégica. | • Acceso abierto a bases de datos unificadas, datos y herramientas.<br>• Amplio intercambio de información técnica y soporte.<br>• Facebook Learner Flow, la plataforma para que la IA se aplique más fácilmente a los productos y *software* de Facebook. |
| **Google** | • Reuniones semanales de TGIF (en español, «gracias a Dios es viernes», que ahora se llevan a cabo irónicamente los jueves) para compartir la dirección de cada equipo.<br>• Reuniones trimestrales de productos para solicitar y priorizar ideas de mejora.<br>• Intercambio transparente de proyectos y posiciones a través de una plataforma en línea. | • Intercambio de soporte y de herramientas sólidas de infraestructura de TI encabezados por los mejores líderes técnicos.<br>• Comparte codificación de diferentes unidades para evitar reinventar la rueda.<br>• Cada área de producto tiene su propio equipo de infraestructura, que no solo respalda el negocio interno, sino que también brinda soporte de área cruzada en lo que respecta a recursos técnicos, de acuerdo con la demanda. |

|  | Compartiendo información hacia arriba, hacia abajo y hacia los lados para lograr transparencia en la empresa | Compartiendo datos, herramientas y conocimientos para alcanzar una efectividad operativa |
|---|---|---|
| Huawei | • Comunicación frecuente de los problemas y desafíos clave que enfrenta Huawei a través de cartas y correos electrónicos del CEO, Ren Zhengfei.<br>• Uso activo de comités interempresariales e interfuncionales para compartir información y tomar decisiones desde múltiples perspectivas. | • Equipos de clientes compartidos para permitir oportunidades de venta cruzada de varias líneas de productos a clientes de una región.<br>• Plataformas regionales que también comparten una profunda experiencia y conocimiento sobre clientes clave en una región. |
| Supercell | • Celebrando con una botella de champán las lecciones aprendidas de los éxitos y los fracasos. | • Publicaciones diarias de información de mercado y de usuario de diferentes juegos para todos los empleados. |
| Tencent | • Reuniones ejecutivas semestrales, reuniones de estrategia mensuales y conferencia de estrategia bianual para compartir información, conocimiento, discutir prioridades y alinear acciones.<br>• Plataforma en línea para permitir a los empleados hacer preguntas, compartir información y expresar puntos de vista. | • Grupo de tecnología e ingeniería que brinda a los equipos de negocios soporte técnico de *back-end* en *big data*, seguridad e IA.<br>• Cada grupo empresarial cuenta con sus propias plataformas para compartir soporte técnico y datos únicos para el grupo |

Nota: los comunicados de prensa y las preguntas frecuentes son sesiones en las que los miembros del equipo de Amazon escriben comunicados de prensa simulados y documentos anticipando preguntas frecuentes.

Fuente: compilado por Arthur Yeung y el equipo de investigación de Tencent, en base a los estudios de caso de las compañías aquí mencionadas.

## TRANSPARENCIA E INTERCAMBIO DE INFORMACIÓN A NIVEL DE LIDERAZGO PERSONAL

En nuestro trabajo de *coaching*, hemos mostrado a muchos líderes mejores formas de compartir información para ayudarlos a motivar a los empleados y hacer que las personas rindan cuentas por sus contribuciones. Usa el cuadro 10.2, que resume muchas de las ideas que hemos encontrado, para evaluar la transparencia de su liderazgo y cómo comparte información. Cuando se dominan estas habilidades para compartir información, se puede comunicar con claridad lo que se espera de empleados, socios y aliados.

# 3. CONCLUSIÓN

**Cuadro 10.2 Evaluación de la transparencia del liderazgo de intercambio de información**

| Principio | ¿Cómo llevan a cabo las siguientes prácticas tu líder sénior o tu equipo de liderazgo? | Evaluación* |
|---|---|---|
| Mantener la simplicidad | Simplifica un mensaje y lo presenta de manera que las personas lo puedan entender y relacionarse con él (priorizar ideas). | |
| Enfocarse en el porqué | En lugar de simplemente decir lo que debe hacerse, ayuda a los empleados a comprender por qué debería hacerse. | |
| Ser persistente y consistente | Mantiene el mismo mensaje básico hasta que sea entendido por otros. En promedio, el mensaje debe repetirse diez veces antes de que una persona realmente lo entienda. | |
| Ser curioso y de mente abierta | Busca nuevas ideas haciendo preguntas y abriéndose a nuevas alternativas; busca retroalimentación sobre el impacto del comportamiento. | |
| Enfocar la información en el impacto | Enfoca la información en resolver problemas o resolver desafíos, más que simplemente compartir ideas. | |

| Principio | ¿Cómo llevan a cabo las siguientes prácticas tu líder sénior o tu equipo de liderazgo? | Evaluación* |
|---|---|---|
| Usar datos estructurados | Utiliza datos empíricos (estructurados) para diagnosticar problemas y ofrecer soluciones (por ejemplo, confiar en las estadísticas para tomar decisiones informadas). | |
| Usar datos no estructurados | Está dispuesto a observar situaciones y detectar patrones, confiando en sus instintos para detectar circunstancias que podrían no aparecer en las hojas de cálculo. | |
| Enfocarse en lo justo más que en lo correcto | Está dispuesto a celebrar las buenas noticias y a aprender de las malas noticias de manera oportuna. | |
| Convertir ideas en acción | Se asegura de que las ideas conducen a decisiones que motiven acciones personales y organizacionales. | |
| Captar señales de comportamiento | Modela según su comportamiento (lo que dice, cómo lo dice, cuándo lo dice y dónde lo comparte) lo que más importa. | Total ____ |

### Clave de puntuación

**43 a 50:**
Excelente divulgador de información; otros podrán observar y aprender de este individuo o grupo.

**35 a 42:**
Buen divulgador de información.

**27 a 34:**
Divulgador de información adecuado; encuentra una o dos áreas para comenzar a mejorar.

**Menos de 26:**
¡Atención! Deberás buscar formas para mejorar el intercambio de información.

En una escala del 1 al 5, donde 1 es «muy pobre» y 5 es «muy bueno», ¿dónde se encuentra tu empresa?

Tenemos experiencia en reuniones donde los equipos ejecutivos necesitaban abordar conversaciones difíciles sobre estrategia, tecnología, estructura, personas y desempeño y, a menudo, en las empresas tradicionales, las personas muestran respeto al redactar la información para suavizarla y asegurarse de que es aceptable para aquellos que necesitaban escuchar el mensaje. Algunas veces, las personas pasan más tiempo de lo necesario antes de una reunión tratando de empaquetar la información de forma adecuada. Luego, después de la reunión, algunos de los participantes discuten lo que debería haberse dicho. Con demasiada frecuencia, el mensaje es tan complicado que nunca se entrega realmente o, en otros casos, los jefes de unidad de negocio o departamento conservan sus sistemas y bases de datos, su territorio y su fuente de poder, e intentan hablarse unos a otros, ignorando las consecuencias de los silos de información en toda la empresa.

En los ecosistemas de alto rendimiento orientados al mercado, la dirección garantiza que la información, los datos y las herramientas se compartan con una apertura radical, superando las barreras psicológicas, culturales y tecnológicas en virtud de alinear las prioridades del negocio. Estos ecosistemas diseñan desde cero bases de código unificadas, herramientas y plataformas para facilitar la colaboración en materia de datos y herramientas entre equipos internos, socios y clientes externos. Cuando la estructura y los sistemas originales se convierten en barreras para la transparencia de la información, los directivos deben contar con la determinación y la sabiduría necesarias para llevar a cabo los cambios. En los ecosistemas de alto rendimiento, las personas hablan, comparten sus ideas y reacciones, y desmantelan fácilmente los silos de información. Solo cuando la información se comparte fácilmente dentro y fuera del ecosistema, la empresa se encuentra realmente centrada en el cliente, es innovadora y es ágil.

# 11. COLABORACIÓN: TRABAJAR JUNTOS PARA OPTIMIZAR EL ECOSISTEMA

Estamos rodeados de procesos colaborativos. En la naturaleza, las abejas forman una colmena, las hormigas crean una colonia, los pájaros vuelan en formación, todas ellas formas de colaboración que permiten que el grupo sea más que los miembros individuales. La teoría de sistemas nos enseña que las partes individuales no funcionan tan independientemente como lo hacen a través de la interdependencia o la colaboración. Por ejemplo, las partes de un coche no son un coche hasta que se juntan; un timón o el eje de una rueda son inútiles por separado; y, en los sistemas políticos, una federación combina estados o provincias individuales en una nación o grupo de estados más viable.

Y, por supuesto, no hay nada más humano que la colaboración. Igual que los extraños del capítulo 1 colaboraron para salvar a los bañistas atrapados en una corriente, los equipos superan constantemente el talento individual; las organizaciones existen para convertir competencias individuales en capacidades organizacionales. En esencia, el ecosistema orientado al mercado es una extensión de estos sistemas de colaboración. De hecho, el famoso inventor Alexander Graham Bell atribuyó la mayoría de los grandes descubrimientos a la cooperación de muchas mentes.

Los intentos de colaboración no son nada nuevo; la naturaleza colaborativa del ecosistema empresarial es, en muchos sentidos, su salsa secreta, una salsa picante. Durante muchos años, el mundo ha tenido comunidades de negocios, cadenas de suministro, grupos industriales y gremios. Prato, Italia, tuvo su legendario centro textil de lana en el siglo XIV; Japón tiene su *zaibatsus* y su *keiretsus*; los tres grandes fabricantes de coches en Detroit construyeron un gigantesco sistema de fabricación de equipos originales para suministrar sus componentes; grandes *holdings* en Alemania, Corea del Sur, India, Malasia, Brasil y Rusia han sobrevivido en economías frías y calientes. Asimismo, los países en desarrollo tienen empresas vinculadas al Gobierno que proporcionan capital, talento y, a veces, plataformas de interconexión.

De una manera u otra, los sistemas siguen integrando diversos negocios, cada uno con sus propias especialidades, experiencias y ofertas, pero estas colaboraciones no logran convertirse en ecosistemas ágiles y eficientes. A veces, las empresas intentan llenar estos vacíos mediante conexiones más estrictas: fusiones, adquisiciones, empresas conjuntas y alianzas; no obstante, estos movimientos organizacionales casi siempre prometen más de lo que pueden ofrecer y suelen reducir el valor de las partes constituyentes en el proceso. Se trata de relaciones lentas, ineficientes, difíciles de manejar y generalmente transaccionales, con una fuerte dosis de «¿qué hay para mí?», porque cada empresa tiene diferentes objetivos, métricas, costes, riesgos, culturas, valores, tasas de obstáculos y horizontes de tiempo para el retorno de la inversión. Por lo general, en cualquiera de estas situaciones, prima la ley del más fuerte y la negociación termina en un *win-lose* o un acuerdo de gana-pierde (¿quién quiere venderle a Walmart a un margen mínimo?, ¿pero quién podría desechar tanto volumen?). Por lo tanto, los líderes se esfuerzan por mantener todos los recursos necesarios para el éxito dentro de la empresa, donde se pueden controlar. Sin embargo, en un mundo de gran velocidad y complejidad, es simplemente imposible contar internamente con todo cuando se necesita.

Lo que hace que un ecosistema empresarial moderno sea diferente (un verdadero ecosistema, como el de Facebook, Google, Supercell, Alibaba...) es su capacidad de colaborar verdaderamente. Como mecanismo de gobernanza, la verdadera colaboración consiste en la habilidad de coordinar recursos externos e internos separados, actividades, roles, foco e inversiones de formas... que anticipen y satisfagan las necesidades de

# CAPÍTULO 11. COLABORACIÓN: TRABAJAR JUNTOS PARA OPTIMIZAR EL...

los clientes, generalicen la innovación y se muevan rápidamente para crear un acuerdo de beneficio mutuo. Sabemos que un ecosistema es colaborativo cuando vemos lo siguiente:

- Mayor rentabilidad para todos los miembros del sistema.
- Soluciones más integradas para el cliente.
- Acceso expandido al mercado.
- Tiempo de comercialización significativamente más corto de lo que podría haberse logrado de otra manera (a través de cualquiera de las otras soluciones organizativas o ambientales descritas).
- Mejor aprendizaje y crecimiento (en fuerza y capacidades) entre todos los participantes en el sistema.

Las ventajas anteriores son posibles gracias a la inteligencia y el poder del *big data*, la tecnología y las habilidades y conocimientos de las personas que entienden cómo reunir todo lo que necesita el cliente: equipos de dos *pizzas* con una supercomputadora Cray, por así decirlo. Un ecosistema en la naturaleza consta de dos partes básicas: los bióticos (las plantas y animales vivos, incluidas las bacterias, las aves y las abejas) y los abióticos (los factores no vivos, como agua, rocas, luz solar, salinidad e incluso viento y sombra). El paralelismo es obvio: se necesita espíritu y destreza digital, lo muy humano y lo muy técnico, para crear la colaboración necesaria para convertir la complejidad en una excelente oferta hacia el cliente.

Cuando funciona, como es el caso de estos gigantes globales, los elementos externos e internos se mueven con gran agilidad para innovar y satisfacer las necesidades de los clientes mejor de lo que nadie podría haberlo hecho o imaginado, incluso en los últimos años. ¿Cómo trabajan juntas las plataformas y los equipos para hacer que un todo sea más que sus partes?

- Los equipos promulgan prácticas y compiten en el mercado, mientras que las plataformas, en lugar de prescribir lo que deben hacer los equipos, proporcionan principios y estándares que otros pueden seguir y evaluar.

- Las plataformas generan tráfico de usuarios o clientes potenciales de ventas, y los equipos convierten este tráfico en oportunidades comerciales.

- Cuando las plataformas comparten datos, tecnología, herramientas y competencias, los equipos pueden adaptar y aplicar estos recursos a sus propias situaciones únicas.

- A través de este intercambio, las plataformas ayudan a los equipos a construir las cuatro capacidades esenciales de los ecosistemas orientados al mercado: detección externa (información), obsesión por el cliente, innovación y agilidad. Los equipos proporcionan foros para la experimentación de nuevas ideas.

- Las plataformas comparten el aprendizaje entre equipos, reconocen buenas ideas y las mueven rápidamente.

- Los esquemas de rendimiento e incentivos aseguran que la plataforma responda a las necesidades de los equipos y socios estratégicos.

Los beneficios anteriores pueden resumirse como una interacción sinérgica: la colaboración entre plataformas y equipos, y estos con otros diferentes, crea una comunidad de aprendizaje donde las ideas y los datos con impacto se generalizan para hacer que el todo sea más que las partes.

En un ecosistema, el trabajo de la empresa líder es promover una rica colaboración que combine un conjunto de nichos (equipos especializados o células), cada uno de los cuales contribuye de forma diferente al valor del cliente, de forma que esta riqueza cree un ciclo virtuoso al generar nuevo conocimiento o demanda adicional a medida que los equipos interactúan. La empresa líder crea una estructura de incentivos para atraer socios, gestiona las funciones de superposición y reduce los conflictos, centrando así a todos los actores del ecosistema en el cliente y en la necesidad de innovar de manera continua y flexible. En el ecosistema, los roles de los socios y los equipos son muchos y variados: inteligencia de mercado, proveedores de componentes, capacidad operativa, canales de venta y servicios y productos y servicios complementarios.

Las empresas líderes, como Amazon, Google (Alphabet), Tencent y Alibaba, también pueden crear mercados para el ecosistema debido a su reputación. Ayudan a que un producto, servicio o tecnología gane aceptación en el mercado y construyen un ecosistema (Tencent para WeChat, Google para Google Maps o Amazon para AWS). En este sentido, los servicios de mapas son un buen ejemplo del efecto sinérgico de la colaboración; para Google, Tencent y Alibaba, es importante la capacidad de colaborar con socios comerciales, como empresas de transporte público, Uber, DiDi y Meituan, así como la decisión del usuario de usar sus mapas es fundamental para su existencia. Cuanto más se usen, mejor será la capacidad de los mapas para ayudar a los conductores a evitar atascos y encontrar las mejores rutas posibles. En este caso, una colaboración para detectar datos en tiempo real sobre el tráfico de tantos socios estratégicos es fundamental para hacer que el servicio sea más inteligente.

# 1. EJEMPLOS DE COLABORACIÓN EN UN ECOSISTEMA ORIENTADO AL MERCADO

Google integra la colaboración entre sus empresas y socios únicos: Google Maps y su infraestructura asociada actúan como un centro de innovación donde los socios potenciales pueden crear nuevas aplicaciones que incorporen elementos de la funcionalidad de Google. Y estos socios pueden probar y ejecutar aplicaciones fácilmente y alojarlas en el mundo de Google, que tiene 150 millones de clientes en todo el mundo.

Los profesores de negocios Peter James Williamson, de la Universidad de Cambridge, y Arnoud De Meyer, de la Singapore Management University, describen la colaboración de la Open Handset Alliance de Google: «En 2011, [Google] reunió a 84 empresas de tecnología y telefonía móvil que trabajan con el sistema operativo abierto Android para "ofrecer a los consumidores una experiencia móvil más completa, menos costosa y acelerando la innovación". Al compartir una plataforma común, los socios del ecosistema de Android podían lanzar una variedad más amplia de nuevas aplicaciones (como juegos y servicios móviles) de manera más rápida y económica»[1].

Contrasta el enfoque de Google con el de Apple, por ejemplo: Apple tiene un control estricto de su proceso de diseño, porque su capacidad es única, y la compañía lo ve como la parte más valiosa de su identidad de marca. Sin embargo, gran parte del valor diferencial de la compañía procede de su enfoque de código abierto para las aplicaciones y su desarrollo; después de todo, vendieron muchos iPhones. Hasta la fecha, Apple ha pagado más de 10 000 millones de dólares a ingenieros de desarrollo por su contenido o aplicaciones.

Jeff Wilke, CEO de Negocio de Consumo de Amazon, arrojó algo de luz sobre la filosofía de colaboración de la compañía en la conferencia Brainstorm Tech de la revista *Fortune*[2]. Cuando se le preguntó cómo hacía Amazon para perseguir tantas oportunidades diferentes a la vez, Wilke describió los «equipos separables de un solo hilo» (*separable single-threaded teams*) de Amazon. El término «un solo hilo» significa que solo se requiere que el equipo se concentre en un producto o servicio, sin distracciones. «Separable puede compararse organizativamente a lo separables que son las API del *software*», explicó. En *software*, una interfaz de programación (API) es un conjunto de rutinas, protocolos y herramientas para crear aplicaciones; básicamente, una API especifica cómo deben interactuar los componentes de *software*. Entonces, los equipos de un solo hilo no trabajan en otra cosa; solo se aseguran de que la subrutina funcione sin problemas.

Claramente, los equipos de un solo hilo (generalmente en forma de equipos de dos *pizzas*) solo son posibles con el fuerte soporte de datos poderosos y tecnología de AWS. Estos equipos pueden enfocarse en su propia misión y experimentos sin tener que preocuparse por el soporte requerido. Como resultado, Amazon puede realizar numerosos experimentos con pocos recursos y una agilidad sorprendente.

Por ejemplo, las compras en línea de Amazon son controladas por código postal en Estados Unidos, identificando aquellos códigos postales que generan ganancias y altos ingresos. Dado que una gran parte de las ventas se realizan durante la temporada navideña, la compañía puede abrir tiendas emergentes en áreas con códigos postales clave, y esta información les permite conocer los productos que deberán ofrecer en pequeños y específicos frentes minoristas. Además, al compartir estos datos de clientes

CAPÍTULO 11. COLABORACIÓN: TRABAJAR JUNTOS PARA OPTIMIZAR EL... 255

objetivo, se aumenta el negocio, debido a la gran capacidad de los equipos de Amazon de llegar a clientes objetivo con tiendas físicas durante una temporada de alta proyección.

Del mismo modo, la adquisición de Whole Foods Market por parte de Amazon ofrece un gran ejemplo de colaboración, puesto que el elemento minorista del supermercado complementa las ventas en línea de Amazon. El negocio de comestibles frescos es un gran mercado en su mayoría sin explotar para Amazon, dada la frecuencia de las compras y el potencial para impulsar más compras en otras categorías de productos. Y Amazon se movió rápidamente para integrar las dos compañías, siguiendo varios pasos de colaboración: instituyó recortes en los precios anunciados para artículos seleccionados de Whole Foods Market, manteniendo sus precios bajos; puso a disposición artículos de marca blanca de Whole Foods Market a través de su distribución en línea existente; ofreció entrega y recogida de Whole Foods Market a través de Amazon Prime en ciudades seleccionadas; e introdujo taquillas y tiendas temporales en ubicaciones seleccionadas.

También es probable que esta colaboración evolucione con el paso del tiempo, mediante una versión de Amazon Prime que incluya un programa de recompensas para clientes de Whole Foods Market; mayor integración entre Whole Foods Market, Prime Now y el servicio de comestibles en línea Amazon Fresh, así como más recortes de precios. A través de estos experimentos, Amazon continuará innovando con ideas únicas y colaborará para transformar la experiencia de venta física a largo plazo.

De manera similar, Tencent ofrece una plataforma abierta para que diferentes compañías y socios ofrezcan sus productos o servicios a través de WeChat. Este enfoque al cliente convierte a WeChat en una megaaplicación que integra una amplia variedad de servicios útiles para la vida cotidiana de las personas (pagos electrónicos, transporte, alquiler de bicicletas, restaurantes, películas, juegos de internet, música, compras, noticias, pagos de servicios públicos, inversiones, boletos de lotería, seguros y reservas de hotel).

La plataforma Alibaba se ha vuelto muy poderosa por su capacidad para lanzar nuevos negocios con rapidez, aprovechando los recursos y capacidades compartidos que ofrece la plataforma. Por ejemplo, desarrolló en nueve meses (en lugar de los veinticuatro meses típicos) Hema Fresh, un minorista complejo e innovador que combina negocios en línea y fuera de línea con servicios de comestibles frescos y restaurantes, a través de la estrecha colaboración entre Hema Fresh y la plataforma intermedia, que proporciona interfaces para el cliente, como servicios de membresía, pago en el punto de venta, logística y comercialización dirigida. El siguiente cuadro proporciona detalles sobre esta exitosa colaboración[3].

**Cuadro 11.1 Caso de estudio de Alibaba: el rápido lanzamiento de Hema Fresh con la ayuda de las plataformas**

Lanzamiento en septiembre de «New Retail Project 1», que utilizó en profundidad las plataformas medias de Alibaba.

«Estuvimos 9 meses trabajando en esto. Aunque es muy crudo, el proceso completo está funcionando. Esto es sorprendente, ya que un sistema como este, de otro modo, necesitaría al menos 2 años para completarse».

Hou Yi, CEO, Hema Xiansheng

- **Supermercado todo-en-uno *online/offline* apoyado por *big data*.** Fundado por Hou Yi, antiguo líder de JD Logistics, este servicio es un «supermercado + restaurante + logística + aplicación» todo-en-uno.

- **El sistema es mucho más complicado que un supermercado *offline* o un *e-commerce* puro.** El sistema combina servicios *online* y *offline*, incluyendo sistemas logísticos de gestión de almacenes, sistemas de gestión de recursos empresariales y finanzas, puntos de venta, logística de distribución, aplicaciones, membresía, pagos, marketing, etc. No existe un modelo maduro para esta tecnología.

- **Se utilizó la tecnología *middle-end* o de plataforma intermedia de Alibaba para acelerar el lanzamiento de producto.** El progreso tecnológico y el desarrollo de capacidades de Alibaba era vital para construir Hema. Hema Xiansheng usó directamente la estructura tecnológica de Alibaba, su sistema de pagos y su sistema de membresía, recortando el período de desarrollo a solo 9 meses.

- **El sistema se sincroniza con la última tecnología de Alibaba a través de la interfaz de plataforma intermedia.** La aplicación de Hema se ha integrado con la tecnología de recomendación personalizada de Alibaba y es capaz de lograr calidad de personalización comparable con aplicaciones como Taobao o Tmall.

Fuente: Arthur Yeung y el equipo de investigación de Tencent, en base al caso de estudio de Alibaba.

## 2. IMPLICACIONES GERENCIALES

En los ecosistemas orientados al mercado, deben gestionarse cuatro tipos de colaboración sin problemas para cumplir con las cuatro capacidades críticas:

1. Colaboración entre la plataforma y los equipos comerciales, como entre la plataforma central de Alibaba y Hema Fresh.

2. Colaboración entre la plataforma y socios estratégicos, como entre WeChat y socios estratégicos en restaurantes, medios de transporte...

3. Colaboración entre equipos de negocios, como entre la venta minorista en línea de Amazon, Amazon Prime y Whole Foods Market.

4. Colaboración entre equipos de negocios y socios estratégicos, como entre el Android de Google y las compañías de telefonía móvil.

Desafortunadamente, la colaboración falla en demasiados casos, razón por la cual la información se acumula y no se comparte. También ocurre que es la política interna, y no el servicio al cliente, lo que impulsa las decisiones, por lo que la innovación se ve obstaculizada por la minimización de riesgos y el intercambio de ideas, y la agilidad se ve afectada por una toma de decisiones lenta y una mentalidad de «no inventado aquí».

En un ecosistema, todo equipo de negocio puede generar ideas innovadoras, y el desafío de la colaboración se basa en capitalizar el soporte de la plataforma y las capacidades de cada célula para realizar experimentos rápidos y que, cuando una idea sea probada con éxito, se pueda compartir sistemáticamente con otros equipos de negocios. Por ejemplo, una de las responsabilidades de Arthur en Tencent es crear foros u otros espacios para compartir ideas, innovaciones y mejores prácticas con y entre socios estratégicos. Se busca una colaboración más estrecha con base empresarial, en el intercambio de conocimientos, en el soporte de consultoría y en la inversión financiera; en todos los niveles entre Tencent y sus socios estratégicos, así como entre los mismos socios. Para aumentar tus posibilidades de colaboración, puedes aplicar cinco principios que hemos identificado como formas de colaboración, ya sea entre la plataforma y los equipos, entre la plataforma y sus socios o entre los equipos del ecosistema (cuadro 11.2). Veamos estas formas en detalle.

## Cuadro 11.2 Principios y acciones clave para la colaboración

| Principio | Acciones |
|---|---|
| Objetivo general | • Definir una visión, misión o estrategia que abarque y sea más amplia que las partes individuales, impulsando así la unidad y la alineación. |
| Información | • Crear procesos o infraestructuras disciplinados para compartir información y datos entre empresas. |
| Competencia | • Asegurarse de que los empleados o socios tienen habilidades de colaboración.<br>• Mover personas a través de unidades, plataformas e incluso socios estratégicos. |
| Autoridad | • Aclarar los derechos de decisión y los roles de plataformas, células y aliados.<br>• Crear equipos de negocios de unidades cruzadas y darles autoridad para tomar decisiones. |
| Incentivos | • Establecer incentivos financieros y no financieros. |

## Cuadro 11.3 El ABC de los objetivos generales

| Criterio | Definición |
|---|---|
| Aspiracional | Define un estado que va más allá de lo posible, donde el resultado deseado excede los recursos disponibles. |
| Comportamental | Se centra en el comportamiento cotidiano de las personas en relación con la estrategia. |
| Enfocado en el cliente | Enfatiza el valor añadido a grupos de interés externos, particularmente a los clientes de la unidad. |
| Disciplinado | Tejido en las fibras de la compañía: contratación, entrenamiento, ubicación del recurso, remuneración, toma de decisión, tecnología… |
| Energizante | Inspira y emociona, crea energía y pasión emocional por las metas. |
| Orientado al futuro | Se enfoca en el futuro, creando un punto de vista evolutivo. |

## DEFINE OBJETIVOS GENERALES

Estas aspiraciones centrales son el foco del esfuerzo de colaboración, lo que implica reunir a personas de diversas partes de la organización y con diversas agendas y metas que compiten. Tomarse el tiempo de identificar una meta más grande y con más impacto que el que las piezas individuales puedan lograr por sí mismas es un punto de partida. Estas metas construyen el caso para la colaboración y no se pueden lograr sin ella. Anulan los objetivos de las unidades locales en competencia y cumplen con un conjunto de criterios que llamamos el ABC de los objetivos generales, como se establece en el cuadro 11.3.

## PRIORIZA EL INTERCAMBIO DE INFORMACIÓN

Las ideas, la experiencia, los datos o las herramientas de cualquier unidad individual se pueden compartir fácilmente y volverse asequibles para otras unidades cuando la colaboración es exitosa. Hemos visto que este intercambio de ideas en todo el sistema funciona bien cuando las organizaciones completan lo que se llama una «matriz de aprendizaje» (cuadro 11.4), que le debemos a Steve Kerr, anteriormente en General Electric y Goldman Sachs. Estos son los cinco pasos para completar la matriz:

**Cuadro 11.4 Matriz de aprendizaje para compartir la innovación en todo el ecosistema**

La X representa el compromiso del ecosistema con un objetivo (por ejemplo, excelente servicio al cliente, capacitación efectiva de los empleados). Las columnas o factores críticos de éxito representan las acciones o mentalidades que se requieren para alcanzar la meta. En cada cuadro, califica cómo te está yendo en una escala del 1 al 5, donde 1 es «muy mal» y 5 es «muy bien».

| Negocios (equipos o aliados) de trabajo | Para ser de clase mundial en X, debemos... |||||||| 
|---|---|---|---|---|---|---|---|---|
| | Factores críticos de éxito para X ||||||||
| | A | B | C | D | E | F | G | H |

1.
2.
3.
4.
5.
6.
7.
8.
Etc.

1. Completa el espacio en blanco en la declaración «Para ser de clase mundial en X, debemos ___». La X puede ser cualquier cosa que el ecosistema se comprometa a hacer bien, por ejemplo, servicio, calidad, enfoque en el cliente, duración del ciclo o capacitación. El resultado de este paso sería la identificación de ocho a doce requisitos para que una iniciativa del ecosistema tenga éxito. En tu caso, es posible que necesites un pequeño equipo de investigación, una fuerza de tarea u otro grupo para definir estos ocho a doce factores críticos de éxito. Estas respuestas se apuntarían en las columnas de la tabla etiquetadas de la A a la H.

2. Responde a la pregunta: «¿Qué equipos o células empresariales demostrarían estos requisitos?». Estos equipos de negocios se convierten en las filas etiquetadas del 1 al 8 en la tabla.

3. Utiliza cada casilla para calificar al equipo del 1 al 5, donde 1 «no es bueno en absoluto»; 2 es «más o menos bien»; 3 es neutro; 4 es «bueno»; y 5 es «otros piensan que somos buenos», un éxito certificado por alguien externo. Esta calificación es responsabilidad del líder de la unidad organizativa o de un equipo externo, como un grupo de ecosistémico que inspecciona la unidad o una agencia de calificación

externa. Los miembros de la unidad organizativa pueden proporcionar puntuaciones de 0 a 4; en cambio, un 5 solo lo concederá alguien externo a la unidad.

4. Después de completar cada cuadro, tienes a tu disposición una matriz de aprendizaje general para una iniciativa particular (X) que te ayudará a identificar grupos de excelencia y a calificar de forma general el ecosistema en cualquier iniciativa, una puntuación que puede constituir una *scorecard* para un líder del ecosistema a quien se le haya asignado continuar con la iniciativa X. Esta matriz proporciona una línea de base para compartir ideas a través de estas diferentes unidades.

5. Crea procesos para compartir las ideas y el conocimiento de los equipos con puntuación más alta con los equipos con menor puntuación.

En este sentido, existen ciertos mecanismos que pueden ayudar a expandir el conocimiento y la experiencia de los equipos exitosos a aquellos con menor puntuación:

- Convierte los cuadros de alta puntuación en modelos de mejores prácticas que otros pueden visitar para aprender.

- Crea casos prácticos desde el cuadro de alta puntuación para que otros los utilicen.

- Mueve el talento de equipos con alta puntuación a otros equipos peor calificados.

- Crea un sistema de incentivos para que aquellos con altas puntuaciones creen y compartan conocimiento; por ejemplo, un sistema de bonos.

- Asigna a alguien del ecosistema que supervise el proceso al completo y asegúrate de que hay más cuadros con un cinco de puntuación cada año.

## BUSCA Y RETÉN EL TALENTO

Aquellos empleados capacitados y con experiencia trabajan para que el todo sea más que las partes, pero no todos los solistas contribuyen al coro. En el cuadro 11.5, podrás ver un sistema de capacidades o habilidades personales de colaboración[4] en el que te podrás basar para identificar y determinar estas habilidades a la hora de contratar nuevos empleados, de gestionar rotaciones, de considerar promociones o de capacitar a empleados existentes.

**Cuadro 11.5 Habilidades personales para la colaboración**

| Habilidad de colaboración | Definición |
|---|---|
| **Fomenta la confianza** | Cumple con los compromisos, respeta las opiniones de los demás, considera el bienestar de los demás y mantiene la confidencialidad. |
| **Actúa con flexibilidad** | Se mueve fácilmente entre los roles requeridos: líder y seguidor, experto patrocinador y partidario de pensamiento, conector social y gestor de tareas. |
| **Es abierto** | Comparte voluntariamente ideas e información y participa en el grupo de resolución de problemas con una mente abierta, compartiendo ideas sin inhibir las contribuciones de otros. |
| **Se centra en el equipo más que en sí mismo** | Enfatiza los objetivos generales del equipo y trabaja para que el equipo tenga éxito, ya que es un participante activo en las tareas del equipo y cuida de sus compañeros de equipo. |
| **Celebra el éxito de los demás** | Comparte voluntariamente el crédito y celebra el éxito de otros; habla positivamente sobre los demás. |
| **Maneja las diferencias** | Es capaz de estar en desacuerdo sin ser desagradable; está dispuesto a tener conversaciones difíciles cuando hay desacuerdo; busca un terreno común; se enfoca en ideas, no en personas; y hace preguntas para sondear nuevas ideas. |

## DISTRIBUYE LA AUTORIDAD

La autoridad se relaciona con los derechos de decisión y los roles de las personas. A menudo, los líderes delegan su autoridad definiendo qué tareas deben hacerse y quién tiene los derechos de decisión para cada una, respondiendo a preguntas como: ¿qué decisión hay que tomar?, ¿quién es el principal responsable de la decisión?, ¿cuándo se tomará la decisión?, ¿cómo se hará?, ¿cómo se rastreará y mejorará la calidad de la decisión?

En el trabajo colaborativo, la autoridad suele distribuirse entre equipos transversales de unidades. Debido a que es probable que estos equipos tengan representantes de la plataforma y múltiples células, las decisiones se toman con el aporte de varias partes interesadas. De la mano de una autoridad viene el compromiso responsable, para que los esfuerzos de colaboración puedan responder tan rápido como lo requiera la situación.

## OFRECE INCENTIVOS

La colaboración, como todo, también supone un coste: el tiempo y la atención de las personas, los costes de oportunidad y el coste político, por tratar de evitar transmitir un sentido de ganadores y perdedores. La colaboración entre equipos, así como entre equipos y plataformas, aumenta cuando hay un sistema de asignación de crédito, como precios internos o compartir bonos para reconocer los esfuerzos adicionales proporcionados por la plataforma u otros equipos. Finalmente, colaborar a menudo significa trabajo extra e inconvenientes; incluso podría no ser parte de las demandas diarias de la plataforma.

También las recompensas financieras pueden fomentar la colaboración: en un negocio, el 10 % del dinero de bonificación asignado a cada unidad debía ir a personas que no estaban en esa unidad, lo que señaló la importancia de la colaboración. Lo mismo ocurre con las recompensas no financieras al celebrar que las personas y los equipos colaboran. En lugar de honrar a quienes acumulan información y practican la patología del «no inventado aquí», los ecosistemas exitosos orientados al mercado celebran, en vídeos, noticias, discursos ejecutivos y otros foros, sus entornos colaborativos.

En Tencent, Alibaba y Huawei, la colaboración entre equipos de negocios (estudios de desarrollo de juegos, equipos de negocios, equipos de proyectos orientados al cliente) y plataformas (para distribución, servicios en la nube o experiencia regional) se lleva a cabo a través de mecanismos de precios internos. Los equipos de negocios son tratados como clientes internos, en lugar de personas que esperan en línea para recibir asistencia. Además, se fomenta la colaboración orientada al mercado entre equipos, plataformas y socios para garantizar eficiencia y un mejor uso de los recursos.

## 3. CONCLUSIÓN

Por definición, los ecosistemas orientados al mercado permiten que el todo sea más sólido que las partes mediante equipos que mejoran las habilidades individuales cuando trabajan juntos, actividades transversales a los silos que conectan la experiencia funcional dentro de una plataforma, el intercambio de recursos entre la plataforma y las células individuales, y la colaboración entre células. Cuando las personas o los grupos colaboran, el ecosistema sobresale en las cuatro capacidades requeridas para una reinvención radical: detección externa, obsesión del cliente, innovación y agilidad en todas partes.

# PARTE 4

# CONVERTIR IDEAS EN IMPACTO: LIDERAR UN ECOSISTEMA ORIENTADO AL MERCADO

Tras los capítulos anteriores, debes poder explicar por qué el contexto y la estrategia crean una necesidad de reinvención de la organización (parte I), cómo se ve la reinvención en términos de capacidades y morfología (parte II) y cómo los ecosistemas icónicos orientados al mercado incorporan la nueva lógica organizacional a través de la gobernanza de las operaciones diarias (parte III). Ahora, en la parte IV, queremos centrarnos en el liderazgo que se requiere para mantener el nuevo modelo organizacional y así completar el proceso de reinvención de la organización (cuadro IV.1).

Al responder por qué, qué, cómo y quién, mediante el uso de herramientas de diagnóstico, y explorando el menú de acciones gerenciales, deberías poder convertir las ideas extraídas de los ecosistemas que estudiamos en acciones de impacto para tu organización.

Finalizaremos entonces con dos capítulos. El capítulo 12 revisa el papel del liderazgo para generar un ecosistema orientado al mercado, pues, en todas las empresas que estudiamos, los líderes tienen un profundo impacto en la sostenibilidad de dicho ecosistema; poseen, modelan y defienden personalmente esta filosofía como parte de su agenda competitiva. Además, los líderes individuales magnifican su impacto cuando sus ideas personales constituyen la base de otras ideas. En este capítulo, analizaremos un liderazgo efectivo y cómo los líderes pueden generar un liderazgo de próxima generación.

El capítulo 13 muestra cómo los principios y prácticas de los ecosistemas orientados al mercado se adaptan a cualquier entorno. Para aclarar esto, describimos cómo se reinventaron tres organizaciones de diversas industrias.

**Cuadro IV.1 Un marco de seis partes para reinventar la organización como un ecosistema orientado al mercado (MOE)**

| ○ Entorno | ○ Estrategia | ○ Capacidad |
|---|---|---|
| ¿Entendemos y anticipamos las condiciones ambientales cambiantes que darán forma al futuro? | ¿Tenemos una estrategia clara para el crecimiento y una hoja de ruta para ponerla en práctica? | ¿Hemos articulado e implementado las capacidades que favorecen el MOE? |
| **Apreciar y anticipar** | **Clarificar y facilitar** | **Diagnosticar e integrar** |

| ○ Morfología | ○ Gobernanza | ○ Liderazgo |
|---|---|---|
| ¿Hemos diseñado la forma o estructura organizacional adecuada para poner en marcha nuestra estrategia de crecimiento? | ¿Hemos diseñado y llevado a cabo las prácticas de los seis mecanismos de gobernanza que favorece el MOE? | ¿Tenemos líderes en el nivel superior y una marca de liderazgo compartida a lo largo de toda la organización que nos asegure el éxito? |
| **Diseñar y entregar** | **Diseñar e implementar** | **Ser, enseñar y construir** |

En los capítulos anteriores, sugerimos muchas herramientas, pautas y acciones que podrías adaptar a tu organización. Ahora, veamos cómo convertir estas ideas independientes en un enfoque sistémico para reinventar su organización. Cualquier organización —del sector público o privado, grande o pequeña, antigua o nueva, nacional o global, de alta tecnología...— que desee establecer un modelo de detección externa, obsesión por el cliente, innovación constante y agilidad en todas partes necesita reinventarse. Las ideas de este libro te permitirán desarrollar tus propios supuestos (sobre ecosistemas, formas organizativas y gobernanza), que basarán su impacto en el liderazgo y la difusión de ideas a otros entornos.

# 12. LIDERAZGO: EL PAPEL DE LOS LÍDERES PARA SEGUIR EL CAMINO ADECUADO

¿En cuántas de las diez compañías más admiradas de la lista Fortune de 2018 puedes identificar a sus fundadores o líderes principales? Intenta llenar los espacios en blanco en el cuadro 12.1. Por su parte, el cuadro 12.2 presenta las empresas más admiradas en China en 2018 y sus líderes. ¿Y en estas?, ¿puedes identificar a alguno?

Generalmente, las personas pueden relacionar a la mayoría de los líderes (al menos, en sus países de origen) con las empresas más admiradas. ¿Por qué? La compañía adquiere la personalidad del líder, que a menudo también es el fundador, pues se convierten en la cara de las empresas que crean o administran. De hecho, en los ocho casos de estudio, los principales líderes actuales son sus fundadores, y las empresas reflejan sus valores personales y su estilo de liderazgo.

**Cuadro 12.1 Las diez compañías más admiradas y sus líderes o fundadores en 2018, según la revista *Fortune***

*¿Cuántos líderes puedes conectar con la empresa que lideran?*

| Empresa | Respuesta | Líderes y fundadores |
|---|---|---|
| 1. Apple | | A. Kevin Johnson y Howard Schultz |
| 2. Amazon | | B. Satya Nadella y Bill Gates |
| 3. Alphabet | | C. Jamie Dimon |
| 4. Bershire Hathaway | | D. Gary Kelly y Herb Kelleher |
| 5. Starbucks | | E. Jeff Bezos |
| 6. Walt Disney | | F. Fred Smith |
| 7. Microsoft | | G. Warren Buffett |
| 8. Southwest Airlines | | H. Larry Page y Sergey Brin |
| 9. FedEx | | I. Tim Cook y Steve Jobs |
| 10. J. P. Morgan | | J. Robert Iger y Walt Disney (¡nadie debería fallar esta!) |

**Cuadro 12.2 Las diez compañías chinas más admiradas con sus fundadores y líderes**

*¿Cuántos líderes puedes conectar con la empresa que lideran?*

| Empresa | Respuesta | Líderes y fundadores |
|---|---|---|
| 1. Huawei | | A. Lei Jun |
| 2. Zhuhai Gree Group | | B. Li Baofang |
| 3. Haier Group | | C. Wang Wei |
| 4. Xiaomi Corporation | | D. Jack Ma |
| 5. Alibaba Group | | E. Liang Wengen |
| 6. Kewichow Moutai | | F. Dong Mingzhu |
| 7. SF Express | | G. Pony Ma |
| 8. CRRC Corporation | | H. Zhang Ruimin |
| 9. Sany Heavy Industry | | I. Ren Zhengfei |
| 10. Tencent | | J. Liu Hualong |

Fuente: «Las 10 compañías más admiradas en China para 2018», *China Daily*, 18 de octubre de 2018, http://www.chinadaily.com.cn/a/201810/18/WS5bc7bdc1a310eff303282fc6.html.

Queremos entender qué hacen los líderes de los ecosistemas para garantizar el éxito sostenible de sus organizaciones y cómo lideran, a pesar de tener diferentes estilos y enfoques de liderazgo. Al aprender de estos líderes sobresalientes, podrás reflexionar y aplicar estos conocimientos para mejorar tu propia efectividad y constituir este liderazgo en múltiples niveles en toda la organización.

## 1. ROLES Y RESPONSABILIDADES DE LOS LÍDERES DEL ECOSISTEMA

La responsabilidad general de los líderes es garantizar el éxito sostenible de sus organizaciones. Para hacerlo, estos vinculan sus atributos personales y los resultados de las partes interesadas (cuadro 12.3).

En 2009, Dave y sus colegas realizaron un metanálisis de las opiniones de los expertos en liderazgo para definir el conocimiento y el saber hacer de los líderes efectivos. Esta investigación, resumida en su libro *El código del nuevo líder*, identificó cinco roles o dominios que los líderes efectivos necesitan dominar: estratega, ejecutor, gestor de talento, desarrollador de capital humano y eficiencia personal[1]. Al examinar en qué se centran los principales líderes de los ecosistemas orientados al mercado, identificamos áreas similares (pero algo diferentes) de prioridades de liderazgo, como se resume en el cuadro 12.4.

Todos los líderes en los ecosistemas que estudiamos invierten mucho tiempo y energía en estos cinco roles o dominios:

- Estratega de negocios
  - Anticipa e imagina el futuro.
  - Crea nuevas oportunidades de mercado y productos o servicios a partir de una comprensión profunda de las tendencias clave, especialmente desarrollos tecnológicos y necesidades insatisfechas del cliente.
  - Establece un consenso sobre dónde crecer (clientes, productos o regiones) y cómo crecer (comprar, construir o tomar prestado).

**Cuadro 12.3 El ciclo virtuoso de resultados y atributos de liderazgo**

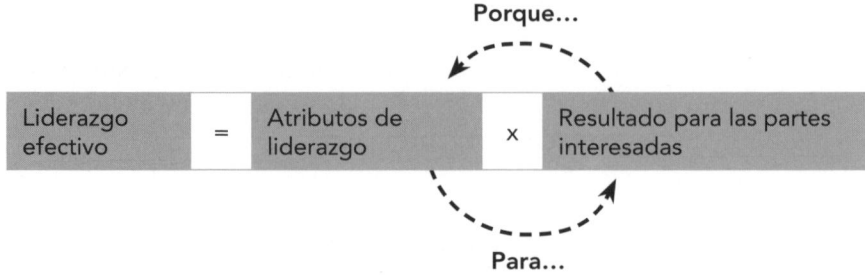

**Cuadro 12.4 Dominios o roles de liderazgo en los que se centran los líderes de ecosistemas orientados al mercado**

- **Arquitecto organizacional**

  - Reemplaza el enfoque de la burocracia en reglas y rutinas internas con información centrada en el cliente e innovación.

  - Establece equipos o células autónomas que aprovechan los recursos de la plataforma y se conectan entre sí en un ecosistema.

- Garantiza el compromiso responsable de los empleados y vincula sus recompensas con el cliente, la innovación y las capacidades de agilidad.

- Inculca una colaboración basada en valores comunes y mecanismos de gobernanza.

• **Promotor de la cultura**

- Define una cultura basada en el propósito, la marca y los valores de la organización, dejando claro el posicionamiento que se persigue como marca.

- Solidifica la cultura, comunicando constantemente su razón de ser, su esencia y el camino a seguir.

- Modela personalmente la cultura en sus acciones diarias.

- Refuerza la cultura a través de sus elecciones de mecanismos de gobernanza.

• **Gestor de talento**

- Se compromete con la importancia estratégica del talento y las personas.

- Establece estándares rigurosos para seleccionar empleados de alto calibre que se ajusten a la cultura deseada.

- Inspira a las personas con un significado y un propósito, satisfaciendo su necesidad de creer.

- Ayuda a su gente a desarrollar nuevas competencias, por ejemplo, moviéndolas a través de las unidades, satisfaciendo su necesidad de convertirse.

- Ayuda a crear relaciones positivas entre sí, satisfaciendo su necesidad de pertenecer.

- **Eficiencia personal**

  - Demuestra competencias personales para el crecimiento, incluyendo energía y pasión, empatía por los demás, la capacidad de aprender rápido, una perspectiva impulsada por la misión, resiliencia y un espíritu emprendedor.
  - Ayuda a otros líderes a adquirir esta eficiencia personal.

  Veamos ahora algunos ejemplos de cada una de las cinco áreas.

## ESTRATEGA DE NEGOCIOS

Los líderes que son estrategas de negocios responden a la pregunta «¿Hacia dónde vamos?» y se aseguran de que los que los rodean entiendan y actúen en consecuencia. No solo imaginan un futuro, sino que lo transmiten con simplicidad y claridad.

Desde el inicio de Amazon, Jeff Bezos ha dejado extremadamente claro dónde debe poner el foco la compañía y cómo debe avanzar para construir una organización centrada en el cliente: una gran selección, precios bajos y conveniencia. Para lograr este objetivo, dedica el 70 % de su tiempo en el desarrollo de nuevos negocios y productos, en lugar de atascarse en detalles operativos. También obliga a toda la organización a pensar hacia adelante, especialmente a siete u ocho años vista, a través de un proceso de planificación estratégica anual que establece una dirección general y, al mismo tiempo, toma decisiones diarias para incorporarla al presente.

Jack Ma cree profundamente en la misión de su empresa: «hacer que sea fácil hacer negocios en cualquier lugar». Emocionado por el gran avance en las tecnologías de internet e impulsado por la misión de la compañía, imagina, junto a su director de estrategia y un grupo de trabajo, cómo se llevarán a cabo los negocios en treinta años y lo que Alibaba puede hacer para que esto suceda. Como resultado, desarrollaron cinco nuevas estrategias: comercio minorista, tecnología, finanzas, manufactura y energía.

Pony Ma posiciona a Tencent como una plataforma de red social que conecta personas, cosas (es decir, internet de las cosas), servicios y empresas, así como una plataforma de entretenimiento que ofrece servicios digitales y contenido cultural, como juegos, música, literatura y películas. También cuenta con socios estratégicos como JD.com y Meituan para ofrecer otros productos y servicios. Para mantenerse estratégicamente ágil, Ma emprendió una importante evolución estratégica para la compañía en 2018: Tencent comenzó a usar Internet y tecnología ABC (inteligencia artificial, *big data* y computación en la nube) para mejorar la eficiencia operativa y la experiencia del cliente en todas las industrias (servicios de internet B2B), además de su tradicional foco en experiencia de usuario (servicios de internet B2C)[2].

Mark Zuckerberg tiene las prioridades muy claras en lo que respecta al uso de su tiempo, principalmente en dirección estratégica e innovación de productos, y lo dedica a pensar oportunidades de negocio impulsadas por nuevas aplicaciones (Instagram y WhatsApp) y nuevas tecnologías (realidad aumentada e inteligencia artificial) y al uso que puede darles Facebook, creando equipos internos o adquiriendo nuevas capacidades. Como director de producto de Facebook por excelencia, también revisa con regularidad estos productos y funciones. Entonces, los equipos ganadores del *hackathon* reciben sus comentarios y consejos para un mejor desarrollo. También envía mensajes fuertes y directos a sus ingenieros sobre los nuevos productos en los que desea que la compañía invierta. Cuando la ola de tecnología móvil inundó internet hace años, Zuckerberg dejó claro a todos los ingenieros que ya no revisaría productos o características que no estuvieran disponibles para plataforma móvil. Su pasión por compartir las prioridades de la compañía es una forma muy efectiva de dirección estratégica de la compañía[3].

Cheng Wei en DiDi se esfuerza por brindar a las personas un transporte inteligente adaptado al día de hoy, con la mira puesta en un momento en que los automóviles estén diseñados para compartir y la conducción autónoma mejore sustancialmente su seguridad, la experiencia y la eficiencia. Utilizando *big data* en tiempo real, DiDi recopila información de millones de sus vehículos en red en la carretera. Además, la compañía está experimentando con los gobiernos municipales para hacer que sus ciudades sean más inteligentes y que adquieran la capacidad de gestionar mejor el flujo de tráfico.

Todos los líderes orientados al mercado asignan tiempo y energía para aumentar y visualizar el futuro y, al mismo tiempo, mantener la visión de la compañía para enfocarse en las operaciones diarias; tienen claro dónde hacer crecer sus negocios y cómo hacerlo.

## ARQUITECTO ORGANIZACIONAL

Los arquitectos organizacionales responden a la pregunta «¿Cómo podemos redefinir nuestro concepto de la organización y rediseñar sus bloques de construcción clave para ofrecer mejor valor a los empleados, clientes e inversores?», redefinen la lógica jerárquica para centrarla en el sistema, la capacidad y el ecosistema y, luego, desarrollan mayores capacidades a través de las fortalezas colectivas de las diferentes unidades del ecosistema (Figura 1.2). Muchas compañías ya tienen algunas partes de una estructura del ecosistema, pero un verdadero MOE requiere la integración concertada de estas partes, si va a ofrecer un valor radicalmente mayor para este mundo en constante cambio.

Pony Ma anunció formalmente la estrategia del ecosistema de Tencent en 2012, un enfoque basado en la evolución de una estrategia de plataforma abierta y en la venta de su negocio de búsqueda a Sogou y su negocio de comercio electrónico a JD.com. Estos socios estratégicos representan «la mitad de Tencent», ya que Ma redefine en qué actividades comerciales centrarse el ecosistema al completo, no solo la empresa misma. Los aliados y socios se convierten entonces en componentes importantes a través de colaboración empresarial, apoyo recíproco y participación en el capital. A finales de septiembre de 2018, también anunciaron la formación de un comité de tecnología para desbloquear sinergias integradas en sus diversos equipos técnicos en todos los grupos empresariales[4].

En 2015, Jack Ma de Alibaba decidió adoptar un modelo organizativo de pequeños equipos autónomos y una plataforma central sólida: más de veinte equipos de negocios ágiles están a cargo de jóvenes ejecutivos de negocios totalmente capacitados para basar sus decisiones en las necesidades del mercado. Para empoderar aún más a estos equipos, Jack Ma decidió integrar los datos de los usuarios y el soporte tecnológico ABC al modelo de plataforma intermedia, para ofrecer servicios de *plug and play* a las empresas ágiles orientadas al cliente[5]. Como resultado, las ganancias e ingresos de Alibaba volvieron a crecer rápidamente después de 2015.

Como muestran estos ejemplos, los líderes exitosos pueden replantear el diseño de su organización a través de principios y prácticas de ecosistemas orientados al mercado. En la era de mercados en constante cambio, no se puede negar la importancia de la arquitectura organizacional.

## PROMOTOR DE CULTURA

Las personas que definen una cultura abordan la pregunta: «¿Por qué queremos que se nos conozca, no solo de cara a los empleados, sino también, y lo que es más importante, de cara a los clientes a los que servimos tanto hoy como mañana?». Todos los líderes de ecosistemas orientados al mercado tienen como responsabilidad principal articular la cultura correcta de la empresa; no pueden dejar este importante encargo a Recursos Humanos. De hecho, deberán comunicarla de forma constante, precisa y coherente, utilizándola para influir en todo tipo de decisiones comerciales y tejerla en los sistemas de gestión del talento.

A Ren Zhengfei de Huawei le apasiona construir una cultura correcta e inculcar un compromiso responsable para motivar a las personas a priorizar al consumidor. Los tres valores fundamentales son: el cliente primero, la dedicación de los empleados y la autocrítica para la mejora continua. Él refuerza la cultura contando historias y escribiendo cartas a los empleados, gestionando su tiempo astutamente —solo con clientes, empleados y socios (no inversores o funcionarios gubernamentales)— e invirtiendo con generosidad en tecnología y personas para un éxito a largo plazo; esto es, basando las decisiones personales en los valores y la cultura articulados[6].

Jeff Bezos está obsesionado con construir la empresa más centrada en el cliente del mundo mediante precios bajos, una amplia selección y la mayor comodidad. Así, articula catorce principios de liderazgo y los teje en todas las decisiones de negocio de Amazon (incluyendo qué negocios adyacentes mover y a dónde, así como qué productos y servicios innovadores ofrecer) y las decisiones de personal (selección, revisión, promoción y separación). Como él y muchos otros ejecutivos de Amazon afirman, no basta con buenas intenciones: un ecosistema exitoso necesita de buenos mecanismos para que las cosas sucedan[7].

Por su parte, los líderes del ecosistema orientado al mercado creen en la utilidad de la cultura, que no se limita a decorar la organización; una cultura adecuada convierte los valores integrados de una empresa en valor de mercado para clientes e inversores.

## GESTOR DE TALENTO

Los gestores de talento responden a la pregunta: «¿Quién se va y quién se queda con nosotros en nuestro viaje de negocios y cómo podemos ayudar a las personas con talento a alcanzar sus objetivos?». Estos líderes saben cómo identificar, desarrollar e inspirar talento tanto dentro como fuera de su país de origen. Los empleados de hoy requieren habilidades y compromiso de comportamiento para hacer su trabajo, pero cada vez más buscan el compromiso emocional que surge de tener un propósito más elevado: ir más allá de ganar dinero y marcar una diferencia en la sociedad.

Los gestores de talento necesitan identificar y nutrir a personas con potencial que cumplen con los requisitos futuros del negocio. Los dirigentes del ecosistema orientados al mercado se dan cuenta de que la mejor manera de hacer crecer a los líderes emergentes que exploran territorios desconocidos es empoderarlos con mayores responsabilidades laborales, retroalimentación constante y rápida y una combinación correcta de responsabilidad y recompensas. Deja que tus empleados de alto potencial aprendan rápido, fracasen rápido y crezcan.

Bezos insiste en establecer altos estándares para el talento y, siguiendo los catorce principios de liderazgo y las múltiples entrevistas para una evaluación rigurosa, Amazon selecciona deliberadamente ejecutivos respetados que conocen muy bien la cultura de la compañía, los llamados «subidores del listón», para garantizar que las nuevas contrataciones se ubiquen por encima del promedio en sus equipos[8]. Se aplican estándares exigentes a las decisiones cotidianas y al comportamiento laboral, y también se espera que las personas trabajen extremadamente duro (el equilibrio entre el trabajo y la vida personal no es una prioridad en Amazon) y que estén listas para asumir nuevos roles y responsabilidades cuando sea necesario.

Comenzando como una pequeña empresa a principios de la década de 1990, Huawei se ha dirigido agresivamente a las mejores universidades, como la Universidad de Tsinghua, en China, para atraer a sus graduados con generosos paquetes. Ren cree que la mejor manera de desarrollar el talento es a través de la rotación de puestos de trabajo entre funciones y países, defendiendo con fuerza la meritocracia. También es un firme defensor de que el talento se puede ascender o degradar con rapidez, según el rendimiento. Por ejemplo, un alto ejecutivo encargado de los *smartphones* y otros dispositivos de Huawei ha sido degradado varias veces en su carrera.

A medida que sus operaciones comerciales se vuelven cada vez más diversas y globales, el fundador de DiDi, Cheng Wei, se ha esforzado por hacer que su empresa apoye la diversidad en muchas formas, pudiendo incluir aspectos tradicionales, como el género y la raza, pero también diversos conjuntos de habilidades (personas adecuadas para conquistar nuevos mercados o para manejar mercados existentes), nacionalidades, edades y antecedentes.

A través de estas actividades, los líderes involucran no solo las manos (competencia) y el cerebro (compromiso) de sus empleados, sino también sus corazones (contribución) para realizar tareas que son significativas para los empleados. Además, se aseguran de que el talento genere resultados hoy y que desarrollen el capital humano para respaldar los entornos empresariales del futuro.

## EFICIENCIA PERSONAL

Un líder efectivo no debería reducirse a lo que sabe o hace, pues es más importante quiénes son como seres humanos, lo que pueden lograr con y a través de otras personas. Ser competente a nivel personal no es un rol, sino un conjunto de acciones de liderazgo, creencias y valores que activan los roles anteriores. Los líderes personalmente competentes tienen fuertes convicciones y creen en su misión o propósito. Esta misión, combinada con un conjunto de valores sólidos, los impulsa a avanzar a pesar de repetidos reveses y otros desafíos. Los líderes también deben aprender rápido tanto del éxito como del fracaso.

También descubrimos que la capacidad de «navegar» paradojas se ha convertido en otra habilidad personal y crucial en un mundo en cambio constante. Los líderes deben hacer frente a paradojas del trabajo, de arriba hacia abajo y de abajo hacia arriba, relacionadas con el enfoque al cliente o a los empleados, acciones a largo o corto plazo, divergencia para obtener nuevas ideas o convergencia para centrar la atención, etc. Para navegar por estos requisitos aparentemente opuestos, los líderes competentes deben ser aprendices que actúen con valor y puedan moverse con agilidad mientras se ajustan constantemente. Las paradojas no se manejan ni se resuelven, sino que se navegan para fomentar el diálogo y la flexibilidad.

Jeff Bezos, Pony Ma, Jack Ma y Ren son líderes con misiones claras y valores sólidos que convierten sus valores personales en el propósito de la compañía. Son dirigentes auténticos que viven su propio discurso. Sus valores les dan energía emocional y resiliencia a través de las duras recesiones que han sufrido sus negocios. Para Bezos, el estallido de la burbuja de las puntocom a finales de 2000 fue un desafío de vida o muerte para la compañía y, para Pony Ma, la batalla 3Q con Qihoo 360 en 2010 desafió sus habilidades de liderazgo. Sin una misión clara y valores sólidos, los líderes pueden renunciar o tomar decisiones de negocio equivocadas.

Los líderes de todos los ecosistemas orientados al mercado son aprendices increíblemente rápidos: compara a estos líderes con cómo eran hace tres o cinco años. En sus treinta y tantos años, Cheng ha demostrado en DiDi un pensamiento estratégico extremadamente sofisticado, habilidades de arquitectura organizacional y liderazgo personal. Comenzando como profesor de inglés, Jack Ma se ha transformado en un visionario y líder empresarial respetado en todo el mundo. Ante los reveses, Pony Ma ha aprendido a reflexionar objetivamente sobre lo que está sucediendo, a enfrentar la realidad y a explorar un futuro mejor. La batalla de Qihoo 360 en 2010 lo llevó a la estrategia de plataforma abierta de Tencent y, finalmente, a su ecosistema en 2012. No cabe duda de que, como líder, la persona que eres dirá mucho sobre lo que sabes o cómo haces tu trabajo.

## 2. ESTILOS DE LIDERAZGO EN ECOSISTEMAS ORIENTADOS AL MERCADO

Es una tarea desalentadora asumir todos los roles de liderazgo anteriores, por lo que los ecosistemas orientados al mercado utilizan diferentes estilos desde arriba para manejar estos modelos complejos y desafiantes. Existen, al menos, tres tipos de estilos de liderazgo: distribuido, por pares e individual.

### LIDERAZGO DISTRIBUIDO

Ilkka Paananen, expresidente de la compañía estadounidense de videojuegos Digital Chocolate, con catorce años de experiencia operativa en juegos y cofundador de Supercell, asegura que los otros dirigentes de su equipo aportan una experiencia igualmente profunda en el desarrollo de juegos, de sistemas sincrónicos y asincrónicos, en la optimización de gráficos y en el diseño artístico de juegos. En palabras del entrevistador Sonali De Rycker, Paananen cree que «cuanto menos controlen los líderes, más poderosos se vuelven»[9]. Paananen explica esta idea: «Mi objetivo es ser el CEO menos poderoso del mundo. Lo que quiero decir con esto es que, cuantas menos decisiones tome yo, más tomarán mis equipos. En un escenario ideal, eso significa que el equipo está tomando todas las decisiones. Hace un par de años, estábamos trabajando en algo llamado Smash Land. A todos en la compañía les encantaba y estuvo muy cerca de cumplir sus objetivos, pero no lo logró. Así que el equipo fue a una cabaña, habló y tomó la decisión de cerrar el proyecto. Yo estaba viajando en ese momento, por lo que no se molestaron en consultarme; simplemente me enviaron un correo electrónico con la decisión. Así es como debería funcionar Supercell»[10].

## LIDERAZGO POR PARES

Las cabezas de los negocios que lideran en pares se brindan apoyo mutuo mientras gestionan la diversidad de requisitos en un entorno complejo.

*DiDi: Cheng Wei y Liu Qing.* Con ocho años de experiencia en Alibaba antes de construir DiDi, Cheng Wei tiene mucha experiencia en operaciones domésticas y tecnológicas, además de un foco muy definido en el futuro y en la operación del negocio. Es analítico y optimista, y no trabaja solo para construir lo que se necesita hoy, sino para proyectar en el futuro. Así, dice: «Creo que lo que he hecho representa el futuro. El futuro está de nuestro lado... DiDi tiene la suerte de haber comenzado a construir plataformas en línea antes de que fuera demasiado tarde. En la segunda ronda de la Revolución de Internet, esperamos construir una superinteligencia artificial para el transporte y llevar a cabo una transición gradual hacia una compañía de inteligencia artificial»[11].

Liu Qing (o Jean Liu), la contraparte de Cheng, fue directora administrativa en Goldman Sachs Asia antes de unirse a DiDi y tiene una gran experiencia en finanzas y desarrollo, donde destacan su perspectiva y visión globales. Liu es conocida por su cabeza fría y su enfoque a largo plazo. Se dice que tiene una gran perspicacia para hacer negocios y que aborda la competencia con colaboración[12]. Tim Cook de Apple afirma que Liu no ve DiDi simplemente como una compañía de viajes compartidos:

> Jean Liu es disruptiva, no solo a través de su ambicioso esfuerzo por cambiar la forma en que las personas en China van al trabajo, viajan y se conectan entre sí. Con DiDi Chuxing, la *start-up* de viajes compartidos y taxis que lidera junto a Cheng Wei —y cuyo nombre significa «Beep Mobility» en chino—, Jean ha construido una plataforma de transporte que ofrece comodidad y flexibilidad a decenas de millones de viajeros.
>
> Ella y su equipo mantienen una posición de éxito gracias a algoritmos innovadores de *big data* que apuntan tanto a mejorar la eficiencia del servicio de DiDi como a aliviar la congestión en las carreteras. Al analizar los patrones de los viajeros y la forma con la que los oceanógrafos

rastrean las mareas, DiDi puede ayudar a que los atascos sigan el camino del teléfono plegable[13].

Como dice Cheng Wei: «Dos personas conducen hacia la mejor decisión, porque una persona comete errores y tres son demasiado ineficientes. Alguien debe ser el freno en su toma de decisiones, y los valores fundamentales de esta persona deben alinearse con los tuyos para que queden cubiertos los fallos de ambos»[14].

Combinando estas fortalezas, DiDi ha obtenido enormes resultados: compró las operaciones de Uber en China; se convirtió en la mayor plataforma de transporte bajo demanda del planeta; aumentó el valor de la empresa a más de 80 000 millones de dólares; expandió su alcance a Europa, Oriente Medio, África y Brasil; y formó un nuevo laboratorio de inteligencia artificial en Mountain View, California, lo que sería el patio trasero de su competidor.

*Google (Alphabet): Larry Page, Sergey Brin y Eric Schmidt.* Page es quien define el éxito como la mejora de las cosas multiplicadas por diez veces, no solo el 10 %. Tímido, introvertido, inteligente, ambicioso, colaborativo y creativo son adjetivos que se asocian a menudo con Page y su filosofía de trabajo es: «Deberíamos estar construyendo grandes cosas que no existen». Él llama a estas ambiciones «disparos a la Luna» y alienta a las personas a dar saltos gigantes tanto en pensamiento como en actuación[15].

Brin, la otra mitad de Page, proporciona la cara extrovertida de la moneda. Creó e instituyó los atributos culturales que también han hecho famoso a Google, porque entendió que el talento era el diferenciador clave, de hecho, el único diferenciador para Google. La compañía vive en la tierra de la abundancia en lo que respecta a talento técnico (Silicon Valley), pero Brin quería que Google seleccionara a las mejores personas, por lo que tiene una política de reclutar solo empleados de primera clase y darles la libertad de ejercer su creatividad, respaldados por todo un universo de necesidades cubiertas (comidas, café, refrigerios, gimnasio, guardería, masajes, servicios de lavandería y atención médica). A cambio, se espera que los empleados tengan grandes ideas[16].

Como equipo, Page y Brin crearon una cultura en la que las ideas de las personas deben competir por sus propios méritos, un ambiente darwiniano de supervivencia del más apto. Muchos de los productos y estrategias populares de Google llegaron al mercado a través de este proceso, como lo demuestra la creación de Gmail por Paul Buchheit y del lema informal de la compañía, «No seas malvado» ("Don't be evil"), que fue acuñado por Buchheit y Amit Patel.

Cuando agregaron a Schmidt, ingeniero de *software*, Page y Brin consideraron que el trabajo en equipo de alto nivel era muy importante, por lo que buscaron asesoría para aprender a integrar con éxito el estilo apacible, pero impulsivo, de Schmidt, con su estilo de gestión paciente y discreto. A Schmidt se le atribuye en gran medida la capacidad de Google para escalar.

*Facebook: Mark Zuckerberg y Sheryl Sandberg.* No podemos pensar en un dueto de líderes en el campo de la tecnología o en otro lugar más conocido que Zuckerberg y Sandberg. Parte de su renombre proviene de las recientes controversias altamente publicitadas sobre la identidad de Facebook —¿es una plataforma gigante o un gigante de las redes sociales?— y el alto perfil de Sandberg en torno a las mujeres y el liderazgo. Como fundador y estratega de productos de Facebook, Zuckerberg aprovechó la oportunidad para pasarse al teléfono liderazgo, un liderazgo que se describe de manera casi uniforme como desafiante, empujando a las personas a desempeñarse más allá de lo que antes habían visto como sus límites. Al mismo tiempo, valora enormemente los resultados creativos de los equipos, como lo demuestra claramente el enfoque de innovación de los equipos de dos *pizzas*, y entiende que la innovación llega de la mano de un fracaso continuo.

Como directora de operaciones, Sandberg trajo a Facebook su capacidad de evolucionar enfocándose en los ingresos y las operaciones. Gracias a su profesionalismo, perfeccionado durante sus períodos en el Banco Mundial y en Washington D. C., optimiza los trabajos de desarrollo de negocio y de ejecución operativa, y refuerza una conciencia sólida del valor de la diversidad en los equipos. Al igual que Zuckerberg, promueve el «inclinarse» hacia ideas y planes muy grandes para crear un movimiento[17].

Zuckerberg y Sandberg funcionan bien como equipo. De hecho, muchos afirman que el éxito de su relación profesional se debe a una comunicación constante, confianza y transparencia. Si bien los objetivos, las prioridades y los desafíos de Facebook cambian constantemente, los dos ejecutivos logran mantenerse el uno al otro en el camino mediante reuniones dos veces por semana en las que se retroalimenta honestamente y resuelven sus desacuerdos. Este enfoque en la retroalimentación y el diálogo abierto se refleja en toda la organización.

*Tencent: Pony Ma y Martin Lau.* Ma es el visionario principal de Tencent y director de producto, después de haber fundado la empresa con algunos amigos de universidad en una pequeña oficina de Shenzhen. Entonces, lanzaron un servicio de mensajería instantánea llamado QQ para el mercado chino y nunca miraron hacia atrás.

Mientras que Ma es el visionario principal de Tencent, Martin Lau, dos años menor que Ma, fortalece las capacidades estratégicas y operativas de la compañía, utilizando sus experiencias en McKinsey y Goldman Sachs. Lau ha desempeñado papeles críticos en el crecimiento de Tencent desde 2005 y sus habilidades financieras e internacionales están ayudando a la compañía a crecer más allá de sus fronteras chinas[18].

## LIDERAZGO INDIVIDUAL

Estos líderes fueron los motores principales en la fundación de sus negocios y permanecen firmemente a su frente. Sin embargo, cada uno de ellos se ha rodeado de un sólido equipo.

*Huawei: Ren Zhengfei.* Huawei sigue hoy un sistema de rotación de liderazgo sénior cada seis meses, momento en el que otro miembro de la junta se convierte en el CEO en funciones. Aun así, Ren fue el creador de la cultura de liderazgo y mantiene un fuerte impacto personal. Como arquitecto jefe de gestión y líder de pensamiento, es responsable de desarrollar la cultura de Huawei de «cliente primero, dedicación y trabajo duro a largo plazo», con un horizonte de tiempo de diez a veinte años. Esta visión a largo plazo se ve reforzada por la decisión de permanecer como empresa privada y se ve impulsada por el compromiso de invertir en I+D. Ren describe su estilo de liderazgo mediante siete elementos:

1. Ambición impulsada por el propósito: ayuda a los clientes a cumplir sus sueños brindándoles el mejor servicio y la mejor solución posible.

2. Visión adaptativa: pone el foco en el futuro y rara vez vuelve sobre el pasado, centrado en el tipo de empresa que quiere que sea Huawei en los próximos diez años.

3. Inspiración: usa la narración de historias para transmitir con pasión sus ideas a los empleados.

4. Dedicación humilde: con mucho cuidado de no alimentar el mito de su liderazgo, enfatiza la importancia de trabajar duro y compartir responsabilidades y recompensas.

5. Estilo directivo: gracias a su paso por el ejército, demuestra intensidad y resistencia, compartiendo sin perder el control.

6. Cooperación ganadora: con el paso del tiempo, ha abrazado la idea de que se puede ganar y seguir siendo cooperativo.

7. El poder del aprendizaje: el pensamiento le permite establecer los vínculos necesarios para trabajar con una visión y una estrategia ágiles[19].

*Alibaba: Jack Ma.* Jack Ma es un líder de primer orden impulsado por una visión cuya principal fortaleza es la de inspirar a otros con su pasión. Habla constantemente de su visión; reitera sin cesar los valores, la misión y la cultura de Alibaba; trabaja duro para que todos los empleados de Alibaba formen parte de su metodología y su forma de pensar; transmite la visión a través de historias y metáforas —«montar al tigre vivo», «solo matar de hambre al león y no matar de hambre a las hormigas» o «el sentido de la misión puede durar 102 años»; y es muy autocrítico. De hecho, Ma es el primero en comentar que recibió malas calificaciones en la escuela y que comenzó sin dinero. Veamos la siguiente lista de virtudes de liderazgo que él mismo compartió con el mundo:

1. Desarrolla una habilidad valiosa que te diferencie de los demás (en su caso, el inglés).

2. Abraza tus defectos (Forrest Gump como modelo a seguir).

3. Nunca te rindas; nunca es tarde para empezar.

4. Crea una visión clara, larga y decidida, promueve e inculca un conjunto claro de valores, como se describe en la «espada espiritual de seis venas» de Ma: el cliente primero, trabajo en equipo, abraza el cambio, integridad, pasión y compromiso[20].

5. Ten una obsesión: desarrolla mantras personales e historias sinceras[21].

*Amazon: Jeff Bezos.* El fundador de Amazon afirma que crecer en una granja fue una influencia significativa en su estilo de liderazgo como adulto: autosuficiencia, arreglar cosas que están rotas, hacer lo mejor con lo que se tiene y sin adornos[22]. En su búsqueda de la mejor experiencia para el cliente, otorga pocos lujos a los empleados, puesto que está obsesionado con el consumidor final: sin demoras, sin defectos, sin productos agotados. Historia tras historia, en el estilo de Bezos se subraya este rasgo dominante: se espera que los empleados hagan lo que sea necesario, sin importar el coste personal. Ya en 1999, dijo: «Nuestra visión es utilizar esta plataforma para ser la empresa más centrada en el cliente de la Tierra, donde los clientes puedan venir a buscar y encontrar cualquier cosa, todo lo que quieran comprar en línea»[23]. Los elementos fundamentales para el liderazgo son mantenerse simple, estar comprometido, conocer el mercado y hacer correr la voz.

## LIDERAZGO POR UNIDADES

Además de las habilidades de liderazgo fundamentales comunes a todos los líderes efectivos en el nivel superior (cuadro 12.4), los ecosistemas deben contar con una dirección adecuada que garantice que los líderes actúen de manera consistente con sus requisitos de mercado.

*Liderazgo diferenciado entre células y plataformas.* Para los líderes que trabajan en células o equipos de negocio, este liderazgo es mejor para aquel talento que compite más agresivamente en el mercado, que actúa con mayor audacia y pone en marcha productos o tácticas comerciales con agilidad. La mayoría de los directivos empresariales altamente autónomos de Alibaba tienen más de treinta años. Lo mismo se puede aplicar a los líderes de DiDi. Tencent también está en proceso de aumentar agresivamente el talento más joven para asumir puestos de liderazgo en unidades de negocio orientadas al cliente, porque una parte sustancial de sus usuarios son *millennials* con preferencias únicas.

Sin embargo, los líderes que trabajan con plataformas (en negocios, tecnología o soporte funcional) deberán ser más profesionales, tecnológicamente orientados, más sistemáticos en su pensamiento y más pacientes con los horizontes de tiempo a largo plazo, necesarios para construir una infraestructura *back-end* y desarrollar ciertas competencias funcionales. Por ejemplo, los arquitectos técnicos que diseñan la infraestructura tecnológica general y los módulos de servicio estandarizados deben pensar de manera sistémica y a largo plazo, mientras que los líderes de Recursos Humanos deben crear centros de experiencia y servicios compartidos para empoderar a los socios comerciales, integrados en equipos comerciales o socios de alianza.

*Liderazgo diferenciado según ciclo de vida.* Los líderes en distintas etapas del ciclo de vida empresarial requieren diversas habilidades, estilos y atributos. Para las unidades de negocio en la etapa experimental, donde el crecimiento es su principal preocupación, los líderes deben ser más creativos en su pensamiento, explorando con valentía nuevos modelos o productos, asumiendo riesgos y actuando como emprendedores. Los líderes de éxito se entusiasman con los desafíos que puede producir un crecimiento empresarial de alta velocidad, pero se aburren rápidamente una vez que el negocio se estabiliza o la rutina se apodera del día a día.

Sin embargo, los líderes en la etapa madura de un negocio deben centrarse en la predictibilidad y la consistencia de las operaciones, así como desarrollar hábilmente sistemas y procesos estandarizados y administrar un gran número de personas utilizando indicadores clave de rendimiento, para garantizar unos resultados predecibles. Finalmente, deben esforzarse por lograr una calidad constante en sus productos o servicios para alcanzar los objetivos acordados.

DiDi expande constantemente sus equipos de liderazgo por las diferentes fases de desarrollo empresarial, dependiendo de las áreas de experiencia de cada equipo. Cuando la compañía ingresa a un nuevo segmento de mercado y aspira a convertirse en líder de ese mercado en poco tiempo (de tres a seis meses), se produce un despliegue de líderes y de talento con mentalidad y habilidades de corte «pionero». Una vez que DiDi establece su liderazgo en el mercado en una determinada categoría, el equipo «pionero» avanza y el equipo de «estabilización» se hace cargo de la operación para garantizar la coherencia de los servicios y el crecimiento constante del negocio. Usando la historia china como referencia, Cheng etiqueta en DiDi a los dos tipos de equipos: tribus bárbaras y dinastía civilizada[24].

En resumen, no existe un modelo de liderazgo único que se ajuste a todos los líderes dentro de los ecosistemas orientados al mercado; además se pueden encontrar modelos de liderazgo especializados en diferentes unidades, dependiendo de dónde (células versus plataforma) y cuándo (en qué etapa del ciclo de vida comercial) esté operando el equipo.

## 3. ADAPTAR ESTAS IDEAS DE LIDERAZGO A TU ORGANIZACIÓN

No te limites a admirar el liderazgo de los ecosistemas orientados al mercado desde lejos; transfiere el modelo expuesto a tu propia organización.

### EVALUARSE Y DESARROLLARSE A SÍ MISMO Y A OTROS LÍDERES SÉNIOR

1. Audita tu modelo de competencias de liderazgo; más del 80 % de las organizaciones cuenta con un modelo de competencias que define los atributos clave (capacidades y comportamientos) requeridos para diferentes roles de liderazgo. Compara tu modelo con el liderazgo en ecosistemas orientados al mercado (cuadro 12.4). ¿Coincide tu definición de liderazgo con estos cinco dominios? Si es necesario, actualiza

tu modelo para incluir estas capacidades emergentes incorporadas por los líderes del ecosistema. Además, evalúa cómo se acomoda tu modelo a los diferentes tipos de liderazgo, dependiendo de dónde y cuándo opera el líder.

2. Compara tanto los líderes individuales como la capacidad de liderazgo general de tu organización con un modelo revisado. Utilizando la hoja de ruta de transformación del capítulo 1 (cuadro 1.7), surgirán algunas preguntas de diagnóstico que puedes utilizar para evaluar tu adaptación y la de la próxima generación, con el fin de sostener y reinventar la compañía (cuadro 12.5). ¿Dónde te encuentras en estos roles y tareas? Esta lista completa de preguntas permite identificar sus brechas de liderazgo y su enfoque de desarrollo.

**Cuadro 12.5 Preguntas de diagnóstico para un liderazgo efectivo en ecosistemas orientados al mercado**

| Dimensión | ¿Están involucrados los líderes potenciales de la próxima generación en las siguientes prácticas? |
|---|---|
| **Parte I: Comprende el contexto (estrategas de negocios)** | |
| Contexto | • Anticipa y reconoce los cambios externos que darán forma a la industria.<br>• Tiene un profundo sentido de cómo la tecnología dará forma al futuro de la industria.<br>• Comprende las expectativas del cliente estableciendo relaciones con futuros clientes.<br>• Comunica a los inversores (deuda o propiedad) la confianza sobre cómo los intangibles crearán un valor futuro. |
| Estrategia | • Articula el propósito de la organización (misión, visión o estrategia).<br>• Fomenta la agilidad estratégica para permitir a la organización crear y dar forma a futuras oportunidades.<br>• Facilita la estrategia convirtiendo las aspiraciones estratégicas en procesos de organización y comportamiento individual. |

# CAPÍTULO 12. LIDERAZGO: EL PAPEL DE LOS LÍDERES PARA SEGUIR EL...

| Dimensión | ¿Están involucrados los líderes potenciales de la próxima generación en las siguientes prácticas? |
|---|---|
| **Parte II: Reconoce nuevas formas organizacionales (arquitecto organizacional)** ||
| **Capacidades del ecosistema** | • Reconoce la importancia de las capacidades del ecosistema para entregar resultados clave para empleados, clientes e inversores.<br>• Articula las capacidades requeridas para el éxito.<br>• Se convierte en el portavoz principal encargado de entregar capacidades críticas para la organización.<br>• Establece los resultados del ecosistema en relación a detección externa, obsesión con el cliente, innovación constante y agilidad en todas partes. |
| **Morfología** | • Establece roles organizacionales con responsabilidades claras para plataforma, células y aliados.<br>• Ayuda a cada uno de los elementos organizacionales a demostrar excelencia en su área: plataformas como recursos compartidos; células o equipos como negocios orientados al mercado; y aliados como socios.<br>• Crea conexiones entre la plataforma y las células y entre las mismas células para que el ecosistema sea más fuerte que cualquier célula individual. |
| **Parte III: Gobernanza (promotor de la cultura y gestor del talento)** ||
| **Cultura** | • Se da cuenta del impacto de la cultura para lograr un éxito sostenible.<br>• Articula la cultura correcta a la luz de cómo los clientes e inversores clave deberían ver la organización.<br>• Establece la valía de los valores de su empresa convirtiendo esos valores centrales internos en valor de mercado.<br>• Refuerza la cultura correcta creando una agenda intelectual, de comportamiento y de proceso.<br>• Modela la cultura deseada en su comportamiento personal. |
| *Accountability* | • Articula expectativas claras de comportamiento a corto y largo plazo y otros resultados para los empleados.<br>• Fomenta la responsabilidad positiva al centrarse en lo que está bien más que en lo que está mal.<br>• Capacita y se comunica con los empleados (más que mandarlos y controlarlos) para ayudarlos a cumplir con las expectativas. |

| Dimensión | ¿Están involucrados los líderes potenciales de la próxima generación en las siguientes prácticas? |
|---|---|
| **Generación de ideas** | • Genera nuevas ideas sobre cómo mejorar a través de evaluación comparativa, experimentación, mejora continua y adquisición de talento.<br>• Demuestra curiosidad haciendo preguntas, dedicando tiempo a observar, explorar opciones, ver patrones y experimentar.<br>• Inculca un proceso disciplinado para filtrar ideas en acciones.<br>• Garantiza la creatividad organizacional a través de construcción, compra y préstamo de esfuerzos. |
| ***Pipeline* de talento** | • Aprecia y define las competencias correctas requeridas para el éxito empresarial (es decir, aquellas que crean capacidades de detección externa, obsesión por el cliente, innovación y agilidad).<br>• Trae a las personas adecuadas a la organización, las mueve a nivel interno y las retiene (o las despide), según corresponda.<br>• Ayuda a los empleados a tener una experiencia laboral positiva alentándolos a encontrar significado en sus actividades laborales.<br>• Crea prácticas de gestión del talento que ayuden a los empleados con la productividad y el bienestar personal. |
| **Compartir información** | • Anima a los empleados a hablar y compartir ideas abiertamente.<br>• Respeta las ideas de todos los empleados (fomenta la diversidad de pensamiento) y se enfoca en las ideas que tendrán un mayor impacto (fomenta la convergencia de la acción).<br>• Utiliza información estructurada y no estructurada para establecer la dirección comercial y liderar el negocio.<br>• Comparte datos, herramientas e ideas con los líderes de otras unidades. |
| **Colaboración** | • Ve cómo encajan las piezas en los sistemas para que el todo sea más que las partes.<br>• Alienta a las personas a convertir las competencias personales en capacidades colectivas o compartidas.<br>• Inculca la cooperación entre la plataforma y las células y entre las mismas células.<br>• Generaliza las buenas ideas de unas células a otras. |

3. Invierte en actualizarte a ti mismo y a tu equipo de liderazgo. En la mayoría de los ecosistemas orientados al mercado, los líderes clave son los fundadores, pero en la mayoría de las organizaciones el talento se contrata y se desarrolla en función de los criterios requeridos. Las inversiones para mejorar el liderazgo pueden incluir experiencias laborales, tareas asignadas, capacitación y desarrollo, así como entrenamiento personal.

Finalmente, mide esta mejora monitoreando cómo sus líderes demuestran los atributos y acciones clave y entregan los resultados anticipados de los interesados. Los líderes no solo nacen, sino que también se hacen. No lo dudes ¡adapta estos principios de liderazgo a tu organización!

## DESARROLLAR LIDERAZGO PARA EL FUTURO

Mirando hacia el futuro, los líderes y el liderazgo continuarán dando forma al éxito de los ecosistemas y de otras compañías orientadas al mercado. Consideremos algunos de los desafíos que garantizarán el liderazgo de la próxima generación.

*Creación de marca de liderazgo.* Los líderes individuales son importantes, como lo demuestran los ejemplos de los fundadores y CEO que crearon los ecosistemas que estudiamos, pues anticipan oportunidades del entorno para crear nuevas industrias, redefinen los modelos de negocio para el éxito estratégico, ofrecen capacidades de ecosistema con nuevas formas organizativas y capitalizan los mecanismos de gobernanza para garantizar su éxito organizacional y personal.

Pero el liderazgo colectivo es más importante. Ninguno de estos individuos actuó solo; ellos inculcaron el liderazgo en todas sus organizaciones. En todos los niveles de estos ecosistemas, los individuos demostraron los cinco roles de liderazgo representados en la Figura 12.2 y convirtieron las metas estratégicas en acciones diarias. Todas estas empresas invirtieron en el desarrollo de una marca de liderazgo única, donde el cuadro de líderes representa la identidad única de la empresa. Los líderes de Amazon se ven, actúan, piensan y se sienten diferentes a los de Google o Facebook.

*Gestión de la sucesión de liderazgo.* Un desafío frecuente para líderes notables que también son fundadores de sus empresas es reflexionar sobre la próxima generación de liderazgo, para reemplazarse con futuros líderes que aseguren la continuidad de sus organizaciones. A veces, estas figuras dinámicas tienen su identidad personal y su ego tan vinculados a su organización que no pueden transferir fácilmente su capital de liderazgo a la próxima generación. En última instancia, el éxito de un líder recae en el futuro, en las mejoras venideras y en los logros pasados. La capacidad de transferir la equidad de liderazgo del fundador u otro fuerte líder individual a un equipo de liderazgo más amplio asegura un éxito sostenido.

Hemos realizado sesiones de *coaching* con líderes verdaderamente exitosos que han creado empresas de miles de millones de dólares o miles de millones de yuanes, pero que están envejeciendo. A menudo, les preguntamos si tienen sucesores calificados y suelen decir que sí. Luego, les preguntamos si están dispuestos a ceder sus títulos, poder y posiciones a estos líderes de la próxima generación. ¿Están dispuestos a hacerse a un lado para que estos futuros líderes puedan preparar su compañía para el futuro? Los que responden que sí lo dicen con poca seguridad. Estos líderes excepcionales a menudo tienen dificultades para desconectar su identidad de las empresas que crearon y lideran. Es posible que hayan invertido tanto en sus actividades profesionales que les quede poca identidad personal para dar sentido a sus vidas externas.

Entonces, ¿qué consejo podemos dar a los líderes actuales que desean preparar a la próxima generación de liderazgo? Primero, ¿estás preparado intelectual y emocionalmente para tu propia sucesión?, ¿se están empezando a pasar por alto las condiciones del mercado y las respuestas firmes? ¿Sientes que te has perdido algunos desencadenantes clave del entorno? ¿Quizás respondes más a las necesidades de otros, en vez de explorar un camino hacia nuevas agendas? Aún más importante, ¿eres capaz de lidiar con las enormes demandas del liderazgo, asumiendo riesgos, tomando decisiones difíciles que dan forma a muchas vidas; manteniéndote energizado con inversores, clientes y empleados, y curioso por descubrir nuevas ideas? Es mejor que los líderes se retiren en la cima de sus carreras en lugar de hacerlo cuesta abajo, pero este momento requiere una gran autoconciencia.

Segundo, la sucesión no es un hecho único y aislado, sino un proceso a largo plazo. El grupo de sucesores potenciales debería tener la oportunidad de liderar en una gran cantidad de entornos y estar expuesto a los principales interesados internos y externos. Una vez que se selecciona un sucesor, el líder de la división debe transferir la propiedad del liderazgo, es decir, avanzar esta transferencia alentando públicamente a todos los interesados a recurrir a los nuevos líderes en busca de dirección; compartir la toma de decisiones y dar crédito, reconociendo públicamente la preparación de nuevos líderes para los nuevos requisitos del negocio. Significa soltar cuando ya es hora de irse.

Tercero, déjalo ir. Una vez se ha identificado un sucesor y este ha encontrado su lugar en la empresa, el líder anterior debe retirarse; en ningún caso debe arrojar una sombra persistente sobre las decisiones de su sucesor. Para renunciar a su posición, los líderes dinámicos a menudo necesitan encontrar nuevas perspectivas para sus habilidades y pasiones. Un ejemplo de ello es Bill Gates, quien fundó y presidió Microsoft, precipitando la era de la información y, luego, cuando se fue, cambió su atención a la filantropía y a resolver desafíos de salud para los más pobres del mundo. Su pasión y compromiso por ayudar a las personas a llevar vidas saludables y productivas le impiden entrometerse con Microsoft, donde ya hay nuevos líderes que se embarcan en nuevas direcciones. No hace falta convertirse en un líder mundial filántropo para hacerse a un lado; basta con dedicarse a la familia, a una afición o a otro servicio, pero los buenos líderes dejan que otros lideren tras ellos.

## 4. CONCLUSIÓN

De nuestros estudios y de nuestra investigación previa, identificamos cinco roles o dominios críticos que los líderes efectivos necesitan dominar: estrategia comercial, arquitectura organizacional, cultura, talento y eficiencia personal. Los mejores líderes exhiben y modelan estas dimensiones construyendo organizaciones altamente exitosas, por lo que debemos tenerlos tanto a ellos como a sus prácticas como modelos.

Pero el liderazgo va más allá; para crear un impacto sostenible, la organización debe sobrevivir a cualquier líder individual, ya sea el fundador o un líder fuerte y visible. La creación de liderazgo requiere que se invierta en la próxima generación creando una marca consistente con las oportunidades futuras del mercado, gestionando el arte de la sucesión y dejando ir.

# 13. ADAPTAR LOS PRINCIPIOS Y PRÁCTICAS DE LOS MOE A TU ORGANIZACIÓN

Muy pocas compañías pueden resistir cambios extremos y la mayoría de las compañías exitosas prosperan bajo ciertas circunstancias y liderazgo para, luego, desaparecer de la vista. Del original Fortune 500 en 1955, solo el 12 % (sesenta empresas) están en la lista en 2018. En 1965, algunas empresas de la Standard & Poor's 500 permanecieron en el índice durante un promedio de treinta y tres años. En 1990, la permanencia promedio en S&P 500 se había reducido a veinte años y se pronostica que ese tiempo se reducirá a catorce años en 2026. Los principios y prácticas de los ecosistemas orientados al mercado permiten a las empresas adaptarse, cambiar y sobrevivir.

Los ecosistemas que hemos estudiado son relativamente jóvenes (cuadro 1.1), con una edad promedio de diecinueve años en 2019, fundados durante la llamada era digital o de la información, es decir creados sobre terreno virgen, sin obstáculos que superar. Cuando se crearon, la capacidad de adaptarse al cambio era simplemente parte de su ADN. Nunca se han dejado limitar por una sola forma de ver el mundo o de operar en él; estas compañías son muy inteligentes y aprovechan al máximo las ventajas de la inteligencia, que se genera gracias a su combinación de plataforma, equipo y ecosistema.

Pero ¿qué pasa con las empresas que son más antiguas, aquellas fundadas en otras épocas donde el entorno ha sido relativamente estable? La tecnología digital es algo nuevo para aquellas que no nacieron utilizando estas herramientas. En el mundo laboral de hoy y de mañana, una gran mayoría de estas empresas se enfrentarán a una enorme transformación de la industria impulsada por nuevas tecnologías, competidores no convencionales y nuevas preferencias de los consumidores.

Siwei-Johnson Industrial, miembro de la Asociación de Aprendizaje de Capacidad Organizacional, es líder mundial del mercado en producción de vehículos blindados especiales que escoltan dinero entre bancos. Durante años, la compañía creció innovando nuevos diseños y mediante la adquisición de jugadores más pequeños de todo el mundo. Pero frente a tecnologías disruptivas como WeChat Pay y Alipay, el fundador de repente se dio cuenta de que la compañía estaba en problemas, porque el papel moneda se usa cada vez menos en China. Para muchas compañías de trayectoria, como Siwei-Johnson, no hay elección: ¡cambiar o morir! ¿Pero cómo?

En este capítulo, aprenderás las cuatro preguntas útiles que te ayudarán a diagnosticar tu preparación y capacidad para transformar tu empresa. Luego, proporcionamos información detallada sobre cómo tres compañías en industrias tan variadas como la distribución farmacéutica (WBA [anteriormente llamada Walgreens Boots Alliance], fundada en 1901), el comercio minorista (JD.com, fundada en 1998) y los supermercados (Yonghui, fundada en 1995) están reinventando agresivamente sus organizaciones, utilizando el marco de referencia de seis partes o la hoja de ruta (Figura 13.1).

CAPÍTULO 13. ADAPTAR LOS PRINCIPIOS Y PRÁCTICAS DE LOS MOE A TU... 299

**Cuadro 13.1 Un marco de seis partes para reinventar la organización como un ecosistema orientado al mercado (MOE)**

Un marco de seis partes para reinventar la organización como un ecosistema orientado al mercado (MOE)

| Entorno | Estrategia | Capacidad |
|---|---|---|
| ¿Entendemos y anticipamos las condiciones ambientales cambiantes que darán forma al futuro? | ¿Tenemos una estrategia clara para el crecimiento y una hoja de ruta para ponerla en práctica? | ¿Hemos articulado e implementado las capacidades que favorecen el MOE? |
| Apreciar y anticipar | Clarificar y facilitar | Diagnosticar e integrar |

| Morfología | Gobernanza | Liderazgo |
|---|---|---|
| ¿Hemos diseñado la forma o estructura organizacional adecuada para poner en marcha nuestra estrategia de crecimiento? | ¿Hemos diseñado y llevado a cabo las prácticas de los seis mecanismos de gobernanza que favorece el MOE? | ¿Tenemos líderes en el nivel superior y una marca de liderazgo compartida a lo largo de toda la organización que nos asegure el éxito? |
| Diseñar y entregar | Diseñar e implementar | Ser, enseñar y construir |

# 1. PREGUNTAS CLAVE PARA TI Y TU EQUIPO CUANDO COMIENZA LA REINVENCIÓN

Todas las empresas heredadas se enfrentan a cambios y, a menudo, responden, por lo menos, a algunas de las ideas integradas en los MOE. Sin embargo, sin un modelo completo e integrado, estos esfuerzos parciales a menudo no logran gestionar el cambio por completo. Los seis pasos en el cuadro 13.1 representan una guía sistemática y práctica para reinventar tu organización de modo que ofrezca un mayor valor, independientemente de la industria, la edad o el tamaño.

A partir de nuestra investigación y amplia experiencia en consultoría, hemos descubierto que, para que cualquier transformación organizacional importante tenga éxito, los principales líderes deben tener profunda convicción, consenso y claridad sobre cuatro preguntas básicas que pueden hacer o deshacer el viaje hacia la reinvención. Usa estas preguntas para diagnosticar si tu empresa está lista. Al responder honesta y sistemáticamente y utilizar el proceso de seis pasos, podrás transformar tu organización.

## ¿REALMENTE NECESITAMOS CAMBIAR?

Comienza por generar un fuerte consenso sobre el futuro de la organización de tres a cinco años. ¿Qué interrupciones vienen? ¿Qué nuevas oportunidades de mercado se pueden crear y aprovechar? ¿Qué pasará con nuestro crecimiento, ganancias, compromiso de los empleados... si no cambiamos? Los principios, las prácticas y las herramientas sobre el contexto (capítulo 2) y la estrategia (capítulo 3) te ayudarán a responder estas preguntas individualmente y en equipo.

Participa en múltiples diálogos, sinceros y profundos con tu equipo de liderazgo (y otros grupos de interés) para construir las bases del cambio. Cuando sea necesario, involucra a líderes empresariales de renombre o expertos externos para facilitar un consenso. Mantén reuniones individuales con las figuras clave antes de la reunión de equipo para garantizar una respuesta positiva.

Crea un caso de estudio sobre por qué importa el cambio. Asegúrate de abordar preguntas como estas: ¿por qué resulta una vía estratégica de crecimiento tan crítica y factible para el éxito sostenible de la compañía, en vista de las tendencias del entorno?, ¿por qué un ecosistema orientado al mercado es mejor forma organizacional que una jerarquía?, ¿por qué la empresa central debe empoderar y servir a los equipos y socios comerciales en lugar de controlarlos?, ¿por qué necesitamos compartir datos, herramientas y tecnologías?

## ¿SABEMOS A DÓNDE VAMOS?

Reduce tu ansiedad y la de los demás de cara al cambio, aunque es inevitable cuando los hábitos y las rutinas constituyen entre un 80 % y un 90 % de lo que hacen las personas, sobre todo cuando son costumbres muy arraigadas. Puedes reducir las preocupaciones de las personas aclarando información sobre el cambio, involucrándoles en el esfuerzo de transformación y ayudándoles a ver el impacto del cambio.

Aprende, compara o visita compañías que han tenido un éxito completo a través de transformaciones similares. Para reducir el escepticismo entre sus pares, asegúrate de que las empresas de referencia sean relevantes en tamaño, edad e industria.

Aclara y acuerda las aspiraciones y caminos de tu organización reinventada: propósito (misión o visión); caminos hacia el crecimiento (clientes, productos o regiones geográficas); opciones de crecimiento (comprar, construir o tomar prestado); capacidades críticas para construir (detección externa, obsesión por el cliente, innovación constante y agilidad en todas partes); una mejor forma organizativa y opciones de gobernanza para ofrecer estas capacidades. A veces, los resultados organizacionales deseados se articulan como un destino específico —por ejemplo, un rendimiento financiero particular o una participación del cliente—, pero el resultado de la reinvención organizacional es más una dirección que un destino, entendiendo por dirección el hecho de crear agilidad estratégica a través de las capacidades del ecosistema. Estas declaraciones de propósito aspiracional indican a empleados, clientes, competidores e inversores cómo se conocerá a la organización y cómo estos cambios conducirán a la cultura correcta.

Diseña planes claros, específicos y procesables, visualiza el futuro en el presente imaginando los años venideros y, después, pensando al revés; ¿cómo llego desde allí hasta el presente?, en vez de convertir el futuro en una extensión del pasado.

## ¿SABEMOS CÓMO LLEGAR ALLÍ?

Reconoce y brinda capacidades relevantes para configurar el disco duro de tu organización (plataforma, célula y morfologías de aliados, capítulo 5) y el *software* (los seis mecanismos de gobernanza descritos en la parte III). Recuerda que lo que funciona bien en otras organizaciones puede no funcionar bien en la tuya. Como resultado, los principios y prácticas del ecosistema orientado al mercado, tanto en las estructuras como en la gobernanza, solo pueden servir de plan para que tu organización se adapte, experimente y se aventure, para adaptarse mejor a su situación única. Para aumentar tus posibilidades de reinvención organizacional exitosa, tenemos varias sugerencias:

- **Asegúrate de contar con los líderes correctos.** Como se señaló en el capítulo 12, deben ser expertos que estén ansiosos por cambiar las cosas y que tengan un historial de resultados exitosos. Si no cumples este principio ahora, promueve la atracción de talento externo y contrata líderes experimentados.

- **Comienza con poco e identifica las victorias tempranas.** Selecciona un proyecto piloto con posibilidades de éxito. Así, podrás administrar un cambio dual, ya que el negocio heredado puede operar con procesos de gestión tradicionales, mientras que el negocio piloto incorpora principios y prácticas de ecosistema orientados al mercado. Esta táctica genera confianza y un círculo virtuoso de éxito sucesivos.

- **Desarrolla un prototipo organizacional que funcione y que puedas replicar en otras partes de la organización.** El piloto ideal debe contar con los líderes correctos, aceptar las interrupciones del mercado que exigen una reinvención inmediata y desarrollar un pequeño ecosistema con plataforma, células y aliados. Concede a tus líderes el poder de cambiar e inspíralos a ser valientes; dales margen para innovar tanto en forma organizativa como en mecanismos de gobernanza; ofréceles una combinación adecuada de responsabilidad, autoridad y recompensa por asumir este reto y responder con agilidad; permíteles experimentar, fallar, aprender y seguir adelante.

- **Fomenta un compromiso con mentalidad de crecimiento,** al igual que Nadella en Microsoft y empieza a ver los fracasos como oportunidades para aprender. Sigue adelante; solo así podrás descubrir herramientas o modelos que funcionen para ti. Por tanto, deberás ser paciente; pasará un tiempo antes de que puedas ver resultados.

## ¿TENEMOS UNA PROBABILIDAD RAZONABLE DE ÉXITO?

Para aumentar tus posibilidades de éxito, sigue adelante, siempre con confianza en tu capacidad para reinventar la organización. Esta confianza proviene, como mencionamos antes, de la claridad en el por qué, qué y cómo, así como de extraer de esta reinvención un valor personal y organizacional central. La confianza proporciona el coraje necesario para mantener el rumbo incluso cuando surgen tropiezos.

Los ecosistemas exitosos disfrutan de un compromiso inquebrantable desde la cima. Así, la transformación de Alibaba no habría sido posible si Jack Ma no hubiera creído que la estrategia de plataforma media conduciría a mejores tasas de conversión y, más tarde, al crecimiento del negocio y a su rentabilidad. La transformación de Tencent de los estudios de juego IEG no habría sucedido sin la convicción de Pony Ma y Martin Lau de que el negocio de la creatividad depende de un talento superior que toma los esfuerzos de desarrollo del juego tan en serio como los ejecutivos toman todos sus negocios.

Distribuye el liderazgo por toda tu organización. De hecho, Alibaba no podría haber creado su estrategia de plataforma media sin el apoyo de su director de tecnología, Xingdian. Del mismo modo, además de necesitar la convicción y el apoyo de Ma y Lau, el éxito del estudio de juegos IEG también requirió los esfuerzos de su líder comercial, Mark Ren. Apuesta por las personas, no por la estrategia; las personas adecuadas pueden hacer bien una estrategia incorrecta, pero las personas equivocadas no obtendrán resultados, sin importar cuán brillante sea la estrategia.

Mantén un plan holístico para guiar la transformación, pues no es sostenible realizar cambios aquí y allí. El cuadro 13.1 proporciona una guía detallada y una lista de verificación que debes seguir para entregar los resultados que deseas y apuntar las acciones que podrías llevar a cabo. Con este marco general, aunque comiences con poco, asegúrate de no perder de vista la imagen completa. Asimismo, esta guía te permitirá realizar un seguimiento y revisar tu progreso. A medida que tengas éxito en cualquier dimensión del marco de trabajo, puedes pasar a otras dimensiones.

## 2. EJEMPLOS DE REINVENCIÓN ORGANIZACIONAL

Para inspirarte y que confíes en que los ecosistemas orientados al mercado pueden funcionar para compañías más tradicionales, compartiremos algunas historias de cómo tres de esas compañías se transformaron a sí mismas. Estas tres compañías han cambiado significativamente sus negocios, de burocracias más o menos tradicionales a ecosistemas flexibles y creativos. WBA (una compañía de distribución farmacéutica) actualmente está experimentando con principios y prácticas de ecosistemas orientados al mercado. JD.com (una empresa minorista de comercio electrónico en China) está más avanzada. Y Yonghui (un supermercado líder en China) ha realizado una migración notable a lo largo del espectro, con más espacio para moverse.

**Cuadro 13.2 Guía paso a paso para la reinvención: áreas clave, preguntas, resultados y acciones**

| Pregunta: ¿Hasta qué punto...? | Resultado: Debido a este trabajo... | Acciones organizacionales |
|---|---|---|
| **Contexto** ¿Comprendemos y anticipamos las condiciones cambiantes del contexto que darán forma a nuestro futuro? | Los empleados de la organización estarán al tanto de la necesidad de cambio. | ¿Por qué? <br>• Consensuar cómo se ve el futuro. <br>• Crear un plan de comunicación sobre la necesidad de cambio. <br>• Compartir información en todas partes. |
| **Estrategia** ¿La organización tiene una estrategia clara para el crecimiento y vías para hacerlo realidad? | Los diferentes grupos de interés de la organización (líderes, inversores, clientes, empleados) podrán: <br>• Articular una estrategia clara de crecimiento. <br>• Definir y rastrear resultados medibles de la estrategia. | ¿Qué? <br>• Diseñar un crecimiento claro, simple y aspiracional con una misión, una visión y metas. |

# CAPÍTULO 13. ADAPTAR LOS PRINCIPIOS Y PRÁCTICAS DE LOS MOE A TU...

| Pregunta: ¿Hasta qué punto...? | Resultado: Debido a este trabajo... | Acciones organizacionales |
|---|---|---|
| **Capacidad**<br>¿Hemos definido y articulado las capacidades críticas para ejecutar nuestra estrategia de crecimiento en toda la empresa y el ecosistema? | Los líderes de la organización identificarán y acordarán qué capacidades deben existir en su organización y ecosistema:<br>• Detección externa<br>• Obsesión por el cliente<br>• Innovación constante<br>• Agilidad en todas partes | *¿Qué?*<br>• Definir y articular las capacidades requeridas para ejecutar la estrategia.<br>• Realizar una auditoría de capacidades para cada una de las empresas.<br>• Identificar medidas e implementar acciones para mejorar las capacidades clave. |
| **Morfología**<br>¿Hemos diseñado la forma organizacional correcta o una estructura optimizada para nuestra estrategia de crecimiento? | La organización completará estas dos tareas:<br>• Crear un diseño organizacional que incorpore los principios de plataforma, células y aliados.<br>• Definir claramente las responsabilidades y recompensas por cada componente estructural. | *¿Cómo?*<br>• Clarificar la nueva estructura organizacional, que puede ser un pivote desde la estructura existente.<br>• Crear una carta sobre cómo opera la organización. |
| **Gobernanza**<br>¿Hemos diseñado y entregado los seis mecanismos de gobernanza que aseguran el funcionamiento efectivo y la integración de equipos, plataformas y aliados? | La organización diseñará y ejecutará seis mecanismos de gobernanza que aseguran un funcionamiento efectivo y la integración de la nueva forma organizacional:<br>• Cultura<br>• *Accountability*<br>• Ideas<br>• Talento<br>• Intercambio de información<br>• Colaboración | *¿Cómo?*<br>• Preparar un menú de prácticas específicas o procesos para fortalecer cada uno de estos seis mecanismos de gobernanza.<br>• Ayudar a cada unidad organizacional a entender las prácticas correctas para lograr sus objetivos. |

| Pregunta: ¿Hasta qué punto…? | Resultado: Debido a este trabajo… | Acciones organizacionales |
|---|---|---|
| **Liderazgo**<br>¿Tenemos líderes individuales en los altos mandos y una marca de liderazgo compartido en toda la organización que nos garantice su éxito? | Los líderes a la cabeza establecen la dirección estratégica y el contexto organizacional en el que operará el MOE. En todos los niveles, la organización tendrá líderes que demuestren las competencias requeridas para la organización reinventada.<br><br>La calidad del liderazgo inspirará a los empleados a dar su mayor esfuerzo, asegurando un compromiso del cliente (NPS) y construyendo la confianza de los inversores (valor intangible). | *¿Cómo?*<br>• Definir los roles y las competencias de liderazgo requeridas (habilidades básicas y de liderazgo diferenciado) para lograr que la organización funcione.<br>• Evaluar a los líderes en función de estas competencias.<br>• Invertir en el desarrollo de líderes que demuestren estas competencias. |

Nota: MOE (ecosistema orientado al mercado); NPS (puntaje neto del promotor).

## WALGREENS BOOTS ALLIANCE

Walgreens Boots Alliance, o WBA (la empresa matriz de Walgreens), es líder mundial entre las empresas dedicadas a la salud y bienestar[1]. WBA es la farmacia minorista más grande y el destino de salud y vida diaria por excelencia en Estados Unidos y Europa, con más de 415 000 empleados. Además de algunas inversiones en capital de riesgo, WBA tiene más de 18 500 tiendas en once países, así como una de las redes de distribución y venta al por mayor farmacéutica más grande del mundo, con más de 390 centros de distribución y 230 000 farmacias, médicos, centros de salud y hospitales cada año en más de veinticinco países. Además, WBA es uno de los mayores compradores mundiales de medicamentos recetados y de muchos otros productos de salud y bienestar. El tamaño, la escala y la experiencia de la compañía ayudan a expandir el suministro y a abordar el coste creciente de los medicamentos recetados en Estados Unidos y en todo el mundo. La compañía tiene:

- Una cadena de suministro farmacéutico inigualable y experiencia en adquisiciones, ofreciendo a los clientes soluciones innovadoras y eficiencias óptimas

- Un porfolio de marcas minoristas y comerciales, como Walgreens, Duane Reade, Boots y Alliance Healthcare, así como marcas de productos de salud y belleza cada vez más globales, como No7, Soap & Glory, Liz Earle, Sleek MakeUP y Botanics.

- Fuentes de ganancias diversificadas y sólidas en Estados Unidos, Europa y mercados emergentes clave.

- Una plataforma única para el crecimiento en mercados desarrollados y emergentes.

**Cuadro 13.3 Adaptación de WBA de los principios del ecosistema orientado al mercado (MOE)**

En WBA, la innovación y el emprendimiento se institucionalizan en su cultura laboral. A través de este modelo de dos motores de entrega y desarrollo, la compañía continúa transformándose para ser una organización ágil, innovadora y centrada en el cliente.

| Dimensión | Preocupaciones y respuestas de la compañía |
|---|---|
| Contexto ¿Hemos entendido y anticipado el entorno cambiante que dará forma a nuestro futuro? | WBA se enfrenta a un entorno empresarial exigente y cambiante (estilo de vida), tecnológico (era digital), económico (nuevos competidores, como Amazon, CVS, Aetna), político (regulación), contextual (reputación) y demográfico (envejecimiento de la población). |

| Dimensión | Preocupaciones y respuestas de la compañía |
|---|---|
| *Estrategia* ¿La organización tiene una estrategia clara para el crecimiento y vías para hacerlo realidad? | La estrategia de WBA se enfoca en las asociaciones y la colaboración con líderes minoristas, de servicios de salud, de tecnología, de fabricación, de cadena de suministro y de otras entidades. Esta estrategia permite a WBA acceder a economías de escala, conocimiento, experiencia y recursos más allá de lo que podría construir por sí misma, así como acceder rápidamente a áreas que son importantes para su futuro.<br><br>• La distribución a través de tiendas tradicionales continuará enfocándose en eficiencia y acceso. En todo el comercio minorista, las grandes tiendas tienen que adaptarse para ser exitosas y WBA está modificando dramáticamente el modelo de negocio.<br>• El desarrollo evolucionará hasta funcionar con una alta velocidad de respuesta a los cambios del mercado, ofreciendo servicios personalizados al cliente, para anticipar y cumplir con sus requerimientos, y estableciendo alianzas estratégicas que aprovechen la tecnología para permitir la innovación y agilidad. |
| *Capacidad* ¿Hemos definido y articulado las capacidades críticas para ejecutar nuestra estrategia de crecimiento en toda la empresa y el ecosistema? | • Detección externa: debido a su tamaño y experiencia, WBA se hace una muy buena idea del tamaño del mundo en el que opera; generan ideas para nuevas oportunidades de negocio a través de un contacto íntimo con los clientes, actividades internas regulares de generación de ideas y un énfasis en asociaciones con minoristas importantes, centros de salud y proveedores de tecnología<br>• Obsesión por el cliente: WBA reconoce que una población que envejece trae una mayor demanda, al igual que la necesidad de un mayor acceso a la atención médica. Así, WBA desarrolla un enfoque centrado en el cliente para el acceso a sus productos y servicios.<br>• Innovación constante: capacidad de innovar continuamente con un espíritu de «falla rápido, aprende rápido». Esta innovación se produce en el negocio de tiendas, centrada en la velocidad de introducción al mercado de productos y servicios, a medida que se implementan nuevos modelos en tiendas minoristas. De hecho, la innovación se centra en el desarrollo de negocios donde WBA encontrará formas de conocer mejor a los clientes y sus necesidades.<br>• Agilidad en todas partes: la agilidad es una capacidad central para el éxito en el nuevo enfoque de WBA. En los negocios en desarrollo, WBA requerirá líderes que actúen como empresarios, que seleccionen el equipo correcto, que proporcionen los incentivos adecuados y tomen decisiones con rapidez. El objetivo es escalar de una manera impropia para una compañía tradicional y, al mismo tiempo, reinventar el comercio minorista tradicional. |

| Dimensión | Preocupaciones y respuestas de la compañía |
|---|---|
| *Morfología* ¿Hemos diseñado la forma organizacional correcta o una estructura optimizada para nuestra estrategia de crecimiento? | La morfología de la plataforma y el ecosistema del equipo de WBA sigue el siguiente esquema:<br><br>• *Plataforma*: WBA tiene una plataforma de conocimientos propios sobre tecnología, conocimiento del cliente, finanzas, recursos humanos y asuntos legales. Esta plataforma de experiencia y recursos ayuda a las tiendas a entregar de manera más eficiente a través de procesos estandarizados y descubrir nuevas oportunidades de mercado más rápidamente usando la información.<br>• *Equipos*: en el negocio de desarrollo, WBA forma equipos orientados al mercado, para atender mejor a los clientes. Entre los ejemplos se incluyen equipos que trabajan en asociaciones recientes con Microsoft, Verily, Kroger, FedEx y Humana. La agenda crítica para estos equipos es descubrir soluciones para clientes que no se parezcan a las tiendas tradicionales. Para hacer esto, es crucial contratar al líder adecuado que aporte el estilo empresarial necesario y una nueva perspectiva. Esta persona es seleccionada por su profundo conocimiento, espíritu emprendedor y agilidad.<br>• *Ecosistema*: el ecosistema de WBA se puede involucrar según sea necesario, para moverse rápidamente en nuevos mercados (desarrollo) mientras mantienen la distribución minorista tradicional. |
| *Gobernanza* ¿Hemos diseñado y entregado los seis mecanismos de gobernanza que aseguran el funcionamiento efectivo y la integración de equipos, plataformas y aliados? | A medida que WBA desarrolle esta lógica organizacional, irá teniendo en cuenta los siguientes mecanismos de gobernanza:<br><br>• *Cultura*: que se mueve rápido, de emprendimiento, profundamente informada (nuevos negocios) y, al mismo tiempo, eficiente y rigurosa (tiendas).<br>• *Accountability*: modelo de compensación común en empresas que cotizan en bolsa en EE. UU. (salario base, bonificación, premios en acciones) para fomentar y recompensar el talento que impulsa el éxito general de la compañía.<br>• *Ideas*: el objetivo es mantener las ideas y acciones fluyendo para tomar decisiones rápidamente y seguir adelante.<br>• *Talento*: el líder principal debe representar las expectativas prometidas a los clientes. Los líderes en desarrollo pueden provenir de dentro o fuera de WBA, pero tienen que representar las promesas a los clientes.<br>• *Intercambio de información*: transparente y de rápido movimiento.<br>• *Colaboración*: valorada y promovida tanto interna como externamente como uno de los pilares de WBA. |

| Dimensión | Preocupaciones y respuestas de la compañía |
|---|---|
| Liderazgo ¿Tenemos líderes individuales en la cima y un liderazgo compartido que garantice el éxito de nuestra organización? | WBA tiene un fuerte legado de liderazgo, así como líderes que pueden gestionar los requerimientos del mercado en los veinticinco países en donde operan. Su compromiso con la conectividad inteligente se ha convertido en una parte intrínseca de su identidad corporativa. El liderazgo compartido en cuanto a compromiso con el cliente, la innovación y la agilidad se expanden en todo su ecosistema. Los líderes de WBA se asocian con compañías en cualquier etapa para ayudar a resolver desafíos que mejoren la calidad de vida, a través de soluciones tecnológicas inimaginables. |

El legado de la compañía radica en las tiendas, cuyo enfoque se centra en la entrega de servicios y productos a los clientes. El futuro de la compañía complementa esta huella, gracias a una agenda de innovación y desarrollo. En este modelo de dos motores, la entrega se basa en optimizar las farmacias minoristas existentes, mientras que el desarrollo incluye la innovación y el futuro de estas farmacias, incluidos los métodos de distribución digital y la evolución de las tiendas.

## JD.COM: CONFIANZA DEL CLIENTE Y ASOCIACIONES ESTRATÉGICAS

JD.com, la principal cadena de supermercados de China en línea y fuera de línea, así como el segundo minorista electrónico más grande del país, fue la primera compañía digital china en engrosar la lista Fortune Global 200[2]. Se trata de una compañía fiable, cuya política de tolerancia cero hacia los productos falsificados ha creado un seguimiento leal y lucrativo de los clientes más exigentes, que han permitido que el negocio de moda y lujo de JD.com supere el doble de la tasa del mercado de moda y lujo. Su infraestructura logística de comercio electrónico cubre el 99 % de la población de China, pudiendo alcanzar tasas de más del 90 % de los pedidos entregados el mismo día o al día siguiente, un logro sorprendente en China y una de sus principales ventajas competitivas.

# CAPÍTULO 13. ADAPTAR LOS PRINCIPIOS Y PRÁCTICAS DE LOS MOE A TU...

**Cuadro 13.4 Adaptación de JD.com de los principios del ecosistema orientado al mercado (MOE)**

Aunque JD.com comenzó como una empresa de comercio electrónico, debe seguir reinventándose para garantizar agilidad y competitividad. Desde principios de 2016, la compañía ha comenzado a elevarse a otro nivel de detección externa, enfoque en el cliente, innovación y agilidad a través de una estrategia de innovación organizacional y mejora tecnológica.

| Dimensión | Preocupaciones y respuestas de la compañía |
|---|---|
| **Contexto** ¿Hemos entendido y anticipado el entorno cambiante que dará forma a nuestro futuro? | JD.com se enfrenta los siguientes desafíos y oportunidades:<br>• La penetración profunda en el mercado implica que el crecimiento ya no puede depender de la expansión de la base de usuarios, sino que debe aumentar el ingreso promedio por usuario (ARPU).<br>• El aumento de la presión competitiva de otros competidores digitales requiere una mejor selección de oferta de productos de marca y una mayor conversión del tráfico de usuarios a transacciones reales a través de marketing y recomendaciones específicas.<br>• Los usuarios tienen mayores ingresos, por lo que exigen productos de alta calidad y buenos servicios.<br>• La tecnología que se mueve rápidamente ofrece mejores capacidades para conseguir, almacenar y analizar datos de usuarios. Estos avances tecnológicos ayudan a JD.com a tomar decisiones precisas en adquisiciones, marketing, logística y otros servicios. |
| **Estrategia** ¿La organización tiene una estrategia clara para el crecimiento y vías para hacerlo realidad? | El CEO, Richard Liu, y su equipo ejecutivo comunican constantemente la importancia de transformar JD.com en una empresa impulsada por la tecnología, rica en datos, organizada como una plataforma en torno a equipos y con una morfología de ecosistema. Dentro de este marco, en 2019, JD.com se centrará en tres cosas importantes[a]:<br>• Ciudades más pequeñas: traerá más productos a ciudades más pequeñas de China para atraer a más clientes.<br>• Digitalización: se basará en grandes volúmenes de datos y digitalización para mejorar la eficiencia de sus sistemas de gestión.<br>• Nuevos modelos de negocio: introducirá nuevos modelos de negocio al mercado fuera de línea. Seguirá probando sus modelos hasta que se mejoren y luego los duplicará lo más rápido posible. |

| Dimensión | Preocupaciones y respuestas de la compañía |
|---|---|
| *Capacidad*<br>¿Hemos definido y articulado las capacidades críticas para ejecutar nuestra estrategia de crecimiento en toda la empresa y el ecosistema? | Para ejecutar las estrategias anteriores, JD.com está mejorando aún más sus capacidades principales:<br><br>• *Detección externa*: JD.com aprovechará grandes volúmenes de datos e IA para pronosticar ventas y servicios personalizados para los clientes. También potenciará sus capacidades de IC (internet de las cosas) a través de la cadena de valor, especialmente en servicios de almacenamiento y logística.<br>• *Obsesión por el cliente*: el aumento del ARPU requiere que JD.com comprenda y anticipe las necesidades de sus usuarios (en lugar de centrarse en las ventas de producto) mucho mejor que antes. JD.com ha realizado una gran cantidad de optimización y mejora para mejorar la experiencia del usuario.<br>• *Innovación*: se requieren tanto innovación organizacional como actualizaciones tecnológicas. Se adopta el modelo de plataforma-equipos-ecosistema. La plataforma ofrece diferentes módulos técnicos o herramientas de aplicación para ser adoptados y adaptados por diferentes unidades de negocio para una ejecución más rápida. Los equipos deben estar más capacitados y ser autónomos en sus capacidades de adquisición y operación. Es necesario establecer una plataforma con una integración tecnológica más sólida en sistemas y datos.<br>• *Agilidad*: con una delegación adicional de la sede central a diferentes unidades comerciales, los equipos se vuelven más ágiles en la toma de decisiones de negocios para responder a las necesidades de los usuarios y a situaciones competitivas. |
| *Morfología*<br>¿Hemos diseñado la forma organizacional correcta o una estructura optimizada para nuestra estrategia de crecimiento? | Se sigue la morfología de plataforma-equipos-ecosistema:<br><br>• *Plataforma*: el enfoque principal es integrar los equipos, sistemas y datos técnicos que solían estar dispersos en diferentes unidades de negocio. Una plataforma tecnológica sólida proporcionará a las unidades comerciales módulos de servicio para desarrollar nuevas capacidades comerciales y ofrecer perfiles de usuario más completos para ofertas específicas. |

| Dimensión | Preocupaciones y respuestas de la compañía |
|---|---|
| | • *Equipos*: los equipos de negocio en diferentes unidades son más independientes, con funciones críticas para sus operaciones (incluidas adquisición de productos, exposición, transacciones, comercialización, etc.). Se logra una mejor alineación en la responsabilidad, la autoridad y la recompensa a través de un conjunto de nuevas iniciativas de gestión y esquemas de incentivos.<br>• *Ecosistema*: formando alianzas estratégicas con compañías líderes en la industria, incluidas Tencent, Walmart y Google. JD.com planea invertir y asociarse con más compañías de marca en la cadena de suministro. Espera formar alianzas con Yonghui, VIP.com, BuBuGao y otros. También invertirá en empresas tecnológicas y logísticas para reforzar estas capacidades. |
| *Gobernanza* ¿Hemos diseñado y entregado los seis mecanismos de gobernanza que aseguran el funcionamiento efectivo y la integración de equipos, plataformas y aliados? | • *Cultura*: la misión de JD.com es «la tecnología da forma a nuestras vidas», y su visión es «convertirse en la empresa más confiable del mundo». JD.com pone al cliente primero.<br>• *Accountability e incentivos por el desempeño*: se asignan más incentivos a aquellos equipos que superan el crecimiento del mercado.<br>• *Idea*: la mayoría de las ideas de innovación estratégica y crecimiento empresarial provienen del equipo central de liderazgo presidido por el CEO, Richard Liu.<br>• *Talento*: se está reclutando a más personas tecnológicamente competentes en *big data*, AR, VR y *blockchain* para fortalecer la capacidad de la plataforma. JD.com también cultivó talentos técnicos que entienden profundamente su negocio.<br>• *Intercambio de información*: se establece un comité directivo compuesto por líderes técnicos para guiar la integración y el desarrollo conjunto de herramientas y datos en la plataforma intermedia.<br>• *Colaboración*: mejora la colaboración entre la plataforma y los equipos comerciales. Los socios comerciales técnicos (TBP) son asignados desde la plataforma para trabajar en equipo. Las revisiones y bonos de rendimiento de los TBP también se determinan conjuntamente por el equipo comercial y la plataforma para facilitar una mejor colaboración entre los dos. |

| Dimensión | Preocupaciones y respuestas de la compañía |
|---|---|
| *Liderazgo* ¿Tenemos líderes individuales en los niveles más altos y una marca de liderazgo compartida en toda la organización que garantice el éxito? | El CEO Richard Liu está comprometido con la creación de equipos de negocio ágiles en el *front-end*, respaldados por una plataforma central sólida (cadena de suministro, tecnología, marketing y servicio al cliente) para facilitar la sinergia. La tecnología es un área clave de inversión.<br><br>Comenzando con Liu, un sólido conjunto de valores guía las decisiones y comportamientos de los empleados. Por ejemplo, existe una política de tolerancia cero ante productos falsificados. Liu cree que hay cinco principios para el liderazgo:<br>1. Valores consistentes: cliente primero, integridad, colaboración, compromiso total, propiedad y gratitud.<br>2. Justicia, equidad y apertura.<br>3. Pasión, visión y fuerza.<br>4. Ejercer una autodisciplina estricta, liderar con el ejemplo y desafiarse a uno mismo<br>5. Ser ambicioso, empático y orientado a la misión.<br><br>También cree en cuatro habilidades:<br>1. Un sentido de conciencia, aprendizaje e innovación.<br>2. Gestión organizacional.<br>3. Gestión estratégica.<br>4. La capacidad de desempeñarse lo suficientemente bien como para ser un buen líder.<br><br>El estímulo y la promoción internos son cruciales: por ejemplo, para adaptarse mejor al desarrollo cambiante de la empresa y satisfacer las necesidades de una gran cantidad de talentos clave, se debe promover la empleabilidad interna, especialmente entre empleados jóvenes que son capaces de cumplir con puestos de nivel superior en un 70 %. Para vacantes a nivel gerencial y superiores, se adhiere al principio de prioridad interna y requiere que más del 80 % de los nuevos cargos sean ocupados internamente, lo que brinda a los empleados más oportunidades para desarrollarse en el equipo directivo central.<br><br>JD.com tiene abundantes programas de capacitación de talento para cumplir con diferentes posiciones de nivel y formar a líderes con anticipación, incluido el programa piloto de JD.com para capacitar a directores talentosos, JD MBA, el programa de capacitación gerencial de JD y su programa de becarios. |

a. Ganancias de JD.com en el cuarto trimestre de 2018.

En 2014, JD.com formó una asociación estratégica con Tencent, lanzando un nuevo modelo de negocio que combina redes sociales y comercio electrónico. Con este movimiento, llegaron a más de mil millones de consumidores chinos. Esta asociación ayuda a las empresas a impulsar sus programas de marketing dirigido a redes sociales y un modelo comercial más completo basado en *big data*: alrededor del 80 % de los pedidos son a través de dispositivos móviles. Entonces, en 2016, JD.com y Walmart formaron una alianza estratégica para mejorar la eficiencia de entrega a los clientes, optimizando las rutas de entrega de JD y aumentando la tasa de rotación de inventario de Walmart mediante un inventario integrado. Finalmente, en junio de 2018, JD.com se asoció formalmente con Google en una serie de iniciativas estratégicas, incluido el desarrollo conjunto de soluciones minoristas en regiones de todo el mundo, con el fin de explorar la creación de soluciones de infraestructura minorista de próxima generación.

## REINVENCIÓN DE LA ORGANIZACIÓN EN ACCIÓN: SUPERMERCADO YONGHUI

Yonghui se fundó en Fuzhou, China, en el año 2000 como un mercado único de productos frescos[3] y creció rápidamente cuando se estableció también en Shanghái, Chongqing y Pekín. Para 2010, lanzó su oferta pública inicial en el mercado de acciones principal de China, lo que permitió un crecimiento aún más acelerado. En 2014, lanzó Bravo Supermarkets, una cadena de supermercados de alta gama, y comenzó a asociarse agresivamente con otras empresas para asegurar un suministro de productos de alta calidad en el último extremo de la cadena de suministro y el tráfico de usuarios en el *front end*. Pronto recibió la inversión de Dairy International, así como de JD.com un año después, lo que permitió el lanzamiento de Yonghui Life, una cadena de pequeñas tiendas de esquina, cada una de las cuales sirve al kilómetro cuadrado de su alrededor. Para 2016, Yonghui había bajado por la cadena de valor hasta acceder al negocio de procesamiento de alimentos (Caishixian) y, en 2017, Tencent se lanzó a invertir en Yonghui, tras lo cual la empresa presentó Super Species (un competidor directo de Heiba Fresh, de Alibaba), una cadena de tiendas de alimentos frescos *online* y *offline* de alta gama que también ofrecían servicios de cocina y comedor internos. Del mismo modo, Yonghui también invirtió en Daman Global Company para fortalecer su capacidad tecnológica.

Al igual que los ecosistemas orientados al mercado que hemos estudiado, este pequeño supermercado se convirtió en un negocio grande y complejo al expandirse rápidamente mediante una combinación de capacidades organizacionales y estrategias, combinando una gran plataforma, una red de pequeños equipos en el campo, un rico ecosistema de aliados y socios de los que hay aprender y extraer recursos, y un sistema de gobernanza conjunta que proporciona beneficios mutuos y los incentivos y estructuras adecuados.

### Cuadro 13.5 Adaptación de Yonghui de los principios del ecosistema orientado al mercado (MOE)

Comenzando como un supermercado de productos frescos, Yonghui ha continuado su penetración de nuevos mercados adyacentes al reinventar la empresa en función del diseño de plataforma-equipos-ecosistema. Como resultado, se crean tres horizontes de negocios: Super Species, Yonghui Life y Yonghui Delivery, a través de plataformas compartidas y de oportunidades en los negocios centrales actuales. Bravo Supermarket creció más del 30 % en los últimos años, con una rentabilidad superior al promedio de la industria (beneficio neto: 3 %, frente al promedio de la industria del 1-2 %), mientras que sus nuevos negocios, como Super Species, han aumentado hasta diez veces su tamaño original en los últimos dos años.

| Dimensión | Preocupaciones y respuestas de la compañía |
|---|---|
| *Contexto* ¿Hemos entendido y anticipado el entorno cambiante que dará forma a nuestro futuro? | Yonghui enfrenta varios desafíos y oportunidades:<br>• Más competidores, incluidos Alibaba y JD.com, se han unido al negocio de alimentos frescos, optimizándolo con mejores tecnologías y estrategias de datos.<br>• Los negocios de alimentos frescos deben sobresalir por su fuerza en la cadena de suministros y en la gestión de tienda, con el fin de reducir el desperdicio en cada paso, porque sus productos son perecederos; muchos productos frescos como langostas o cangrejos pueden morir durante el proceso.<br>• Con inversiones recientes de JD.com y Tencent, Yonghui puede hacer uso de la tecnología y los datos de sus socios estratégicos, especialmente de Tencent, a través de Tencent Cloud y WeChat Pay.<br>• Con aproximadamente 1000 comerciantes en todo el mundo, Yonghui tiene, sin lugar a duda, la mejor capacidad de gestión de la cadena de suministro en alimentos frescos en China. Esta ventaja permite a Yonghui competir contra su competencia online. Mientras tanto, la compañía actualiza su tecnología y su capacidad en datos para mejorar la centralidad en el cliente y la eficiencia de la operación. |

# CAPÍTULO 13. ADAPTAR LOS PRINCIPIOS Y PRÁCTICAS DE LOS MOE A TU...

| Dimensión | Preocupaciones y respuestas de la compañía |
|---|---|
| *Estrategia* ¿La organización tiene una estrategia clara para el crecimiento y vías para hacerlo realidad? | Yonghui está lanzando una estrategia de tres horizontes para crecer:<br><br>• **Horizonte 1: negocio principal.** El supermercado Bravo tiene aproximadamente 6000 m² de tamaño. Este negocio continúa creciendo, aprovechando las fuertes capacidades de la plataforma con tecnología mejorada en datos y con mejor experiencia para el usuario (como el pago automatizado) y marketing dirigido (uso de cupones de descuento electrónicos para atraer clientes).<br><br>• **Horizonte 2: negocios innovadores.** Super Species y Yonghui Life. Super Species tiene aproximadamente 600 m² y ofrece servicios de alimentos frescos y de restauración. También ofrece entregas de frescos para clientes en línea en un radio de 3 km. Yonghui Life mide aproximadamente 100 m². Además, planean establecer un mayor número de tiendas para aumentar la penetración en el mercado.<br><br>• **Horizonte 3: negocios experimentales.** Caishixian y Yonghui Life & Delivery. Aprovechando su ventaja de extensión de negocios *front-end*, Yonghui ha innovado en la creación de nuevos negocios como Caishixian, una empresa B2B. Hasta la fecha, Yonghui ha establecido fábricas de procesamiento central de alimentos frescos de Caishixian en seis provincias de China, para satisfacer las vastas necesidades de *catering* de más de 300 clientes B2B, incluidos algunos de los principales restaurantes y hospitales. En 2018, Caishixian atrajo inversores como Hillhouse Capital y Sequoia Capital, dando un mayor impulso a la transformación de Yonghui en una empresa de cadena de suministro de alimentos. Yonghui Life & Delivery es un negocio innovador en pedidos *online* y sistema de entregas desarrollado por Yonghui Yunchuang. Se diferencia de los *e-tailing* puros o las tiendas físicas, Yonghui Delivery integra el uso de almacenes con sistemas satelitales y las miniaplicaciones o programas de Younghui Life para satisfacer las necesidades de sus clientes, incluyendo entregas en 30 minutos a clientes en un radio de 3 km. |

| Dimensión | Preocupaciones y respuestas de la compañía |
|---|---|
| *Capacidad* ¿Hemos definido y articulado las capacidades críticas para ejecutar nuestra estrategia de crecimiento en toda la empresa y el ecosistema? | Al combinar sus puntos fuertes en la gestión de la cadena de suministro y su nueva capacidad en tecnología y datos, Yonghui necesita mejorar las siguientes capacidades:<br><br>• *Detección externa*: Yonghui siempre se enfoca en servir a clientes externos, con plataformas que sirven tanto a los equipos de clientes *front-end* como clientes internos. Con la tecnología de servicio basada en la ubicación, Yonghui estará mejor equipado para comprender qué clientes potenciales están cerca de la tienda y emitir cupones de descuento para atraer a esas personas a visitar la tienda.<br>• *Obsesión por el cliente*: Yonghui y la mayoría de tiendas de comestibles solían centrarse en el producto, porque no sabían quiénes eran sus clientes. Mediante el uso de puntos de contacto multicanal, como la aplicación Yonghui, tiendas en línea y el programa WeChat Little, Yonghui puede integrar perfiles de usuario completos. Los perfiles integrados son importantes para identificar la oferta de productos correcta en tiendas, administrar los espacios físicos y hacer marketing con mayor eficiencia y precisión.<br>• *Innovación*: Yonghui está constantemente experimentando con nuevos negocios, modelos y técnicas de administración mediante la comparación con competidores a nivel mundial en Estados Unidos, Europa y Japón, aprovechando sus avances tecnológicos. También invierte hasta 60 millones de yuanes anuales para actualizar sus sistemas y prácticas con la ayuda de firmas de consultoría.<br>• *Agilidad*: Yonghui empodera a sus equipos comerciales para que interactúan con el cliente, tomando decisiones que beneficien a la empresa a través de su esquema de empleados como «socios comerciales»: todos los empleados de Bravo Supermarket, Super Species y Yonghui Life se organizan en equipos de seis personas. Como socios comerciales y responsables de sus secciones, comparten el éxito y fracaso de sus equipos; en consecuencia, están facultados para tomar decisiones, como la fijación de precios para optimizar las ganancias de la empresa (por ejemplo, ofrecer grandes descuentos para plátanos antes de que los productos comiencen a descomponerse). |

# CAPÍTULO 13. ADAPTAR LOS PRINCIPIOS Y PRÁCTICAS DE LOS MOE A TU...

| Dimensión | Preocupaciones y respuestas de la compañía |
|---|---|
| *Morfología* ¿Hemos diseñado la forma organizacional correcta o una estructura optimizada para nuestra estrategia de crecimiento? | La morfología de la plataforma y el ecosistema del equipo de Yonghui ha transformado la empresa en múltiples negocios con capacidades multicanal.<br><br>• *Plataforma*: se está construyendo una plataforma intermedia fuerte para aumentar sus aplicaciones tecnológicas (por ejemplo, gestión de membresía, reconocimiento facial, carrito de compras, pago automatizado…) con inteligencia artificial mejorada y computación en la nube, proveniente de su asociación con Tencent. Esta plataforma intermedia proporcionará una integración que apoye a todos los negocios que interactúen con el cliente con datos compartidos. Otra plataforma importante es la capacidad de compra y la cadena de valor. Mientras que cada negocio, como Bravo Supermarket, Super Species y Yonghui Life, tiene su propia capacidad S2B2C (proveedores-empresas-consumidores) para servir a sus tiendas, también hay compras y cadenas de valor y servicios comunes a todas las empresas.<br>• *Equipos*: los equipos orientados al cliente (seis personas) se comportan como si fueran dueños de sus propias tiendas. Los equipos son responsables de informes financieros mensuales y de las ganancias preestablecidas compartidas con la empresa. Disfrutan de los derechos de decisión en las operaciones diarias (precios, combinación de productos, exposición de productos…). Las ganancias se comparten mensualmente de manera transparente y en línea.<br>• *Ecosistema*: Yonghui formó asociaciones con las empresas de logística Dairy International, JD.com y Tencent para mejorar sus capacidades tanto en el *back-end* (compras y cadena de valor) como en el *front-end* (marketing y generación de tráfico de usuarios). |
| *Gobernanza* ¿Hemos diseñado y entregado los seis mecanismos de gobernanza que aseguran el funcionamiento efectivo y la integración de equipos, plataformas y aliados? | El ecosistema del equipo de plataforma está potenciado por los siguientes seis mecanismos de gobernanza en Yonghui:<br><br>• *Cultura*: Yonghui promueve una cultura de «ayudar a otros a tener éxito para que poder tener éxito». Los valores centrales son ser una empresa «tolerante, abierta, motivada a compartir y seguidora del principio de beneficio mutuo». Como resultado, los equipos de la plataforma pueden servir a los equipos de negocio como si fueran clientes internos. La cultura de la transparencia también alienta al mejor equipo a compartir sus mejores prácticas con otros equipos.<br><br>La transparencia financiera crea confianza entre los equipos de negocios y en la empresa en tanto que los equipos comparten ganancias de manera transparente y oportuna. |

| Dimensión | Preocupaciones y respuestas de la compañía |

- *Responsabilidad por los resultados*: todos los equipos de negocios (seis personas) son evaluados en un informe financiero simulado (mensual para la gente de la tienda; bianual o anual para personas en plataformas regionales o plataformas de *back-end*). Los equipos se clasifican entonces junto a otros equipos similares, de acuerdo con su desempeño y divididos en cuatro categorías (excelente, adecuado, promedio y rezagado). Los equipos rezagados (el percentil entre un 10 y un 20 %) necesitan ser disueltos y reemplazados con miembros de los equipos excelentes. Los miembros de los equipos rezagados no serán despedidos, sino que serán transferidos a nuevos equipos con mejores líderes.
- *Idea*: cuando Yonghui experimenta con un nuevo modelo de negocio, como Yonghui Chef o Super Species, siempre usa dos equipos independientes para probar los nuevos modelos de negocio y de producto. Después de un período de experimentación, el líder decidirá qué modelo y equipo tiene mejores resultados e incorporará los resultados útiles de otros equipos al equipo ganador.
- *Talento*: Yonghui adopta un perfil de talento en forma de T. El talento necesita tener experiencia más profunda en un área (la barra vertical), pero moverse constantemente a diferentes trabajos y empresas. Este perfil amplía la exposición y el aprendizaje de la plantilla. El movimiento fluido del talento está relacionado con la constante experimentación e innovación de Yonghui, así como con la filosofía de carreras de caballos de la compañía.
- *Intercambio de información*: Yonghui es extremadamente transparente al compartir datos financieros de cada equipo, sus objetivos de trabajo y las mejores prácticas de equipos excelentes. Este tipo de intercambio de información fomenta la confianza y el aprendizaje constante en todos los niveles. La firma también comparte datos y herramientas a través de empresas desde la plataforma tecnológica.
- *Colaboración*: Yonghui adopta un mecanismo de mercado interno para evaluar el valor que agregan los equipos de negocios y los equipos de plataforma. Según sea este valor, los equipos disfrutan de un esquema preestablecido de participación en los beneficios de ingresos generados por los equipos de negocios, los equipos de plataforma y, finalmente, la empresa. Yonghui adopta un esquema de participación en las ganancias al 50 % con sus empleados

| Dimensión | Preocupaciones y respuestas de la compañía |
|---|---|
| | en el negocio principal cuando la empresa es rentable. Los empleados en equipos de negocio (la sección de pescado en el Bravo Supermarket), las plataformas de servicios regionales (el equipo de adquisiciones y cadena de valor de la categoría de pescado) y las plataformas de back-end (IT, RR. HH. y equipos de marketing) comparten el 50 % del beneficio, mientras que la compañía recibe el 50 % restante. Esta distribución fomenta el clima de colaboración y opera bajo el principio de beneficio mutuo porque las personas en equipos, plataformas o en otras partes de la compañía comparten la misma participación en el éxito y el fracaso de los equipos de cara al cliente. |
| *Liderazgo* ¿Tenemos líderes individuales en la cima y un liderazgo compartido a lo largo de la organización para garantizar el éxito? | Fundada por dos hermanos, Zhang Xuanning y Zhang Xuansong en 2000, Yonghui sigue reinventando tanto su modelo de negocio como su modelo organizacional. Los principales líderes mantienen roles importantes en tres áreas:<br>• *Innovar el nuevo modelo de negocio*: Yonghui está buscando constantemente nuevos modelos de negocio para servir mejor a los clientes en el mercado de productos frescos.<br>• *Dar forma a la cultura de la compañía*: tolerante, abierta, con motivación para compartir y para operar bajo el principio *win-win* o de beneficio mutuo. Esta actitud abierta proporciona la base de la innovación constante.<br>• *Gestión del talento a través de una cultura de asociación*: los líderes de Yonghui creen en el potencial de las personas. Al ser tratados como verdaderos socios comerciales, los empleados pueden pensar y actuar como dueños de negocios con un fuerte empuje emprendedor. |

# 3. CONCLUSIÓN

Distribución a farmacias, comercio minorista, alimentos... Los principios y prácticas que impulsan el éxito del ecosistema orientado al mercado están apareciendo en todas partes. ¿Será tu industria u organización la siguiente?

Nuestro objetivo con este libro ha sido proporcionar a los líderes una guía completa para asumir el desafío de reinventar una organización a través del análisis de ocho ecosistemas orientados al mercado, que sirven de modelo para el por qué y el cómo. Se trata de ofrecer un mayor valor en los mercados en cambio constante y en el tipo de organización que es capaz de hacerlo.

Hemos tratado de dar sentido a cómo se ve esta organización emergente, adoptando una visión holística e integrada y luego dividiéndola en seis partes, con evaluaciones, diagnósticos y otras herramientas para ayudarla en su camino. Como dijimos al principio, llevar a una empresa en una nueva dirección es una agenda desalentadora para cualquier líder en cualquier tipo de empresa, ya sea antigua o nueva. Los ejecutivos de las llamadas «empresas heredadas» tienen que luchar contra los supuestos de largo plazo para construir algo nuevo, mientras que los líderes de las empresas más nuevas deben asegurarse de que incluso sus organizaciones jóvenes sigan siendo relevantes. Pero puede hacerse. Todos los días, trabajamos con ejecutivos que se esfuerzan para reinventar sus organizaciones: empiezan pequeño, construyen, mantienen una visión holística (como se expone en nuestro marco de seis partes) y se centran en las partes individuales que pueden mejorar hoy. Un cambio concreto conlleva otros muchos en diferentes lugares. Todas las partes son interdependientes.

Afortunadamente, también está a tu alcance. Esperamos que este libro te inspire a romper con el pensamiento convencional sobre lo que es y puede hacer una organización, ya sea una *start-up* o una empresa tradicional. Igual que las ochenta personas que, al principio de este libro, actuaron colectivamente para salvar a la familia y superar una corriente mortal, tanto tú como líder como tu organización contáis con una herramienta poderosa para vencer a cualquier corriente del entorno.

# NOTAS

**Capítulo 1**

1. Edición interna, «80 Strangers for Human Chain to Rescue Family from Ocean Riptide», vídeo, YouTube, 11 de julio de 2017, www.youtube.com/watch?v=jYCWT3CU0RE.
2. Información de Supercell tomada de Janne Snellman, CEO y COO de Supercell, y Jim Yan, director general de Supercell en China, entrevistados por el equipo de investigación de Tencent sobre ecosistemas orientados al mercado. Las entrevistas fueron llevadas a cabo por Arthur Yeung (autor) y otros miembros del equipo. Janne Snellman fue entrevistado el 10 de enero de 2017 y Jim Yan el 13 de abril de 2017; las dos entrevistas fueron en persona en Shanghái, China. Encabezados por Arthur, el equipo estaba compuesto por cinco directores de RR. HH. y consultores (Devon Shu, Emily Chen, Janet Huang, Sharon Li y WingWing Wang) de diferentes departamentos de Tencent. La investigación se realizó desde enero a junio de 2017 en persona en China y desde Estados Unidos por teléfono.
3. El último enfoque organizacional de McKinsey se conoce como «salud organizacional». Ver Keller, S. y Price, C. (2011), «Organizational Health: The Ultimate Competitive Advantage», *McKinsey Quarterly*, junio de 2011, www.mckinsey.it/idee/organizational-health-the-ultimate-competitive-advantage.
4. Ulrich, D. y Lake, D. (1990), *Organization Capability: Competing from the Inside Out*, Nueva York: Wiley.

**Capítulo 2**

1. Amazon, «Introducing Amazon Go and the World's Most Advanced Shopping Technology», YouTube, 5 de diciembre de 2016, www.youtube.com/watch?v=NrmMk1Myrxc.
2. Ulrich, D. et al. (2012), *HR from the Outside In: Six Competencies for the Future of Human Resources*, Nueva York: McGraw-Hill.
3. Cada pocos meses, al actualizar esta tabla, la organización cambia. El patrón de las compañías nuevas hacia las nuevas tablas permanece,

pero la posición relativa y los detalles cambian rápidamente. En una semana, una organización puede perder o ganar el 15 % de su valor de mercado, lo que demuestra la rapidez del cambio.

4   Hewitt, A. (2017), «2017 Trends in Global Employee Engagement Report», https://www.aon.com/engagement17/index.aspx.

5   Ver, por ejemplo, Primack, B. et al. (2017), «Use of Multiple Social Media Platforms and Symptoms of Depression and Anxiety: A Nationally-Representative Study Among US Young Adults», *Computers in Human Behavior*, 69 (abril de 2017): 1-9; Shakya, H. B. y Christakis, N. A. (2017), «Association of Facebook Use with Compromised Well-Being: A Longitudinal Study», *American Journal of Epidemiology*, 185 (febrero de 2017): 203-211.

6   Rico-Uribe, L. A. et al. (2018), «Association of Loneliness with All-Cause Mortality: A Meta-analysis», *PLoS ONE 13*, 1 (e0190033), https://doi.org/10.1371/journal.pone.0190033; y Holt-Lunstad, J., Smith, T. B. y Layton, J. B. (2010), «Social Relationships and Mortality Risk: A Meta-analytic Review», *PLoS Med 7*, 7 (e1000316), https://doi.org/10.1371/journal.pmed.1000316.

7   Murthy, V. (2017), «Work and the Loneliness Epidemic», *Harvard Business Review*, 28 de septiembre de 2017, https://hbr.org/cover-story/2017/09/work-and-the-loneliness-epidermic.

8   Daley, J. (2018), «The U.K. Now Has a 'Minister for Loneliness': Here's Why It Matters», *SmartNews*, Smithsonian.com, 19 de enero de 2018, www.smithsonianmag.com/smart-news/minister-loneliness-appointed-united-kingdom-180967883.

9   Ulrich, D. y Ulrich, W. (2011), *The Why of Work: How to Create an Abundant Organization*, Nueva York: McGraw Hill; Ulrich, D. (2017), «Got Meaning?», *LinkedIn Pulse*, 28 de noviembre de 2017, www.linkedin.com/pulse/finding-meaning-mundane-dave-ulrich; Ulrich, D. (2018), «Belonging: An Emerging (Next) Leadership and HR Agenda», *LinkedIn Pulse*, 30 de enero de 2018, www.linkedin.com/pulse/belonging-emerging-next-leadership-hr-agenda-dave-ulrich.

10  Estas observaciones de varios líderes de negocios de WeChat, entrevistados por Arthur Yeung y el equipo de investigación de Tencent a 1 de junio de 2017, en la oficina de WeChat en Cantón, China.

**Capítulo 3**

1   La información de Alibaba proviene de una entrevista con los directivos sénior de Alibaba y otros expertos en el sector, llevada a cabo por Arthur Yeung y el equipo de investigación de Tencent desde el 14 al 20 de marzo de 2017, en persona en China y por teléfono desde Estados Unidos. Ver también «Company Overview», Grupo Alibaba, consultado el 15 de marzo de 2019, www.alibabagroup.com/en/about/overview.

2   Declaraciones de misión de Amazon, Google, Facebook y Huawei

**NOTAS**

provenientes de la página web oficial de cada compañía.

3 BEZOS, J. (2011), «Jeff Bezos Owns the Web in More Ways Than You Think», entrevista por Steven Levy, *Wired*, 13 de noviembre de 2011, www.wired.com/2011/11/ff_bezos.

4 NADELLA, S. (2017), *Hit Refresh: The Quest to Rediscover Microsoft's Soul and Imagine a Better Future for Everyone*, Nueva York: Harper Business.

5 STONE, B. (2014) *La tienda de los sueños: Jeff Bezos y la era de Amazon*, Anaya.

6 Esta información proviene de entrevistas con empleados y exempleados de Amazon, llevada a cabo por Arthur Yeung y el equipo de investigación de Tencent desde el 1 al 22 de marzo de 2017, en persona en China y por teléfono desde Estados Unidos; STONE, B. (2014) *La tienda de los sueños: Jeff Bezos y la era de Amazon*, Anaya.

7 Entrevista de Arthur Yeung y el equipo de investigación de Tencent con el exdirector general de Amazon el 15 de marzo de 2017, en persona, en San Francisco, California.

8 VIPKid (2018), «VIPKid Journey Dallas—The Presidential Election», YouTube, 17 de Agosto de 2018, https://www.youtube.com/watch?v= 99xnJtRgJi4.

9 Para la lista de adquisiciones de Amazon, referirse al siguiente vínculo: https://en.wikipedia.org/wiki/List_of_mergers_and_acquisitions_by_Amazon#Acquisitions.

10 STONE, B. (2014) *La tienda de los sueños: Jeff Bezos y la era de Amazon*, Anaya.

**Capítulo 4**

1 MACINTYRE, B. (2016), *Rogue Heroes: The History of the SAS, Britain's Secret Special Forces That Sabotaged the Nazis and Changed the Nature of War*, Nueva York: Broadway Books, xiii.

2 El proceso de seis meses para capacitar a los miembros del SAS es considerado como el más arduo del mundo. Los reclutas deben llevar a cabo una carrera de un mes por las montañas galesas con cargas de casi 25 kilos. El reto culmina con una dura marcha de 65 kilómetros. Luego, van a la selva durante semanas, sufriendo de deshidratación, para seguir con otro curso d escape y evasión. Terminan con una prueba de resistencia a la interrogación. Casi el 90 % de los candidatos se retira antes de completar el curso, teniendo en cuenta que, ya desde el principio, los candidatos son seleccionados por su resistencia y fuerza física y emocional. En palabras del instructor del SAS Peter Wright, «estos hombres no entienden el sentido de la palabra 'derrota'. Son más resistentes que una persona normal. Cuando se enfrentan a la dificultad, simplemente siguen adelante». Cada miembro del equipo tiene una habilidad especial: experiencia médica, de francotirador, explosivos o comunicaciones. Muchos de ellos se capacitan en idiomas. Por supuesto deben ser inteligentes y deben tener confianza en sí mismos sin que, por otro lado, se note demasiado.

3 La versión cinematográfica de este rescate puede no ser fiel al 100 %

4. en comparación con los hechos reales. Ver CALLAHAN, M. (2013), «Crew Members: *Captain Phillips* Is One Big Lie», *New York Post*, 13 de octubre de 2013, https://nypost.com/2013/10/13/crew-members-deny-captain-phillips-heroism.

4. Comunicados de prensa, informes anuales, declaraciones y cartas de partes interesadas de Tencent consultados a 15 de marzo de 2019, www.tencent.com/en-us/company.html; STONE, B. Y YILUN CHEN, L. (2017), «Tencent Dominates in China; Next Challenge Is Rest of the World», *BusinessWeek*, 28 de junio de 2017, www.bloomberg.com/news/features/2017-06-28/tencent-rules-china-the-problem-is-the-rest-of-the-world.

5. JIANFENG, Z. (director tecnológico de Alibaba) (2016), conferencia en Alibaba Technology Forum 2016, Hangzhou, «Computing: The Unlimited Imagination», https://yunqi.youku.com/2016/hangzhou/download?spm= 5176.8098788.567836.1.

6. Para confianza del inversor, ver ULRICH, D. (2015), *The Leadership Capital Index: Realizing the Market Value of Leadership*, Oakland: Berrett-Koehler Publishers, para las capacidades valoradas por los inversores y que muestran un aumento del valor de mercado. Para el compromiso del cliente y la mejora financiera del cliente, ver ULRICH, D. Y SMALLWOOD, N. (2007), *Leadership Brand*, Boston: Harvard Business Review Press. Para el compromiso del empleado y un alta productividad, ver ULRICH, D. Y ULRICH, D. (2011), *The Why of Work: How to Create an Abundant Organization*. Nueva York: McGraw Hill.

7. YEUNG, A. Y LI, S. (2016, 2017 y 2018), libros blancos sobre la National Organizational Capability Survey.

8. Para capacidades relacionadas con la era industrial, ver YEUNG, A. (2010), *Organizational Capability: Secrets of Sustainable Success*, Pekín: China Machine Press; YEUNG, A. (2012), *Breaktrough in Organizational Capability*, Pekín: China Machine Press. Para las capacidades requeridas en la actualidad, ver YEUNG, A. Y LI, S. (2016), *DNA of Transformation*, Pekín: CITIC Publishing Group; YEUNG, A., BO, L. Y RUI, R. (2017) *Transformation in Action*, Pekín: CITIC Publishing Group.

9. BROCKBANK, W., ULRICH, D., KRYSCYNSKI, D. G. Y ULRICH, M. (2018), «The Future of HR and Information Capability», *Strategic HR Review 17*, 1: 3-10, https://doi.org/10.1108/SHR-11-2017-0080.

10. GLADWELL, M. (2017), *Lo que vio el perro y otras aventuras*, DeBolsillo.

11. Entrevistas con exempleados de Google y Facebook por Arthur Yeung y el equipo de investigación de Tencent del 14 al 15 de marzo de 2017 en Mountain View, California, por teléfono.

12. Ver página web de Mobike: https://mobike.com/global.

13. MANAVALAN, J. K. A. (2017), «Amazon's 'Eat Your Own Dog Food' Approach to Building Platforms», *LinkedIn Pulse*, 19 de junio de

2017, www.linkedin.com/pulse/amazons-eat-your-own-dog-food-approach-building-manavalan.

14 YONG, Z. (2017), CEO del Grupo Alibaba, carta abierta a todos los empleados, http://www.ebrun.com/20170104/209250.shtml.

15 En entrevistas con empleados de Amazon por cuenta de Arthur Yeung y el equipo de investigación de Tencent del 1 al 22 de marzo, en persona en China y por teléfono desde Estados Unidos.

16 Janne Snellman, CEO y COO de Supercell, entrevista por cuenta de Arthur Yeung y el equipo de investigación de Tencent el 10 de enero de 2017, en persona en Shanghái, China.

17 Entrevista con líderes de negocios de Wechat por cuenta de Arthur Yeung y el equipo de investigación de Tencent el 1 de junio de 2017 en persona en las oficinas de WeChat en Cantón, China.

**Capítulo 5**

1 ULRICH, D. Y ALLEN, J. (2016), «Private Equity's New Phase», hbr.org, 9 de agosto de 2016, https://hbr.org/2016/08/private-equitys-new-phase.

2 Cheng Wei, CEO de DiDi, y otros directivos de DiDi entrevistados por cuenta de Arthur Yeung y el equipo de investigación de Tencent el 2 de marzo de 2017, en persona en las oficinas de DiDi en Pekín, China; LAI, C. (2017), directivo sénior de DiDi y jefe de la plataforma, discurso en el World Tech Summit 2017, https://t.cj.sina.com.cn/articles/view/1708729084/65d922fc034002olg.

3 Entrevista con varios líderes de negocios de WeChat por cuenta de Arthur Yeung y el equipo de investigación de Tencent el 1 de junio de 2017 en persona en las oficinas de WeChat en Cantón, China.

4 Jim Yang, director general de Supercell, entrevista por cuenta de Arthur Yeung y el equipo de investigación de Tencent el 13 de abril de 2017, en persona en Shanghái, China; los líderes de negocios de Tencent, entrevistados por Arthur Yeung y el equipo de investigación de Tencent el 5 de mayo de 2017, en persona en Tencent Shenzhen Building, China.

5 Informe Anual de Huawei (2017), https://www-file.huawei.com/-/media/corporate/pdf/reporte anual/ 2017_cn.pdf ?la= en.

6 BEZOS, J. (2017), «To Our Shareholders», carta anual de Amazon a sus accionistas, 2011 y 2012, en «All of Jeff Bezos' Amazon Letters to Shareholders Together in One PDF», en *Words of Ward, Your Guide to Financial Freedom*, 20 de abril de 2017, http://dameats.com/wordsofward/2017/04/20/all-amazon-letters-to-shareholders-combined.

7 Entrevistas con los directivos sénior de Alibaba y otros expertos del sector por cuenta de Arthur Yeung y el equipo de investigación de Tencent, del 14 al 20 de marzo en persona en Palo Alto, California, y por teléfono; ZHONGHUA (2018), *The Way IT Architecture Transformation: Alibaba Mid-Platform Strategy and*

8 *Practices*, Pekín: China Machine Press.
8 «DiDi of the Past: Tencent Has Support for up to 1000 Servers to Beat KuaiDi+Ali», Guohao, *Shanghai Securities News*, 1 de diciembre de 2017, http://tech.163.com/16/0809/07/BU0T3R0L00097U7R.html; «How DiDi Beat 30 Competitors in Four Years», 6 de Agosto de 2016, *Enterpreneur Magazine*, http://www.ebrun.com/20160806/185998.shtml.
9 Entrevista a líderes de negocios de Cheng Wei y DiDi, 2 de marzo de 2017: página de contratación de DiDi (en chino), consultada el 15 de marzo de 2019, http://talent.didiglobal.com.
10 Conferencia de Ren Zhengfei (fundador de Huawei) a líderes regionales en Huawei Q4, 6 de noviembre de 2014, https://tech.sina.com.cn/t/2014-12-25.
11 Entrevistas con empleados de Amazon por cuenta de Arthur Yeung y el equipo de investigación de Tencent del 1 al 22 de marzo de 2017 en persona y desde Estados Unidos por teléfono; Vander Mey, C. (2012), *Practical Lessons on Building and Launching Outstanding Software, Learned on the Job at Google and Amazon*, Pekín: O'Reilly Media (disponible en chino).
12 Janne Snellman, director de operaciones de Supercell, entrevista por cuenta of Arthur Yeung y el equipo de investigación de Tencent el 10 de enero de 2017 en persona en Shanghái, China.
13 Tencent Holdings Limited, «Disclosable Transaction Relating to (1) Subscription for Shares in JD.com, Inc. y (2) Disposal of Assets and Equity Interests in E-Commerce Business», anuncio empresarial, 10 de marzo de 2014, http://www3.hkexnews.hk/listedco/listconews/sehk/2014/0310/ltn20140310033.pdf.
14 Bezos, J. (2013), «To Our Shareholders», carta anual de Amazon a sus accionistas, en *Words of Ward, Your Guide to Financial Freedom*; y Stone, B. (2014) *La tienda de los sueños: Jeff Bezos y la era de Amazon*, Anaya.
15 Paananen, I. (2017), discurso en RovioCon, Helsinki, Finlandia; entrevistas a Janne Snellman, 10 de enero de 2017.
16 Entrevista con empleados y exempleados de Facebook por cuenta de Arthur Yeung y el equipo de investigación de Tencent del 14 al 15 de marzo de 2017 en persona en Mountain View, California, y por teléfono.
17 Ibid. Blue Lion Enterprise Research Institute (China), «Case Study: A New Understanding of Facebook Open Platform», 1 de enero de 2016, http://caiwei.yuedu.163.com/source/a5d2f41880d34d42966d24e-5dad554b7_4.
18 Entrevistas con los directivos sénior de Alibaba y otros expertos del sector por cuenta de Arthur Yeung y el equipo de investigación de Tencent, del 14 al 20 de marzo en persona en Palo Alto, California, y por teléfono; Zhonghua, *The Way to IT Architecture Transformation*.

**Capítulo 6**

1 Coffman, C. y Sorenson, K. (2013), *Culture Eats Strategy for*

*Lunch*, Liang Addison Press; HANDY, C. H. (1976), *Understanding Organizations*, Nueva York: Oxford University Press; SCHEIN, E. (1992), *Organizational Culture and Leadership: A Dynamic View*, San Francisco: Jossey-Bass.

2   El papel de la cultura como mecanismo de gobernanza es la base del Premio Nobel WILLIAMSON, O. (1998), *The Economic Institutions of Capitalism*, Nueva York: Free Press; WINTER, S. (1993), *The Nature of the Firm: Origins, Evolution, and Development*, Nueva York: Oxford University Press; (1988) *Markets and Hierarchies: Analysis and Antitrust Implications*, Nueva York: Free Press. También, ver OUCHI, W. (1980), «Markets, Hierarchies, and Clans», *Administrative Science Quarterly 25*: 129-141.

3   CARLSON, N. (2009), «Google CEO Eric Schmidt: 'We Don't Really Have a Five Year Plan'», entrevista de Eric Schmidt por cuenta de Seven Perstein, *Tech Insider*, 21 de mayo de 2009, https://www.businessinsider.com.au/google-ceo-eric-schmidt-we-dont-really-have-a-five-year-plan-clip-2009-5.

4   Chartered Institute of Internal Auditors (2014), «Culture and the Role of Internal Audit: Looking below the Surface», 2014, www.iia.org.uk/policy/culture-and-the-role-of-internal-audit.

5   NADELLA, S. (2014), «Starting to Evolve Our Organization and Culture», carta abierta a empleados de Microsoft, 17 de julio de 2014, Microsoft News Center, https://news.microsoft.com/2014/07/17/starting-to-evolve-our-organization-and-culture.

6   Exvicepresidente de Amazon AWS, entrevista con Arthur Yeung y el equipo de investigación de Tencent el 17 de marzo de 2017 en persona en Seattle, Washington.

7   APV, «Alibaba IPO Roadshow Presentation Video», vídeo, YouTube, 5 de marzo de 2015, www.youtube.com/watch?v=aK0tqH9ljj8.

8   Jeff Bezos, citado en FARHI, P. (2013), «Jeff Bezos, Washington Post's Next Owner, Aims for a New 'Golden Era' at the Newspaper», *Washington Post*, 2 de septiembre de 2013. Esta es la primera entrevista desde la compra por 250 millones de dólares del *Washington Post* en agosto de 2013.

9   «Huawei Ren Zhengfei Had Refused to See Morgan Stanley Investment Team: He's Not a Customer», Dusekeji, 11 de junio de 2016, http://www.sohu.com/a/82435452_358836.

10  Jim Yang, director general de Supercell, entrevista por cuenta de Arthur Yeung y el equipo de investigación de Tencent el 13 de abril de 2017, en persona en Shanghái, China.

11  Cheng Wei, CEO de DiDi, y otros directivos de DiDi entrevistados por cuenta de Arthur Yeung y el equipo de investigación de Tencent el 2 de marzo de 2017, en persona en las oficinas de DiDi en Pekín, China

12  Entrevistas con exempleados de Google por Arthur Yeung y el equipo de investigación de Tencent del 14 al 15 de marzo de 2017 en

Mountain View, California, por teléfono.
13  AMAZON, «Our Pioneers», página web de Amazon Jobs, consultada el 14 de marzo de 2019, https://amazon.jobs/en/pioneers.
14  Entrevistas con el exdirector general de productos de *hardware* de Amazon por cuenta de Arthur Yeung y el equipo de investigación de Tencent el 15 de marzo de 2017 en persona en San Francisco, California. STONE, B. (2014) *La tienda de los sueños: Jeff Bezos y la era de Amazon*, Anaya; VANDER MEY, C. (2012), *Practical Lessons on Building and Launching Outstanding Software, Learned on the Job at Google and Amazon*, Pekín: O'Reilly Media.
15  Exvicepresidente de Amazon AWS, entrevistado el 17 de marzo de 2017.
16  BEZOS, J. (2017), «To Our Shareholders», carta anual de Amazon a sus accionistas, 2017, en «All of Jeff Bezos' Amazon Letters to Shareholders Together in One PDF», en *Words of Ward, Your Guide to Financial Freedom*, 20 de abril de 2017, http://dameats.com/wordsofward/2017/04/20/all-amazon-letters-to-shareholders-combined.
17  Jeff Bezos, citado en BURROWS, P. (2008), «Bezos on Innovation», *Bloomberg Business Week*, 17 de abril de 2008, www.bloomberg.com/news/articles/2008-04-16/bezos-on-innovation.
18  Janne Snellman, jefe de operaciones de Supercell, entrevista por cuenta de Arthur Yeung y el equipo de investigación de Tencent el 10 de enero de 2017 en persona en Shanghái, China.
19  Carta del fundador de Google: https://abc.xyz/investor/founders-letters/2004-ipo-letter/.
20  Rain Yu Long, director de Recursos Humanos y consejero general de JD.com, entrevistado por Arthur Yeung el 15 de septiembre de 2017 en persona en la sede de Pekín de JD.com.

**Capítulo 7**

1  ARMSTRONG, M. (2018), «The Most Common New Year's Resolutions for 2018», *Statista*, 2 de enero de 2018, www.statista.com/chart/12386/the-most-common-new-years-resolutions-for-2018.
2  HUSSAIN, Z. (2015), «How Lee Kuan Yew Engineered Singapore's Economic Miracle», *BBC News*, 24 de marzo de 2015, www.bbc.com/news/business-32028693.
3  KUAN YEW, L. (2012), *From Third World to First: The Singapore Story*. Nueva York: Harper.
4  DARLING, J. (2013), «Reframing Performance Reviews for Greater Impact: An Interview with Accretive Health Chief People Officer, Caroline Stockdale», 1 de junio de 2013, www.thefreelibrary.com/Reframing+rendimiento+revisiones+para+-mas+impacto3a+una+entrevista+con...-a0343363073.
5  MERCER, «2013 Global Performance Management Survey Report: Global Results».
6  DWECK, C. (2007), *Mindset: The New Psychology of Success*, Nueva York: Ballantine Books.

7. Ver NIVEN, P. R. y LAMORTE, B. (2016), *Objectives and Key Results: Driving Focus, Alignment and Engagement with OKRs*, Nueva York: Wiley; SCHMIDT, E. y ROSENBERG, J. (2014), *How Google Works*, Nueva York: Grand Central Publishing.
8. Ver SCHULZ, T. (2015), *Was Google Wirklich Will [What Google really wants]*, Múnich: Verlagsgruppe Random House GmbH; MUOIO, D. (2016), «Google and Alphabet's 20 Most Ambitious Moonshot Projects», *Business Insider*, 13 de febrero de 2016, www.businessinsider.com/20moonshot-projects-by-google-turned-alphabet-2016-2.
9. Entrevista con empleados y exempleados de Google, por cuenta de Arthur Yeung y el equipo de investigación de Tencent del 14 al 15 de marzo de 2017 en persona en Mountain View, California, y por teléfono.
10. GRUPO ALIBABA, «Culture and Values», consultado el 15 de marzo de 2019, www.alibabagroup.com/en/about/culture.
11. WEIWEI, H. (2016), *Dedication: The Foundation of Huawei's HR Management*, Londres: LID Publishing.
12. AMAZON, «Leadership Principles», web de Amazon Jobs, consultado el 15 de marzo de 2019, www.amazon.jobs/en/principles.
13. Entrevista con empleados y exempleados de Facebook por cuenta de Arthur Yeung y el equipo de investigación de Tencent del 14 al 15 de marzo de 2017 en persona en Mountain View, California, y por teléfono.
14. Ibid.
15. Tenemos una deuda con Charlie Tharp por estas inestimables ideas y sistemas de recompensas, como las herramientas primarias de comunicación que señalan lo más importante.
16. DIPIRRO, D. (2019), «Make the 3-to-1 ratio of Positivity Work for You», *Positively Present* (blog), consultado el 15 de marzo de 2019, www.positivelypresent.com/2010/01/what-is-positivity-.html.
17. Entrevistas con líderes de negocios por cuenta del equipo de investigación de Tencent.

**Capítulo 8**

1. Todos los ejemplos de este párrafo vienen de SYED, M. (2015), «Viewpoint: How Creativity Is Helped by Failure», *BBC News Magazine*, 14 de noviembre de 2015, www.bbc.co.uk/news/magazine-34775411.
2. Ibid.
3. Entrevistas con el exdirector general de productos de *hardware* de Amazon por cuenta de Arthur Yeung y el equipo de investigación de Tencent el 15 de marzo de 2017 en persona en San Francisco, California.
4. HILL, L. A. ET AL. (2015), «The Capabilities Your Organization Needs to Sustain Innovation», *Harvard Business Review*, 14 de enero de 2015.
5. SATELL, G. (2016), «Want to Do Corporate Innovation Right? Go Inside Google Brain», *Harvard Business Review*, 1 de junio de 2016.
6. Ibid.
7. Steve Jobs, citado en ISAACSON, W. (2011), *Steve Jobs*, Nueva York: Simon & Schuster, 552.

8 Schrage, M. (2013), «Just How Valuable Is Google's '20% Time'?», *Harvard Business Review*, 20 de agosto de 2013.

**Capítulo 9**

1 Thomas Jefferson Foundation, Inc. (2003), «Origins of the Expedition», Monticello: Home of Thomas Jefferson, febrero de 2003, www.monticello.org/site/jefferson/origins-expedition; y Thomas Jefferson Foundation, Inc. (2003), «Preparing for the Expedition», Monticello: Home of Thomas Jefferson, febrero de 2003, www.monticello.org/site/jefferson/preparing-expedition.

2 Tencent, «Culture», consultada el 14 de marzo de 2019, https://www.tencent.com/en-us/culture.html; Yiyi, S. (2014), «QQ Mail App, Seven-Star Quality Aggregation», *Sohu.com*, 12 de julio de 2014, http://www.sohu.com/a/20839670_116068; Mingfei, H. (2012), «QQ Mailbox: How Close to Customer», *Global Entrepreneur Magazine*, 8 de junio de 2012, http://tech.qq.com/a/20120618/000154.htm.

3 Entrevistas con el exdirector general de productos de *hardware* de Amazon por cuenta de Arthur Yeung y el equipo de investigación de Tencent el 15 de marzo de 2017 en persona en San Francisco, California.

4 Reeves, M., Zeng, H. y Venjara, A. (2015), «The Self-Tuning Enterprise», *Harvard Business Review*, junio de 2015, https://hbr.org/2015/06/the-self-tuning-enterprise.

5 Entrevista con empleados y exempleados de Facebook por cuenta de Arthur Yeung y el equipo de investigación de Tencent del 14 al 15 de marzo de 2017 en persona en Mountain View, California, y por teléfono.

6 Janne Snellman, CEO y COO de Supercell, entrevista por cuenta de Arthur Yeung y el equipo de investigación de Tencent el 10 de enero de 2017, en persona en Shanghái, China.

**Capítulo 10**

1 Entrevista con empleados y exempleados de Google por cuenta de Arthur Yeung y el equipo de investigación de Tencent del 14 al 15 de marzo de 2017 en persona en Mountain View, California, y por teléfono. Schmidt, E. y Rosenberg, J. (2014), *How Google Works*, Nueva York: Grand Central Publishing.

2 Entrevista con empleados y exempleados de Facebook por cuenta de Arthur Yeung y el equipo de investigación de Tencent del 14 al 15 de marzo de 2017 en persona en Mountain View, California, y por teléfono. Blue Lion Enterprise Research Institute (China), «Case Study: A New Understanding of Facebook Open Platform», 1 de enero de 2016, http://caiwei.yuedu.163.com/source/a5d2f41880d34d42966d24e5dad554b7_4.

3 Bezos, J. (2017), «To Our Shareholders», carta anual de Amazon a sus accionistas, 2011, en «All of Jeff Bezos' Amazon Letters to Shareholders Together in One PDF», en *Words of Ward, Your Guide to Financial Freedom*, 20 de abril de 2017, http://dameats.com/wordsofward/2017/04/20/all-

## NOTAS

amazon-letters-to-shareholders-combined.
4 ALIBABA, https://www.alibabagroup.com/en/news/press_pdf/p180809.pdf; «Alibaba 88VIP: Innovation for Super Membership», *LieYun.com*, 1 de enero de 2019, http://www.sohu.com/a/289628480_118792.
5 Entrevistas con los directivos sénior de Alibaba y otros expertos del sector por cuenta de Arthur Yeung y el equipo de investigación de Tencent, del 14 al 20 de marzo en persona en Palo Alto, California, y por teléfono. Hou Yi, CEO de Hema, entrevista por cuenta de Liang Xiao, *China Entrepreneours Magazine*, 11 de enero de 2018, http://finance.sina.com.cn/chanjing/gsnews/2018-01-11/doc-ifyqqieu5621980.shtml; ZHONGHUA, *The Way to IT Architecture Transformation: Alibaba Mid-End Strategy and Practice*; LIN, N. «Why Do Players Quit the Game So Quickly? 10 Suggestions to Reduce Player Churn» (en chino), *Beluga Whale*, 5 de marzo de 2015, www.baijingapp.com/article/16936.
6 Entrevistas con los directivos sénior de Alibaba y otros expertos del sector por cuenta de Arthur Yeung y el equipo de investigación de Tencent, del 14 al 20 de marzo en persona en Palo Alto, California, y por teléfono; Hou Yi, CEO de Hema, entrevista por cuenta de Liang Xiao, 11 de enero de 2018; LIN, N. (2015), «Why Players Quit the Game So Quickly? 10 Suggestions to Reduce Player Churn» (en chino), *Beluga Whale*, 5 de marzo de 2015, www.baijingapp.com/article/16936.
7 Janne Snellman, CEO y COO de Supercell, entrevista por cuenta de Arthur Yeung y el equipo de investigación de Tencent el 10 de enero de 2017, en persona en Shanghái, China.
8 Caso de estudio y resumen del equipo de investigación de Tencent (liderado por Arthur Yeung) y la información basada en entrevistas con los empleados de dichas compañías y con expertos del sector, llevadas a cabo desde enero a junio en persona en China y desde Estados Unidos por teléfono.

### Capítulo 11

1 WILLIAMSON, P. J. Y DE MEYER, A. (2012), «Ecosystem Advantage: How to Successfully Harness the Power of Partners», *California Management Review 55*, 1: 34.
2 KOWITT, B. (2017), «The Secret to How Amazon Dominates», *Fortune*, 18 de julio de 2017, http://fortune.com/2017/07/18/amazon-wholefoods-jeff-wilke.
3 Entrevistas con los directivos sénior de Alibaba y otros expertos del sector por cuenta de Arthur Yeung y el equipo de investigación de Tencent, del 14 al 20 de marzo en persona en Palo Alto, California, y por teléfono.
4 Agradecemos las ideas de Ron Ashkenas, coautor de (2002) *Boundaryless Organization: Breaking the Chains of Organizational Estructure*, San Francisco: Jossey-Bass; y de Mark Nyman, coautor de *HR Transformation*.

### Capítulo 12

1 ULRICH, D., SMALLWOOD, N. Y SWEETMAN, K. (2009), *The Leadership Code: Five Rules to Lead By*, Boston: Harvard Business Review Press.

2. «Tencent Announces Strategic Upgrade», Tencent Holdings Limited, 1 de octubre de 2018, https://www.prnewswire.com/news-releases/tencent-announces-strategic-upgrade-300721749.htm.
3. Entrevista con empleados y exempleados de Facebook por cuenta de Arthur Yeung y el equipo de investigación de Tencent del 14 al 15 de marzo de 2017 en persona en Mountain View, California, y por teléfono. WALTER, E. (2016), *Think Like Zuck: The Five Business Secrets of Facebook's Improbably Brilliant CEO Mark Zuckerberg*, Nueva York: McGraw Hill.
4. SHEN, J. (2019), «Tencent Creates Technology Committee to Boost In-Company Collaboration», *Technode*, 10 de enero de 2019, https://technode.com/2019/01/10/tencent-special-technology-committee/.
5. Carta a todos los empleados de Zhang Yong, CEO del Grupo Alibaba, «Mid-platform Strategy and Organization Transformation», 7 de diciembre de 2015, http://www.sohu.com/a/46935967_259281; ZHONGHUA (2018), *The Way to IT Architecture Transformation: Alibaba Mid-Platform Strategy and Practices*. Pekín: China Machine Press.
6. WEIWEI, H. (2016), *Dedication: The Foundation of Huawei's HR Management*, Londres: LID Publishing.
7. Entrevistas con empleados y exempleados de Amazon, llevada a cabo por Arthur Yeung y el equipo de investigación de Tencent desde el 1 al 22 de marzo de 2017, en persona en China y por teléfono desde Estados Unidos.
8. Ibid; STONE, B. (2014) *La tienda de los sueños: Jeff Bezos y la era de Amazon*, Anaya.
9. Sonali de Rycker describe la filosofía de Paananen en «Why Supercell Founder Wants to be the World's Powerful CEO», *Accel News*, 30 de mayo de 2017, https://medium.com/accel-insights/why-supercells-founder-wants-to-be-the-world-s-least-powerful-ceo-38bf173d607c.
10. PAANANEN, I., ibid.
11. Cheng Wei, citado en PING, M. (2017), «Interview with Founder and CEO of DiDi, Cheng Wei: Part I, Understanding DiDi and Data», *Harbinger*, 6 de noviembre de 2017, www.theharbingerchina.com/blog/interview-with-founder-and-ceo-of-didi-cheng-wei-part-i-understanding-didi.
12. FESSLER, L. (2018), «Didi Chuxing President Jean Liu's Advice for Working Women: 'It's Supposed to Be Hard,'», *Quartz at Work*, 6 de febrero de 2018, https://work.qz.com/1196663/DiDi-chuxing-president-jean-liu-beat-uber-at-its-own-game.
13. COOK, T. (2017), «Jean Liu», in «The 100 Most Influential People», *Time Magazine*, http://time.com/collection/2017-time-100/4742753/jean-liu.
14. Cheng Wei, CEO de DiDi, entrevista por cuenta de Arthur Yeung y el equipo de investigación de Tencent el 2 de marzo de 2017, en persona en las oficinas de DiDi en Pekín, China.
15. BLAZEK, K. (2015), «An Inspiring Leadership Style: Google CEO Larry Page», *Revolve*, 3 de febrero de 2015, www.boothco.

com/360-feedback-resources/inspiring-leadership-style-google-ceo-larry-page.

16  Entrevistas con exempleados de Google por Arthur Yeung y el equipo de investigación de Tencent del 14 al 15 de marzo de 2017 en Mountain View, California, por teléfono. SCHMIDT, E. Y ROSENBERG, J. (2014), *How Google Works*, Londres: John Murray.

17  Se usa la expresión *lean in* («apoyarse») para dar reconocimiento a la frase de Sandberg, quien también la usó en su libro: SANDBERG, S. (2013), *Lean In: Women, Work, and the Will to Lead*, Nueva York: Knopf.

18  STONE, B. Y YILUN CHEN, L. (2017), «Tencent Dominates in China; Next Challenge Is Rest of the World», *Businessweek*, 28 de diciembre de 2017, www.bloomberg.com/news/features/2017-06-28/tencent-rules-china-the-problem-is-the-rest-of-the-world.

19  DE CREMER, D. Y TAO, T. (2015), «Leading Huawei: Seven Leader-ship Lessons of Ren Zhengfei», *European Business Review*, 17 de septiembre de 2015, www.europeanbusinessreview.com/leading-huawei-seven-leadership-lessons-of-ren-zhengfei.

20  GRUPO ALIBABA, «Culture and Values», consultado el 15 de marzo de 2017, www.alibabagroup.com/en/about/culture.

21  BIRDSONG, J. (2019), «6 Lessons for Leaders from Jack Ma, Fundador de Alibaba», consultado el 15 de marzo de 2019, WideAngle, https://wideangle.com/6-lessons-for-leaders-from-jack-ma.

22  GREEN, D. (2017), «Walmart and Amazon's Long-Simmering Feud Exploded in 2017—and It's Redefining Retail», *Business Insider*, 15 de diciembre de 2017, www.businessinsider.com/walmart-and-amazon-are-business-feud-of-the-year-2017-12.

23  BEZOS, J. (2017), «To Our Shareholders», carta anual de Amazon a sus accionistas, 1999, en «All of Jeff Bezos' Amazon Letters to Shareholders Together in One PDF», en *Words of Ward, Your Guide to Financial Freedom*, 20 de abril de 2017, http://dameats.com/wordsofward/2017/04/20/all-amazon-letters-to-shareholders-combined.

24  Cheng Wei, CEO de DiDi, entrevista por cuenta de Arthur Yeung el 7 de marzo de 2018, en persona en las oficinas de DiDi en Pekín, China.

**Capítulo 13**

1  Información de la agenda de negocios de la WBA tomada de la información pública sobre los cambios de la compañía y entrevistas de Dave Ulrich con líderes empresariales.

2  La información de la transformación de JD.com fue tomada de Rain Yu Long, director de Recursos Humanos y consejero general de JD.com, de Shengli Hu, SVP, JD.com, entrevistas por cuenta del equipo de investigación de Tencent por teléfono en agosto de 2017.

3  La información de la transformación de Yonghui fue tomada de la conversación, presentación y entrevista con Zhang Xuanning, cofundador y CEO de Yonghui Supermarket, llevada a cabo por Arthur Yeung en marzo y mayo de 2018.

658 YEU Spanish
Yeung, Arthur
Reinventando la organizacion : cómo

03/04/21